José Augusto Mourão

CHÃO DE SIGNOS

escrituras
São Paulo, 2011

Escrituras Editora e Distribuidora de Livros Ltda.
Rua Maestro Callia, 123 – Vila Mariana – São Paulo, SP – 04012-100
Tel.: (11) 5904-4499 – Fax: (11) 5904-4495
www.escrituras.com.br
escrituras@escrituras.com.br

Criadores da Coleção Ponte Velha: António Osório (Portugal) e Carlos Nejar (Brasil)

Diretor editorial: Raimundo Gadelha
Coordenação editorial: Mariana Cardoso
Assistente editorial: Ravi Macario
Capa, projeto gráfico e diagramação: Renan Glaser
Revisão: Cristiane Maruyama e Jonas Pinheiro
Impressão: Corprint

Dados Internacionais de Catalogação na Publicação (CIP)
(Câmara Brasileira do Livro, SP, Brasil)

Mourão, José Augusto, 1947-2011.
Chão de signos / José Augusto Mourão. –
São Paulo: Escrituras Editora, 2011. –
(Coleção Ponte Velha)

ISBN 978-85-7531-416-6

1. Ensaios portugueses I. Título. II. Série.

11-10727 CDD-869.4

Índices para catálogo sistemático:
1. Ensaios: Literatura portuguesa 869.4

Edição apoiada pela Direcção-Geral do Livro e das Bibliotecas/Portugal.

DGLB
DIRECÇÃO-GERAL DO LIVRO E DAS BIBLIOTECAS

MC Ministério da Cultura

Impresso no Brasil
Printed in Brazil

Sumário

A palavra essencial e o invisível do visível

Moisés de Lemos Martins

Chão de signos, de José Augusto Mourão, inscreve-se no regime da palavra, o mito que funda o Ocidente. Toda a história da cultura ocidental tem sido um percurso organizado pelo *logos*, uma palavra que também é razão, e pelo *simbólico*, uma fala que reúne o que se encontra estruturalmente disperso. *Chão de signos* é a rememoração da palavra essencial, uma palavra acolhedora das vozes singulares, e ao mesmo tempo uma palavra que sonha uma casa comum. Por essa razão, este *chão* devém a "árvore da palavra", onde ressoa a árvore edénica do conhecimento, que alimenta o "espaço livre da interlocução", uma mediação, que contém a virtualidade de restaurar "o vínculo social através da comunicação". A palavra é então uma aliança que nos liga. E em consequência, retomando Peter Sloterdijk, "vir ao mundo" e "vir à linguagem" constituem um processo único, porque vivemos dentro do acto de discurso.

Apesar de o número se sobrepor à palavra, sendo a nossa civilização de produção numérica, *Chão de signos* não fala de números, mas de palavras. E se os números chegam a ser questão neste *chão*, trata-se dos números do "deus geômetra", de *Timeu*, números quais palavras, que, por exemplo na escrita poética hipermediática, de Rui Torres, ordenam o cosmos, dando-lhe proporção, equilíbrio e justiça. Por essa razão, o cosmos é um jardim de promessa e o homem uma "planta celeste". Seja jardim logocentrado ou utópico, ou então, jardim de dúvidas e labiríntico, o jardim figurado por José Augusto Mourão é tal qual um livro, modelado por uma fragrante razão sensível, a de um Deus "que comparece na carne do mundo e da nossa expectativa", uma razão que integra a "visão impura", a retórica do silêncio, o mundo (im)possível dos mosteiros, e que tanto percorre os debates sobre a colonização e o seu prolongamento mítico na globalização, como os debates sobre os encontros e os desencontros entre religião e ciência, num percurso que se estende da Antiguidade Clássica à Idade Média, e do Renascimento à Modernidade.

A figura obsessiva de um jardim é em *Chão de signos*, todavia, mais do que uma analogia da palavra. O jardim é a utopia de "um espaço livre", arrancado, hoje, ao nosso ponto de encontro com os lugares marcados do quotidiano, "onde os jardins são artificiais, e o ar, condicionado". Nesse jardim da utopia, "o messias é a palavra", um espaço de aparição, interlocução e meditação. Nele "le lieu fait lien", pelo que os lugares da relação se constituem nos laços simbólicos que nos mantêm em comunidade.

Bem sabemos que com a revolução das imagens, iniciada com as máquinas óticas no século XIX e concluída com as máquinas informáticas e electrónicas no século XX, a nossa civilização não tem parado de se deslocar do logos para o número, da palavra para a imagem, do uno para o múltiplo, das estrelas para os ecrãs, enfim, de um território reunido em unidade pelo sun/bolé (imagem que reúne) para um mundo separado e disperso numa multiplicidade pelo dia/bolé (imagem que separa). É este o contexto, aliás, em que vem a acentuar-se o "declínio da religião", a que não são estranhos "o mimetismo da comunicação e da retórica", ou seja, "a sedução e os efeitos dos media". E a palavra, então, abandonou-nos, como assinala George Steiner. Ou seja, homem terá deixado de ser "animal de promessa", como o havia definido Nietzsche, porque a sua palavra já não parece capaz de prometer. Embora incendiado sempre pelo desejo de uma casa comum, o homem rever-se-á, hoje, sobretudo, nas figuras melancólicas que acentuam a sua condição transitória, contingente, fragmentária, múltipla, imponderável, nomádica e tacteante. À semelhança das personagens de Clarice Lispector, o seu espaço é, pois, o da errância: não é de nenhum lugar, mas existe na gravitação de todos os lugares.

Em Ponte de Lima, no Norte de Portugal, existe um parque de jardins, instalado na margem direita do rio Lima. Esta instalação de Jardins foi inaugurada em 2005 e todos os anos é eleita uma temática específica. O parque compreende um fundo de jardins permanentes (como num museu falamos das colecções permanentes), e tem também jardins sazonais (como num museu nos referimos às colecções temporárias). No ano de 2010, os jardins inspiraram-se na teoria matemática do kaos, com referências aos fractais, à incerteza, às realidades complexas e às consequências inesperadas na nossa vida, decorrentes de uma qualquer alteração do seu curso habitual. Os jardins do kaos constituíram uma colecção composta por um conjunto de onze jardins. A lição que os acompanha todos é a de que o kaos semeia acaso e imprevisibilidade na nossa vida. O kaos assemelha-se aqui ao khora de Timeu. É um espaço fora do topos ou da polis, "um espaço vago, destinado a acolher as formas no seu devir: o espaço maleável em que as coisas aparecem e desaparecem, deixando atrás de si os traços ou vestígios do que chamamos memória".

Um dos jardins abria com uma máxima de Omar Calabrese (de A idade neobarroca), dizendo em resumo o seguinte: existem hoje realizadores de cinema que têm a estranha ideia de misturarem na narrativa a cultura popular com complicadas teorias matemáticas. Com efeito, recorrentemente as Ciências Sociais e Humanas consideram, hoje, que a modernidade se funde com a tradição, e que as novas tecnologias, mormente as da informação, conjugam o novo com antigo e o arcaico.

Um dos jardins chamava-se o Jardim das Incertezas. Nele podia ler-se a máxima seguinte: "a ordem é um breve fragmento do kaos, sendo a área de um controlo humano imaginário" (ou seja, a ordem é uma ilusão de controle, um estado imaginário).

A declinação do cosmos como um jardim com plantas pode não exigir grande matemática. Mas é o destino a que se obriga o artesão, um ofício de poeta, de quem põe e dispõe flores, o destino de quem faz a experiência da travessia tecnológica, a experiência de um mundo "frio, calculado e extenso", como salienta José Augusto Mourão, e resiste ao desmoronamento pela religião, pela arte e pela escrita. A experiência tecnológica, que é a experiência contemporânea por excelência, exige-nos esta disponibilidade. A travessia não é a mesma coisa que a passagem. A passagem fala-nos de uma experiência controlada, dominada, sem mistério nem magia, ou seja, também sem poesia.

Podemos fazer a passagem de um rio de uma para outra margem. Essa será todavia uma experiência sem sobressaltos, tranquila, por não serem de esperar grandes obstáculos a transpor. Nas passagens existe, com efeito, a habitualidade de um caminho conhecido. Coisa diferente é, no entanto, a experiência de uma travessia, que nos coloca sempre em sobressalto pela sua perigosidade. É o perigo que a caracteriza fundamente: fazemos a travessia de um oceano; de um mar de tentações; de um deserto... fazemos, com José Tolentino de Mendonça, a travessia da noite, sonhando poder desse modo abrir os olhos. Também George Steiner entende, No Castelo do Barba Azul, que devemos abrir a última porta para a noite, porque "abrir portas é o trágico preço da nossa identidade".

A travessia é, pois, uma boa metáfora para caracterizar a actual experiência tecnológica. Na travessia clássica dos oceanos houve o sextante, o astrolábio e a esfera armilar. Mas havia sobretudo as estrelas para nos conduzir na noite. Paul Virilio que nos fala da cultura do ecrã como a expressão de uma sociedade fria, mostrou, com uma imagem, aquilo que radicalmente distingue a travessia clássica da travessia do ciberespaço. Deixamos de olhar para as estrelas e passámos a olhar para os ecrãs, assinala Virilio. Ou seja, da história de sentido em que se inscreviam as estrelas, o Ocidente abriu caminho para os ecrãs, numa travessia povoada pelos fantasmas da "tecnognose", uma travessia em que o mais normal é perdermos a pele do "outro".

No Ocidente, as estrelas têm, de fato, virtualidades narrativas: sempre nos conduziram nas travessias (de mares, desertos e tentações), tinham sentido, ou melhor, inscreveram-nos num história de sentido, entre uma génese e um apocalipse, ou seja, entre um fundamento e um futuro redimido. Ao inserirem-nos numa história da salvação, sempre nos impediram de naufragar. Na cultura ocidental temos até a estrela por excelência, aquela que surgindo a Oriente conduziu o Ocidente durante vinte séculos. A estrela que conduziu os Reis Magos permitiu, com efeito, a narrativa da Epifania – o mistério de um Deus incarnado, fundando no cristianismo a civilização ocidental.

Em contrapartida os ecrãs não têm luz própria. Sendo de produção numérica (informática), produzem sobretudo informação, e não tanto significação, produzem também emoção, e bem menos narrativa. Nos ecrãs dá-se, com efeito, uma retracção das ideias e uma exacerbação dos sentimentos. Por outro lado, os ecrãs permitem-nos que sejamos personae (máscaras, em sentido etimológico) e que usemos muitas, multiplicando-nos e dividindo-nos em permanência, de acordo com a legião de imagens que nos tomam de assalto e nos habitam, o que comprova aliás a nossa condição múltipla e idolátrica.

O híbrido humano que nos espelha no ecrã tem lugar marcado connosco nessa intérmina travessia tecnológica, uma navegação que já não é sustentada pela palavra, nem pelo brilho das estrelas, mas pelo número. O ciberespaço, como ambiente produzido pelo número, é cada vez mais o oceano que importa navegar. A travessia para essa nova América de um novo arquivo cultural configura, de ora em diante, a nova mitologia ocidental.

Chão de signos dá conta, todavia, do trabalho artesanal das palavras que ordenam o cosmos como um jardim, com proporção, equilíbrio e justiça. Trata-se de um trabalho artesanal, um ofício de poeta sobre a palavra essencial, um trabalho que percorre os lugares do invisível do visível, um trabalho de resistência, onde se estabelece o sentido da comunidade.

I – A árvore de palavras: o espaço livre da interlocução

Resumo

O jardim é um vivo. A palavra é um vivo. De raiz messiânica. Não há apenas um mundo. O mundo já não é um diverso regido por leis próprias (naturais), mas um pluriverso que forceja por alcançar a sua própria representatividade – o parlamento das coisas (Latour). O mundo tornou-se um agregado heterogéneo de fragmentos dificilmente reconciliáveis. A vida e a linguagem avançam juntas. A palavra compromete aquele que fala – afinal, o acto dialógico está no centro da teoria da acção e dos valores. Trata-se aqui de ligar uma ética da palavra a uma ética da acção. A cidade latina, *urbs* e *civitas*, era delimitada por aquilo a que se chama o *pommerium* que designava um terreno vazio fora, e exterior aos muros de Roma onde era proibido construir e laborar. A comunidade não é uma propriedade: é um vazio, uma dívida, um dom. Quando começarão os actores (humanos e não humanos) a juntar-se debaixo da mesma árvore de palavras que presida à mediação dos saberes e o estado de coisas que envolve o nosso viver em comum?

"Reason is entitled to a home in the world, but is just that: a home, it is not totality" (Franz Rozenzweig, *The star of redemption*, New York, Holt, Rinehart & Winston, 1971, p. 13).

"O novo universal da esfera pública planetária que somos chamados a construir será o resultado de uma maiêutica relacional, ou não será" (Giacomo Marramao).

"Deliberadamente, el poder... desearía una pocilga universal; porque no piensa en nada parecido a Ia higiene, sino en si mismo" (W. G. Sebald, *Pútrida patria. Ensayos sobre literatura*, Anagrama 2005).

"Quelle que soit la 'langue des dieux', parler obscur, bruissement sonore des Grands Arbres, parole de l'origine ou parler de la présence, elle ne s'autorise pas de l'invisible pour se parler à elle-même. La 'langue des dieux', ce sont , même parfois les dieux qui évitent d'en user quand elle est un enjeu; le plus souvent, ce sont des chamans, des prêtres qui maîtrisent cette langue et en font usage pour converser avec les dieux ou pour leur permettre de se faire connaître. Quels sont les maîtres de la 'langue des dieux'?" (Marcel Detienne, *La déesse parole*, Flammarion, 1995, p. 15).

Não, os jardins não são apenas lugares de repouso (*refrigerium*) para os olhos. No mundo da Bíblia, os jardins (e as vinhas) são lugares onde os amantes se encontram para fazer amor. "Entrado se ha ia esposa en el ameno huerto deseado" (Juan de Ia Cruz, *Cântico Espiritual,* Canção 27). O jardim abre as portas do "imaginal" através da carne da terra, como um espaço transicional de meditação, de aparição, e de interlocução. A cultura que floresce entre os séculos XII e XIII faz do jardim, nas formas do *prato* e do *verziere,* o lugar reservado quer aos encontros poéticos e amorosos, quer às discussões acerca do amor, no quadro de uma cultura erótico-filosófica, que encontra a sua expressão maior no livro dedicado ao Amor (*De Amore)* de Andrea Cappellano e no *Roman de la Rose* de Guillaume de Lorris e de Jean de Meun[1]. O "deus geómetra" do *Timeu* que ordena o cosmos nunca saiu de cena: é ele que dá a proporção, o equilíbrio, a "justiça" ao espaço do jardim. É ele que reaparece com o nome de Le Nôtre, ligado aos "jardins à francesa", modelo que até ao mundo vegetal pretende impor o reino da razão. Num outro plano, os salões do século XVIII foram jardins de dúvidas[2]. Lugares utópicos, heterotópicos, os jardins transportam-nos para a cidade esmeralda, a "Ilha verde", o *mundus imaginalis* (Henri Corbin) que divisamos nos interstícios da cidade real e que comunicam com as cidades celestes da topografia ideal. O *Hortus conclusus* é o jardim fechado, cujo paradoxo é manifestar a paisagem na sua complexidade, excluindo-a ao mesmo tempo. Associado à queda e à abertura da humanidade, ao epifânico e ao exótico, o jardim é um livro, um texto cheio de odores[3]. Mas é também uma marca da história humana como trabalho de cultura. O jardim reflecte tanto o conceito do homem "medida de todas as coisas", como a magnificente celebração do poder do soberano absoluto, ou a faustosa cenografia da glória. A revolução astronómica do século XVI traz consigo uma cosmologia literária da perdição, ilustrada por vários escritores que consideram que o universo perdeu a sua harmonia. John Donne di-lo claramente na sua *Anatomia do mundo* (1611). Um outro autor, Robert Burton (1621) dirá: "It's all in pieces, all coherence gone". Com a natureza matematizada, perdia o ser humano também a sua própria natureza e a sua vocação de planta celeste.

1 Franco Gardini, Massimo Miglio, *Nostalgia del paradiso. Il giardino medievale,* Roma-Bari, Laterza, 2002, p. 70.

2 Fernando Savater, *El jardín de las dudas,* Planeta, Barcelona, 1993.

3 M. Praz, *Il giardino dei sensi,* Milano, 1975.

A árvore das palavras

Há entre o jardim e a palavra uma relação mais do que analógica. A *ínsula estraña*, inexplorada e inexplorável, aquela luz sem sombra, aparece a João da Cruz como um rio rumoroso, impetuoso, que compromete também as nossas palavras, a *inopia magna* do nosso discurso[4]. A vida gera-se na palavra. "Au plus profond de la personne, personne. Dans le fond de nous et plus intime que notre nom: le langage. Au fond du langage, le verbe ouvert au fond du langage. Le messie c'est la parole", escreve V. Novarina[5]. A palavra promete, compromete. É o que nos lembram as teorias do agir comunicacional de Habermas, a lógica das máximas conversacionais de Grice, a ética do *Dizer* de Lévinas ou "parceiro conversacional" de R. Rorty, que colocam o acto dialógico no centro duma teoria da acção e dos valores. O pensamento é discursivo, o discurso é dialéctico, a comunicação é *interactiva*. A vida e a linguagem avançam juntas no "humano" que somos. Donde a necessidade de ligar a ética da palavra à ética da acção. A conexão, a recombinação são a lei da vida. Afinal, a linguagem não diz o que é, mas o que pode ser, é da ordem do possível[6]. A linguagem estrutura a combinatória das nossas crenças e desejos. A maior parte do nosso saber é recombinatório. Baste pensar nas palavras dum dicionário: cada palavra é definida em função das outras. Se viver é viver-com, se falar é dizer alguma coisa a alguém, não há vida nem fala sem uma comunidade de viventes e de falantes. Falamos por isso de espaço teórico, de lugar, de ponto de vista, de posição. A linguagem implica uma "competência comunicativa", um *situs* como parte integrante da alocução, com a sua performatividade própria. Não deixa de ser intrigante que Habermas intitule uma obra sua *Espaço público* sem ter em conta o carácter físico-espacial desse espaço. Ora, a interlocução obriga a falar de um espaço empírico. Os factos sociais ocorrem na trama dum espaço concreto. Simmel assenta a sua epistemologia sobre duas figuras espaciais: a

4 Massimo Cacciari, *Paraíso y naufrágio. Musil y el hombre sin atributos*, Madrid, Abada editores, 2005, p. 87.

5 Valére Novarina, *Devant la parole*, Paris, POL, 1999, p. 34. Spengler, El hombre y la Técnica e otros ensayos, Espasa-Calpe Argentina, 1947: 19.

6 Cf. Brice Parain, *Sur la dialéctique*, Gallimard: "Vous dites il tone, on vous répond à la champagne: c'est possible, ça se peut...Lorsque que je dis il fait jour, ce n'est pás du tout parce q'il fait jour...(mais) parce que j'ai mon intention à réaliser, qui m'est propre, et à laquelle le jour sert seulement d'occasion, de pretexte ou d'argument" (p. 61, 130).

Porta e a Ponte como figuras da ligação, da separação. Falar de espaço não é apenas descrever o nosso ambiente, mas é também falar do nosso ser individual e colectivo, real e imaginário. Mesmo a arquitectura tem que ver com este *estar-no-mundo.* A descrição pragmática da linguagem obriga a ter em conta o contexto, a situação de fala, o espaço da "presença", o gesto, a referência, o outro (Jacques, 1979; Goffman, 1981). Heidegger, no seu texto de referência sobre o espaço, insiste na intricação entre "habitar", "construir" e "pensar". Quando lembra a raiz da palavra *técnica,* Heidegger indica: "Esta palavra não significa para os gregos, nem arte, nem ofício, mas: fazer aparecer algo como isto ou aquilo, desta ou daquela maneira no meio das coisas presentes" (Heidegger, 1958). Os gregos pensam a técnica no contexto geral do fazer e não do nomeável. No espaço interactivo situacional (de fala), os parceiros encontram-se ligados por uma obrigação de cooperação; é uma convenção que liga os parceiros numa finalidade de dizer. No espaço comunicacional, os sócios estão ligados igualmente pela obrigação de ocupar determinadas funções linguageiras; trata-se duma convenção que liga os parceiros num como dizer. Esta obrigação chama-se *contrato comunicacional* (ou *contrato de fala).* A negociação dos mundos faz-se no espaço da interlocução.

Comunicação e linguagem

O processo da individuação não se concebe sem acção comunicativa, sem espaço da interlocução. Sem o desejo de nos fazer entender nunca teríamos formado a linguagem, dizia Leibniz[7]. Há muitas espécies animais que vivem socialmente. A biossemiótica de Thomas Sebeok ilustra-o exemplarmente. O que, porém, caracteriza o ser humano não são as formas da convivência em geral. O que nos distingue dos animais é que o ser humano não tem apenas um meio ambiente, mas um *mundo.* (Cf. Nubiola: p. 93 e seguintes). É por meio das palavras que conformamos o mundo, tornando-o diferente de um ambiente (*Umwelt*). "Para conhecer o distintivo da natureza social do ser humano deve traduzir-se literalmente a famosa formulação de Aristóteles segundo a qual o ser humano é *um zoon politikón*: o ser humano é um animal político, isto é um animal que se move na esfera pública"[8]. Quando dizemos "o humano", entendemos aqui um

---

7 *Essais Philosophiques*, tomo 5, OLMS, p. 254.

8 Jürgen Habermas, *Entre naturalismo y religión*, Paidós Básica 126, 2006, p. 21.

vivo que possui a palavra no sentido de uma origem do seu mostrar pelo som, uma origem do seu ser comunitário, o que o diferencia de tudo aquilo que não é ele. As posições filosóficas mais consistentes dos últimos anos acentuam a constituição intersubjectiva do espírito humano, desde Wilhelm von Humboldt a Charles Sanders Peirce, a George Herbert Mead, à teoria das formas simbólicas de Ernest Cassirer e à filosofia da linguagem de Ludwig Wittgenstein. A troca, a interlocução é o solo de onde brota a palavra. Vir ao mundo e vir à linguagem são um e mesmo processo[9]. Não podemos esquecer que vivemos dentro do acto de discurso. Tudo está ligado a esse espaço de decisão e de negociação que hoje convoca não só os humanos, mas também os inumanos – animais e pastores, pessoas e coisas, a natureza e a cultura. Mesmo concebendo o humano no sentido em que Heidegger fala por exemplo do "abissal parentesco corporal com o animal, quase inesgotável para o nosso pensamento"[10]. Mas é exactamente a possibilidade de pensar o humano como um vivo no interior desse "parentesco corporal com o animal" que nos dá o sentido genealógico da diferença do homem. Na sua essência, dirá Heidegger, "a linguagem não é, nem exteriorização de um organismo, nem expressão de um ser vivo... Linguagem é advento iluminador-velador do próprio ser" (*ibidem*, p. 60). Temos de colocar o problema de comunicação entre os modos de interpretação. Comunicar significa pôr ou ter qualquer coisa em comum. O espaço social é abstracto, mas gere e age o espaço real da interacção. Uma interlocução consiste numa orquestração interactiva (Goffman, 1987, 140). O conceito de *Lebenswelt* (Husserl) designa esse horizonte de vida em que se enraízam a linguagem e o comportamento. "Estar de acordo" é encontrar um entendimento mínimo que fortifica uma ligação possível. Ghiglione fala de *O Contrato de comunicação* (1986). A palavra inscreve-se no corpo de cada um a partir da transmissão que a autentifica e que o habitar em comum possibilita. Dialogicamente: "The meaning of a sign is a response, an interpretant that calls for another response, another interpretant. This suggests to us the dialogique nature of sign and semiosis. A sign has its meaning in another sign, which responds and interpret it, and so on ad infinitum." [11]

9 P. Sloterdijk, *Venir al mundo, venir al lenguaje* Valencia, Pre-Textos, 2006.
10 M. Heidegger, *Carta sobre o humanismo*, Guimarães & C.ª, 1973, p. 59.
11 Susan Petrilli/Augusto Ponzio, *Semiotics Unbound,* University of Toronto Press, Toronto Buffalo London, 2005, p. 9.

Ecotécnica

A Terra é o nome com que baptizamos o nosso planeta, contrariamente àquilo que ele mais singularmente é, um planeta de água. É aí que começou a vida. Nós somos pó e o nosso destino é converter-nos em pó. Não é a terra o elemento que melhor exemplifica a convergência da vida com o inerte, do horizontal com o vertical, da reciprocidade cíclica e permanente, do enriquecimento contínuo? A terra é um vivo. O século XII elabora uma complexa teoria do mundo sobre o mundo físico aprofundando o conceito, derivado do *Timeu* de Platão, da alma do mundo (*anima mundi*): o universo era considerado como um ser animado, atravessado por uma força vital. Aliás, este conceito será traduzido num vasto conjunto de representações simbólicas: ora como uma esplêndida e enigmática figura feminil que personifica a Natureza, ou a Virgem Maria; ora como *Albero della vita*, símbolo do *Génesis* proposto nos séculos XII e XIII como símbolo da origem única e da infinita variedade das formas que a natureza pode assumir. Chrétien de Troyes no romance *Erec et Enid* propõe a forma arquetípica do inviolável *giardino incantato*, eterna primavera, abundância de ervas salutares, canto dos pássaros. A terra está distribuída segundo espaços que se distinguem por bordos-confins. As marcas dos terrenos dizem fundamentalmente isto: a minha leira termina onde começa a tua. A terra é um ente com fronteiras difusas. Sob todas as formas de vida que povoam as paisagens da terra escondem-se milhões de outros organismos e micro-organismos que, como num *iceberg*, constituem o verdadeiro sustentáculo do que fervilha à superfície. Tudo na terra é ciclo magnífico de reciprocidade, simbiose e cooperação. A casa – *domus* – o *habitat* são também os marcadores da nossa identidade. A geografia (*ge* = terra) é a escrita (*graphe*) da terra[12]. Desde o *Politikos* e desde a *Politeia* (*República*) que há no mundo discursos que falam da comunidade humana em termos quer de parque zoológico, quer de parque temático. "A partir de então, a sustentação de homens em parques ou em cidades revela-se como uma tarefa zoopolítica", escreve Peter Sloterdijk[13]. Ou ainda: "Os homens são seres que se cuidam e se protegem a si mesmos e, vivam onde vivam, geram à sua volta o entorno de um parque. Parques urbanos, parques nacionais, parques cantonais,

12 Iain Chambers, *Culture after Humanism*, Routledge, London and New York, 2001.

13 Peter Sloterdijk, *Normas para el parque humano*, Siruela, 3ª ed. 2005, p. 75.

parques ecológicos, em todo o lado o homem deve formar-se uma opinião sobre o modo de regular a sua auto-sustentação" (*Ibidem* p. 76). O tema profundo dum pequeno livro do autor de *Regras para o parque humano* começou por ser uma conferência em Basileia e inscrevia-se num debate sobre o humanismo. O que então se mostra é que a questão da biopolítica não é uma questão contemporânea. O objectivo na República é canalizar o desejo dos corpos para poder submetê-los à lei. A experiência da *metabolê* na República tende a imunizar contra o fora, o excentramento, contra o atopismo a que só a *khora* faz barragem. A política encarna na perfeição as metáforas da "tecelagem" e da "pastorícia", como correlatos da técnica e do cálculo. A participação na comunidade exige um corpo regulado, amestrado, cosmicizado. A técnica de "cosmicização" (ordenamento do território) da cidade dispensa a figura do rei-filósofo. "É por isso que a arquitectura política (assim como a espacialização política da arquitectura), ao pretender produzir a comunidade em nostalgia da unidade de um corpo místico ou do corpo monumental corre o risco de produzir a pior declinação "fantasmática" da comunidade: a de confundir a política com a produção técnica das ligações, visíveis ou invisíveis, que efectuam o "espectro golémico" colectivo de um corpo comunitário monstruoso"[14]. Por esta brecha se introduziram os fascismos, integrismos que a história conhece. A história do Ocidente é a história da tecnicidade. Porém o que o Ocidente procura no seu desenvolvimento técnico é a conquista do espírito e não apenas o domínio da matéria e dos corpos. Ao contrário do que habitualmente se pensa, a tecnologia e o humanismo são termos equivalentes, não contrários. A tecnologia representa o *apex* da metafísica ocidental. "A Ge-stell" não é a essência da técnica. Heidegger di-lo de uma forma clara: a transformação do "world...into picture and man into *subjectum* constitutes the 'fondamenal event of the modern age"[15]. A tecnologia é uma coisa diferente da técnica: representa um novo regime ligado à calculabilidade. É isso que Heidegger abomina. A técnica abre para aquilo a que chamamos liberdade. A gramatização do humano é obra da máquina-ferramenta que o capitalismo levou ao seu apogeu. O mito de Fausto, com origem no século XVI, é uma projecção de uma nova biopolítica europeia, em paralelo com

14 Rodrigo E. Silva, *Plasticidade do mundo, espectralidade dos lugares*, Dissertação de doutoramento em Ciências da Comunicação, UNL, 2006, p. 424.

15 Martin Heidegger, "The Age of the World Picture", pp. 133-4.

a descoberta da economia mundial. Não tinha Nietzsche criticado o cristianismo de ser como uma espécie de gigantesca experiência de uma biopolítica pastoral que consistia em eliminar os exemplares refractários para guardar os exemplares dóceis da Humanidade? O novo Nietzsche que é hoje Peter Sloterdijk, tem insistentemente trazido à colação Platão, Nietzsche e Heidegger como os melhores epígonos de um discurso "pastoral" e para lembrar que "Há uma espécie de biopolítica do olhar em relação ao outro sexo"[16].

Os nossos modos de organizar a vida humana parecem estar saturados pela dominação "ecotécnica" (J. L. Nancy) da terra que se instalou em todas as áreas convertendo-as no efeito de uma autoprodução da humanidade por si própria (Rodrigo, *Ibidem*: 275). O dispositivo ecotécnico entrelaça os dois principais componentes da mundialização, a técnica e a economia. A técnica é "destinal" no sentido de que é pela sua mediação que podemos entrar em relação com o que seja a natureza na medida em que permite construir nesta uma habitabilidade, um espaçamento que permite "incubar" o humano. É por isso necessário normalizar a ausência de fim da técnica, "finalizando-a" num sistema de fins, que são sempre outros que não a técnica: para lá da técnica haveria sempre o humano, a natureza. Ora, a técnica parece ter deslocado consigo o próprio reino dos fins e das finalizações: nessa ausência de fim, de teleologia, a técnica produz uma "deslocação perpétua dos fins". A técnica é sem fim: não conhece termo, o seu inacabamento é o da nossa exposição infinita à ausência de fins, i.é., à nossa não naturalidade. Tanto a arte como a técnica surgem depois do "teológico-político", do desbancamento dos fins.

O mundo das coisas

A natureza não se confunde com o descontínuo dos elementos. Para Goethe a natureza vale sempre como *physis*: é o ardor do acesso à luz, do nascimento (a raiz de *physis* ressoa na *fa*-villa (centelha), mas é também o que faz alimentar, o que sustenta o que se gerou (*fo*-vere). É pois uma criação contínua, que advém também através do repouso. É a ideia do *tzimtzum* da Cabala, que encontramos em Hölderlin. Quer isto dizer que a *physis* não se reduz a um qualquer *dum patet* (omnipresente), *latet* (gosta de se esconder). *Natura* é,

16 Jornal Público, Actual 24 de Março de 2007.

sintacticamente, o particípio futuro de *nascor* e indica, portanto, não o dado, mas aquilo que dá nascença, o que faz crescer, aquilo que "pressagia" a coisa, como escreve Cacciari[17]. Daí a expressão *natura rerum*: aquilo que constitui a proveniência geradora das coisas. A epistemologia clássica pressupõe que há de um lado o mundo das coisas, dos objectos da natureza e do outro o dos sujeitos e das representações. A epistemologia tenta resolver a questão que resta e que se pode colocar nestes termos: como obter a adequação entre estes dois mundos que previamente separamos, designando uma esfera que seria a do real e uma outra o seu pálido reflexo? Esta questão é para Bruno Latour uma questão mal posta. A natureza, o real, os objectos, nunca se manifestam enquanto tais, mas são sempre representados. Não há paisagem natural, diz Alain Roger (1997). A natureza está sempre já construída e informada pela cultura. Nunca vemos o real, a natureza ou as coisas em pessoa, mas sempre e unicamente aqueles que falam em seu nome, os seus porta-vozes, ou representantes. O microbiologista ou o microfísico que fala de bactérias ou partículas elementares não são diferentes dos homens políticos que evocam o povo, o proletariado, os excluídos, os emigrantes ou os homossexuais. A natureza só existe para nós e para a ciência que a representa. Se não há acesso directo às coisas, ao próprio real, há que assumir a natureza política da actividade científica. Como fazer para fazer falar por si próprios aqueles em nome dos quais se vai falar? Não admira, pois, que seja a Ciência ou a Igreja que pretendam falar em nome da natureza, das coisas ou do real para melhor o controlarem. "Esta forma de proceder, que venimos denominando ecoética, es um coro de voces procedentes de muchos lugares en el seno de única comunidad moral, una comunidad que debate su extensión mientras abre puertas y centanas para que una nueva voz sea escuchada: la voz de la naturaleza", escreve Cármen Velayos[18].

O parlamento das coisas

Todos os objectos nasceram coisas, todos os objectos de facto se tornam objectos de preocupação. Mas o que é uma coisa? Em todas as línguas europeias, incluindo a Rússia, há uma grande ligação entre as palavras para coisa e uma assembleia quasi-judiciária. A Coisa é o

---

17 Massimo Cacciari, *Méridiens de la décision dans la penséee contemporaine*, L'Éclat, 1992, p. 39.

18 *Isegroría* nº 32, 2005.

"Parlamento" nos países escandinavos *(Althing)*. Uma coisa é, num sentido, um objecto exposto, e, num outro sentido, uma reunião. O mesmo termo designa "matters of fact" (questões de facto) e "matter of concern", ("objectos de preocupação"). As coisas estão a reunir-se de novo. Um objecto começou a tornar-se uma coisa, uma questão de facto passou a ser considerada uma enorme preocupação. As coisas tornaram-se Coisas de novo, objectos que voltaram a entrar na arena. Estamos a ver por um lado, um mundo de objectos, *Gegenstand*, expostos, que não dizem respeito a nenhuma espécie de parlamentos, fóruns, ágoras, congressos, cortes e, por outro lado, um conjunto de fóruns, *meeting places, halls* em que as pessoas discutem, estão a chegar a uma conclusão.

Temos o costume de distinguir a natureza do meio ambiente. O meio é algo exterior e o ambiente também: meio ambiente é uma redundância que indica algo duplamente exterior a nós próprios. Daí se viu a natureza como um montão de recursos que podemos usar a bel-prazer. A natureza não nos é exterior. O "ambo" era o nosso interlocutor. Hoje é a nossa ambição, o nosso objecto de predação. Mais do que secretarias do meio ambiente, deveríamos ter uma secretaria que protegesse e sobretudo escutasse a natureza. É a natureza que deve ser a conselheira no que respeita aos assuntos humanos. A oposição aberrante entre natureza "muda" e "factos que falam" tinha por finalidade tornar irredutível a palavra dos sábios. Os cientistas suportam mal que aqueles que não pertencem à Cidade da prova e que não correm como eles os mesmos riscos da experimentação, ou os julguem sequer, expondo-os ao amor ou ao ódio. É natural que digam: "ou compreendem as nossas razões ou então calem-se". Fala-se de estabelecer uma jurisprudência da Terra. Zenuni-Politeo fala da *Eloquenza della natura*[19]. Bruno Latour propõe um Parlamento da Natureza em que esta possa ouvir a sua voz. Não se trata de animismo, mas de dar direitos àquilo que agora tratamos como objecto de exploração, mero armazém de matérias-primas. A ecopsicologia dá-nos pistas para nos abrir ao que nos podem querer dizer os animais, árvores e paisagens. Não é a "extinção" de Deus" na filosofia moderna um sintoma das posteriores extinções biológicas? Há historiadores que falam da "morte da natureza" que acontece na

19 G. Baldon Zenoni-Politeo, *Il giardino e la memoria del mondo*, Paduva, Leo S. Olschki 2002.

época da revolução científica, quando a natureza deixa de ser vista como algo de vivo e passa a ver-se como um mecanismo. Daí passamos a uma agonia da natureza em sentido literal. Nas culturas tradicionais e nos povos indígenas a natureza deve tratar-se como uma teofania, uma manifestação do divino. Quando a natureza passou a ver-se como algo inerte, começou também a perder-se a experiência de uma fonte de sentido que está para além do quantificável, uma fonte que pode ser Deus, ou uma multiplicidade de divindades, como na Grécia clássica e em muitas outras culturas; ou uma fonte teísta, não como casa, mas como território a explorar. O niilismo, o vazio que o consumo tenta iludir, tem parte das suas raízes na nossa alienação a respeito da natureza. A tecnologia tornou-se uma forma secular de salvação, um paraíso artificial. A conquista do espaço é parte do impulso para abandonar a natureza. A "ex-naturação" da natureza está em curso.

A experiência do mundo

A experiência do mundo não nos é apreensível fora da linguagem: constrói-se no interior duma organização complexa entre a experiência e a língua. A lógica dos factos não se deixa representar, dizia Wittgenstein. O nosso entorno não é unicamente informado pela língua. O sentido duma cidade, duma paisagem reside no reconhecimento duma forma. É para a criação de um *avenir perceptif* (Merleau-Ponty) que os urbanistas, os pintores, os cineastas consagram o seu saber-fazer. Se a paisagem ou a imagem são pressupostos da socialização, então é preciso afirmar que o espaço é "construído". A percepção releva da acção. Tanto a interacção como interlocução operam no seio do campo perceptivo. O espaço é um dispositivo da interacção. A *ágora* na tradição mediterrânica e ateniense remete-nos para a ideia de organização nuclear da cidade. A familiariedade dos lugares é a vocação dos bairros: aí se cruzam as avenidas da vida pública e da vida privada. Os pontos de encontro estão a deslocar-se para os hipermercados onde os jardins são artificiais e o ar, condicionado. O que desperta, para os claustrofóbicos a nostalgia duma outra vida (*la vie matérielle* de M. Duras?), dum outro jardim, dum espaço livre. A árvore da palavra teve até agora duas representações maiores: *rizomática*, *nomotética*. O esquema interacccionista fornece-nos elementos para um vocabulário capaz de descrever comportamentos típicos do espaço público: "rencontre et socialité entre passants"[20]. Ao "grande Outro" podemos chegar por livre deliberação – na versão de Habermas. Só que "grande Outro" está em estado de desintegração. Steiner fala do "abandono da palavra": "As grandes arquitecturas de forma e significação concebidas por Gauss, Cauchy, Abel, Cantor e Weierstrass afastam-se da linguagem a uma ritmo acelerado...e entre estas linguagens e as de uso comum, entre o símbolo matemático e a palavra, as pontes vão-se tornando cada vez mais ténues, até que se desmoronam" (1982, p. 37). O "grande Outro" "externalizou-se" no computador[21]. O ciberespaço prometia-nos viver numa aldeia global; em vez disso, como S. Zizek observou, "obtivemos, no lugar do 'grande Outro', uma enorme quantidade de "pequenos outros" que nos oferece uma escolha múltipla de identificações a particularismos tribais"[22]. A obra *Cybernetics* (1948) de Norbert Wiener é um novo *Discours de la Méthode.*

O paraíso perdido

A comunidade é uma ordem de lugares, em tensão para um espaço justo do comum, não a extensão de um eu alargado, como sugere a expressão "membro duma comunidade". A comunidade é um dom ou uma dívida em relação a outros e lembra-nos também, ao mesmo tempo, a nossa alteridade constitutiva connosco próprios. A comunidade não é senão a comunicação de "seres singulares" separados, que só existem como tais através da comunicação. Não é um ser comum, é um ser em comum, ou ser com um outro, ou ser em conjunto. Marx tinha razão: "é falso considerar a sociedade como um sujeito único; é um ponto de vista especulativo"[23]. A comunidade é o que nos falta e que nos damos mutuamente, comunicando as nossas necessidades, direitos e deveres. Estamos longe do *oikonomos* dum lugar domesticado. P. Ouellet conclui daí que "L'*oïko-nomos* dá lugar a um *oiko-logos*, a uma palavra do espaço mais do que a uma lei do lugar ou a uma norma que regesse o território"[24]. A visão economicista do

---

20 Sylvia Rostrowetski, "Des mots, des choses et dês lieux", in Anne Decrosse (dir.) *L'esprit de sociéte* Mardaga 1993, Liège, p. 302.

21 N. Katherine Hayles, *My mother was a computer* The University of Chicago Press, Chicago and London, 2005, p. 3.

22 S. Zizek, *A Subjectividade por Vir*, Relógio D'Água, 2006, p. 86.

23 *La Sainte Famille,* Ed. Sociales, p. 247.

24 P. Ouellet, *Le sens de l'autre. Éthique et esthétique*, Liber, Montréal, 2003, p. 45.

mundo (é assim que se pensa a mundialização) é pobre em mundo, como dizia Heidegger do animal. Esquecemos que *mundus* em latim diz a "pureza", aquilo que brilha e luz, o tecto que nos abriga. Nesta visão, o *oikos*, que designa o meio *em que* se vive, torna-se o meio *das* nossas vidas. O trágico é que num mundo abrigado, sujeito ao *nomos* da propriedade, não há lugar para a alteridade, o estranho, o estrangeiro, a *khora*.

Vivemos numa época que Heidegger chamava como "planetária". Estamos habituados a dividir o mundo de forma binária e a referenciá-lo segundo o poder geopolítico, económico e cultural – Ocidente vs Oriente, "Primeiro" e "Terceiro" mundos, Norte e Sul, centro e periferia. O "espaço" de tal "planetário", hoje designado como "globalização" não é nem uma entidade patriótica-política nem um lugar de nascimento; não está circunscrito pelo sangue e pelo solo: ultrapassa e desafia tais delimitações. É nesta extra-territorialidade que a nossa casa se funda. As "verdades" que sustentavam o nosso egotismo e nos enclausuravam no nosso mundo perderam o centro, as garantias o conforto de fundações últimas. Ora, é a esta região aberta que Heidegger chama o sítio do nosso ser. Perdemos o cosmos (D. H. Lawrence). O cosmos de Platão, Dante e Shakespeare estava em proporção com a escala humana. Homens e mulheres eram microcosmos do universo. Depois de Shakespeare esta experiência parece ter-se apagado. Vivemos divorciados da natureza e órfãos do contexto cósmico. Ao contrário dos povos indígenas e das culturas tradicionais, a característica maior da cultura moderna é que vê o cosmos como algo frio e inerte e em último caso sem sentido. Como se não houvesse inteligência e sentido fora da mente humana. A polarização das cosmovisões em duas frentes, uma religiosa, a outra laica está a pôr em perigo a coesão da cidadania. Como se o jogo de linguagem religioso devesse ser preterido pelo jogo de linguagem em que se movem as imagens naturalistas do mundo. Como se as grandes religiões não pertencessem à história da razão. Como se a terra não fosse mais do que uma realidade horizontal, e pudéssemos romper sem dano com o círculo da solidariedade dos saberes. Como se pudéssemos ignorar milhões de anos de evolução depositados na natureza. O *Dasein* não é o *homo* do humanismo clássico. Começamos a perceber que o núcleo fundamental de conflitualidade entre o Ocidente e o resto do mundo situa-se mais num conflito de interesses do que num conflito de identidades. Conseguirão as novas plataformas comunicacionais transformar os espaços públicos? Que pode a *khora* enquanto resistência à identidade totalizante, à alucinação consensual (Gibson)? A despolitização do espaço público é hoje uma evidência que só os românticos do político (Rousseau, Habermas) ignoram. O espaço público é o espaço da negociação, da interrupção da infinitização, cabendo-lhe a salvaguarda do espaço livre e a garantia da sua abertura. Não é possível construir uma comunidade do êxtase. Os campos perceptivos não estão nunca rigorosamente constituídos. Temos de constantemente os reconstituir. Nós mexemos, as coisas mexem.

Coda

De que meios dispomos hoje para comprender o mundo à nossa volta? A estranha forma de racionalidade que inaugura a tecnologia radica na capacidade para transformar as nossas percepções e valores ao tempo que transforma a natureza. Por isso os sistemas de controlo a que deve estar sujeita a tecnologia não são independentes do próprio desenvolvimento tecnológico, sem que isso nos leve à conclusão pessimista de Winner de que a tecnologia se converteu num processo autónomo. A emergência de descobertas tecnológicas radicalmente novas apresenta um problema sério para as teorias da racionalidade mais consagradas, em particular as que cavaram uma divisão irreconciliável entre a razão segundo os fins e a razão instrumental. A diferença entre os fins que são meros fins instrumentais e os fins universais só tem sentido quando podemos distinguir uns dos outros com clareza. A questão é a dos limites da representação. Se a Razão pode ser pura, uma cultura não o é nunca, porque é produto da sua história; forma-se, evolui e desaparece nas trocas e nos conflitos com as outras (Rastier 2001: 281).

A cidade latina, *urbs* e *civitas*, era delimitada por aquilo a que se chama o *pommerium* que designava um terreno vazio fora e exterior aos muros de Roma onde era proibido construir e laborar. A questão hoje não é "onde está o paraíso?", sim: "para onde vai o mundo?" Num mundo que "abre caminho à forma do terror" (Nunes, 2006: 137), onde reaparecerá a despojada Natura agora destronada pelo Computador Universal? E que mundo habitamos? Nunes mostra-nos esse mundo como uma ferida: "eis-te num mundo onde todas as palavras se equivalem, eis-te preso a tantas palavras, corres para uma, corres para outra, porém as palavras sem boca são sombras de pedra, e não sabem, ou não podem, morrer, porque até um grito precisa de uns lábios que se fechem para se extinguir"[25]. Outra escritora, Maria Gabriela Llansol interroga-nos:

> "Estamos todos submetidos ao enigma__________
> como distinguir o jardim devastado em que nos encontramos
> do perfil da esperança (...) À minha volta, ouço
> constantemente falar do **mundo** , de que vai mal, de
> que deve ser revolucionado, de que pode ser melhor,
> sem que eu saiba onde nele se possa colocar esse diferente,
> por não ver – não conseguir imaginar –, a forma
> do mundo."[26]

Quando começarão os actores (humanos e não humanos) a juntar-se debaixo da mesma árvore de palavras que presida à mediação dos saberes e o estado de coisas que envolve o nosso viver em comum? Que voz tem no parlamento das coisas a Mãe Natureza? Que pode contra o terror do petróleo, do cimento e do dinheiro? Agir é combater a sombra (Lídia Jorge, 2007). Agir é um acto político – exige pelo menos a auto-persuasão que leve a actualizar a vontade de agir em comum. De que havemos de nos persuadir ainda se "a persuasão é o fruto do jardim do impossível e do inútil", como escreve M. Cacciari?[27]. O jardim parece fazer parte dessas figuras impossíveis como o são o perdão, o dom, o amor. Se a palavra é messiânica, então o seu espaço de enunciação é o porvir. É debaixo desta árvore de palavras que um "nós" se constitui como uma comunidade a vir no espaço aberto do mundo que é a nossa morada. Viver o *Nós* é viver o mundo comum intersubjectivado, o "mundo de vida" (*Lebenswelt*) que é essencialmente o mundo de intersubjectividade ou de intercomunhão dos sujeitos, como lembrava Husserl. O desenraizamento, a alienação do Ocidente provêm do esquecimento do *metaxy* (o justo meio harmónico, o equilíbrio). A ciência que apreende os seres isolando-os, abstraindo-os da rede cósmica em que vivem, vivissecando-os, tornou-se literalmente *diabólica.* Entre a árvore da força que exige a exactidão, que quer tudo compreender e a árvore do amor, desabrigada, aberta, o caminho parece sem saída.

---

25 Rui Nunes, *Ouve-se Sempre a Distância Numa Voz*, Relógio D'Água, 2006, p. 18.
26 Maria Gabriela Llansol, *Lisboaleipsiz 1. O Encontro Inesperado do Diverso.*
27 *Op. cit.*, p. 86.

A vida moderna é refém da desmedida que invadiu tudo, a vida pública e a vida privada. Não restam dúvidas: a figura trágica da *hybris* nunca desapareceu totalmente do horizonte. Nietzsche tem razão, uma vez mais: "A *medida* é-nos estranha, reconheçamo-lo; a nossa obsessão é antes a obsessão do infinito, do desmedido (...) afrouxamos o freio diante do infinito, nós os modernos, semi-bárbaros – e só apreciamos a *nossa* felicidade no momento em que o nosso *perigo* está no seu cúmulo"[28]. Helène Cixous tem razão também: "Nos langues sont désertes. Nous n'y vivons plus. Nous nous oublions. Et tous les jardins deviennent fantômes"[29]. O jardim pintado em *La plante humaine* de Louis Dorléans (1612) é um jardim aberto. O espaço de *T-Garden* é um ambiente interactivo em que os visitantes dançam com as imagens, construindo mundos visuais: "The play space disssolves the lines between performer and spectator by creating a social, computational, and media architecture that allows the players to shape paterns in the dynamical environment" (SIGGRAPH 2000, 71)[30]. Sim, o digital promete a interacção, a dança. "Toda a cidade recebe o nome do deserto a que se opõe", escrevia Ìtalo Calvino. Que prometem as cidades, para lá dos muros de papel e de betão e de mentira? Como habitar humanamente o espaço livre? Para lá do montão de informações e de relíquias que os historiadores exumam fica aquilo que Jean-Luc Nancy designa o "espaço deixado livre"[31]. O espaçamento livre é intrinsecamente político: só ele pode impedir que a pulsão totalizadora se instale nas suas formas mais perversas que são os totalitarismos de todos os bordos. Não há apenas um mundo. O mundo já não é um diverso regido por leis próprias (naturais), mas um pluriverso que forceja por alcançar a sua própria representatividade – aquilo a que Latour chama "o parlamento das coisas"[32]. O que Latour sublinha é que o nosso mundo é ingovernável se continuamos a negar aos factos (os vírus, os bosques, a Amazónia, os animais, a poluição, o genoma, o clima) uma constituição política. Mantê-los fora da política é inútil e perigoso por duas razões: 1. os

28 F. Nietzsche, *Jenseits von Gut und Böse*, KSA, Bd. V, p. 160.

29 Hélène Cixous, *L'Heure de Clarice Lispector*, Antoinette Fouque, 1989, p. 75.

30 Cf. Jay David Bolter and Diane Gromala, *Windows and Mirrors*, The MIT Press Cambridge, Massachusetts London, 203, p. 116. Cf. *Hypertext Gardens: Delightful Vistas*, Mark Bernstein Eastgate Systems, Inc.

31 Jean-Luc Nancy, *L'expérience de la liberté*, Paris, Galilée, 1988, p. 52-63.

32 Bruno Latour, *Politiques de la nature*, Paris, la Découverte, 1999.

factos, as provas nunca encerram os debates; 2. o exercício da retórica (o apelo aos valores) exige cada vez maiores e melhores argumentos técnicos. A câmara em que se discuta o estatuto de cada um destes objectos deve dar voz a quem queira fala em seu nome. O "espaço edénico" tão próprio a M. G. Llansol, "é um modo dual de viver e conhecer que não é, privilégio do humano; no espaço edénico, todos os vivos se "reconhecem" como fazendo parte do universo; todos sentem, cada um a seu modo, necessidade de estima e de respeito pela sua autonomía"[33]. O mundo tornou-se um agregado heterogéneo de fragmentos difícilmente reconciliáveis. O viver-com não se reduz à comunicabilidade discursiva: é preciso pensar a sua legitimação estética numa comunidade afectiva e não discursiva. Não é isso que prometem os jardins que não eternos, como pensava Alain de Lille, mas espaços que se podem descrever como rizomas, redes, afecções sempre em trabalho de parto. "La terra è un giardino: ce lo assicura uno sguardo dall'alto, escreve Gilles Clément, a propósito do "jardim planetário"[34]. Há que alargar o espaço do jardim até aos limites da nossa biosfera, pensando o planeta como um jardim, um continente teórico em que a tundra, a floresta, o deserto, a vegetação mediterrânica e a floresta tropical alternem. Tudo tem de ser recomeçado. Mas não é a política a possibilidade de recomeçar, como dizia Hannah Arendt? Haverá entre a expressão "espaços expectantes" e a "expectância" um espaço comum, uma *ágora* em que se ensaie a voz, o singular, o cosmopolitismo, o parlamentarismo das coisas, a hospitalidade que a árvore da palavra propicia?

---

33 Maria Etelvina dos Santos, *"Como uma pedra-pássaro que voa" Maria Gabriela llansol – Uma leitura "improvável"*, Dissertação de doutoramento em Línguas e Literaturas Românicas apresentada à FCSH da UNL, 2007, p. 78.

34 C. Eveno, J. Clement, *Le jardin planetaire*, La Tour d'Aigles, Ed. de l'Aube, 1997.

Clarice Lispector: da ruína da literatura do lugar à epifania do universal

Resumo

Clarice Lispector, de origem ucraniana, é, no contexto da literatura brasileira, a figura da ruptura, da fragmentação, da desterritorialização. A escrita clariciana abriu horizontes insuspeitados à literatura do lugar que então se praticava. O cosmopolitismo leva a melhor ao "instinto da nacionalidade", sem o quebrar, mas transfigurando-o. Analisam-se nesta comunicação algumas dessas questões que se põe a escrita em tempo de globalização, partindo fundamentalmente do livro de contos Laços de família.

"On ne demandera donc pas quell est le sens d'un événement: l'événement, c'est le sens lui-même. L'événement appartient essentiellemnet au langage, il est dans un rapport essentiel au langage; mais le langage est ce qui se dit des choses" (Deleuze, LS, p. 34).

"In many local literary communities, or in communities constituted through a common literary language, the question of globalisation is all too often seen by some writers as the battleground of important national discursive identities, national traits, values, traditions and cultural borders against an invading ready-made, consumerist and integrative culture. Within this framework, globalisation frequently becomes synonymous with a commoditized technological and ideologically unifying civilisation conveyed through English language" (A. Pennycok, 1994).

"Monoculturalism has been replaced by a monster inconceivable only ten years ago: multiculturalism which has joined in the devilish dance started by multiculturalism – after the latter was blown to pieces along with the hypocritical tolerance it entailed" (Bruno Latour).

A escrita não é apenas uma "arte demonstrativa", é uma arte de laboratório e de alquimia. Uma arte de ligações. Desde a fundação do mundo, ao erotismo difuso do *Banquete*, às instituições (famílias, igrejas, partidos) que laços invisíveis sustentam. É verdade que há muito que perdemos o cosmos. Que o real perdeu o seu potencial. Os deuses que povoavam o mundo de Heráclito precipitaram-se no grande rio da fragmentação, seguindo a estratégia do camaleão que primeiro claramente se mostra e a seguir logo se dissimula nas cores mutantes da paisagem. A secularização do mundo tornou-o frio, calculado, extenso. Só os artesãos da linguagem (nas artes e na escrita) resistem a esse desmoronamento. O seu labor é refazer essa unidade perdida, a matriz que ligava os vivos ao "espaço edénico" com as técnicas que o tempo vai afinando, refinando. Notoriamente, as três grandes obsessões do homem desde que saiu do neolítico são a genealogia, o parentesco e a propriedade. Nunca se saiu completamente da galera da origem, da procedência e do território, ocupados que andamos a esquartejar a terra e a devorar-nos em guerras intermináveis, com a consciência tranquila que o parlamentarismo moderno legitima. O localismo ganhou sempre, mesmo quando travestido de universalismo messiânico[35]. Os fugitivos deste mundo lutaram obscuramente contra estas grandes obsessões, sem ceder ao cinismo que tudo normaliza, tudo justifica. Clarice Lispector é um desses raros artistas, nómadas, por circunstância vária e por feitio, que nunca perdeu o mundo, atravessando-o, e que fez da linguagem uma celebração da Coisa e dos sentidos. Disso testemunha a escrita de *Laços de família*. Ocupar-me-ei tão só de um conto: "Amor", porventura o mais perturbante deste conjunto de contos.

35 Francolino Gonçalves, "Exílio Babilónico de 'Israel'. Realidade Histórica e Propaganda", in Revista "Cadmo", Universidade de Lisboa, nº 10, 2001.

O acidente

"O mundo é aquilo que nós percebemos. (...) O mundo não é aquilo que eu penso, mas aquilo que eu vivo: eu estou aberto ao mundo, comunicando-me indubitavelmente com ele, mas não o possuo, ele é inesgotável"[36]. O mundo não é monotónico. Aquilo que interrompe o curso normal das coisas é o que se chama o acidente: uma revolução, uma catástrofe natural (um terramoto) ou não (Chernobyl, Chalenger). A catástrofe vem associada à ideia de Progresso e de Distopia (como interrupção desse movimento linear). O que assenta na poeira dos dias é o que acontece, o que não funciona, o acidente. "Todo o acontecimento é sempre crível em tempo real. Um acontecimento não é mais verdadeiro ou falso. (...) A realidade sucumbiu à simulação e ao artifício"[37]. Tudo é num instante. O acontecimento torna-se então sacramento do real, isto é, aquilo que nos olha de forma surpreendente, que nos toca e move. Aquilo que emerge do real e nos mobiliza para uma prática do espaço como um lugar a praticar. G. Deleuze aconselha a não confundir o acontecimento com a sua efectuação espácio-temporal num estado de coisas[38]. Dizer que "a faca entra na carne" é exprimir uma *transformação incorporal* que difere em natureza da *mistura de corpo* correspondente (quando a faca entra efectivamente, materialmente na carne")[39]. É a linguagem que colhe o puro instante da disjunção destes dois momentos: é ela que realiza a síntese disjuntiva do acontecimento, e é esta diferença que faz *sentido*. O acontecimento está dos dois lados: como aquilo que na linguagem se distingue das proposições e aquilo que no mundo se distingue dos estados de coisas. O acontecimento é inseparável do sentido das frases e do devir do mundo. A mediação entre a poesia e a vida é a língua. O poeta é aquele que na palavra gera a vida. A vida, que o poeta gera na palavra, é subtraída tanto ao vivido do indivíduo psicossomático como à indizibilidade biológica do género"[40].

Clarice tornou-se a humilde artesã do acontecimento, sabendo fazer algo daquilo que lhe acontecia. E fez disso a sua paixão da escrita. Esta foi verdadeiramente o seu baptismo do real. Não foi a

---

36 M. Merleau-Ponty, 1999, p. 19.

37 J. Baudrillard, *A ilusão vital,* Rio de Janeiro, Civilização Brasileira, 2001.

38 *Logique du sens*, Minuit, 1985, p. 34.

39 *Mille Plateaux*, com Félix Guattari, Minuit, 1980, p.109.

40 G. Agamben, *La Fin du poème*, Circé, 1996.

insensibilidade ou a indiferença que ganharam nesta batalha. Ela testemunha para nós hoje da paixão da literatura que nada tem das roupagens da utopia ou da retórica. A pergunta que lemos em *A legião estrangeira* (1964) contém já a resposta: "A literatura é *ludus* e *catarsis* (aqui salvação da tensão e fuga). Assim, a literatura funcionaria como medicina e religião?" Ela vem dizer-nos uma coisa simples: o sacramento do real cumpre-se no encontro com o acontecimento a partir do mundo entrevisto como um pulsar, um atractor simultaneamente fascinante e repulsivo. O ser humano é baptizado nas águas mortificantes e vivificantes do que lhe acontece. Há na escrita de Clarice momentos de catástrofe, acidentes: "Eu te digo: estou tentando captar a quarta dimensão do instante já que de tão fugidio não é mais porque agora tornou-se um novo instante-já que também não é mais (p. 90). Este "instante-já" reaparece em *Água viva* como "um pirilampo que acende e apaga, acende e apaga" (1980: 16). Já antes escrevera: "O instante é semente viva" (*Ibidem*: 12). Mas mais do que o instante, é o seu fluxo, a vibração que conta: "Meu tema é o instante? Meu tema é vida. Procuro estar a par dele, divido-me milhares de vezes em tantas vezes quanto os instantes que decorrem, fragmentária que sou e precários os momentos – só me comprometo com vida que nasça com o tempo e com ele cresça: só no tempo há espaço para mim" (1980: 10). Viver à beira, fixar instantes súbitos, à tona, no movimento do instante que leva a outro instante é esse o ar, mistura vaga, ligeira, vector de tudo, meio do *sensorium*, como diria Serres, que favorece a gema em que Clarice inscreve a sua narrativa. A virtude do instante é o intenso: "Este instante é" (*Água viva,* p. 36). Ora, é a dilatação do intenso que serve de via real ao extenso. Na visão de Heidegger o Aberto, Caos, é o *imediato,* a omnipresença imediata[41], quer dizer, o sagrado. A lei, a doxa, nada podem em relação ao imediato pelo seu carácter medial. O que anuncia nesta forma de escrita é o aberto, a *khora* que é o espaço livre da linguagem que resiste ao espaço de predação da doxa. O aberto é o espaço livremente deixado àquilo que é, e que não está, como o passado, sempre atrás de nós. Ou que não está também diante de nós, como a construção espessa do mundo. O étimo de *Chaos*, *Cahino*, *Chasco*, indicam a abertura, o ser aberto (do latim: *hio*, *hisco*); *chasma* é o golfo, o

41 "Comme un jour de fête", tr. Fr. M. Deguy e F. Fédier, in *Approches de Hölderlin*, Gallimard, Paris, 1962, p. 79.

abismo. A natureza que cria tudo e aparece "bela" (*kalón*), o que é íntegro, inteiro, vivo, "salvo". O poeta é aquele que diante da beleza epifânica da natureza sabe manter-se aberto ao Aberto; na visão do despertar da natureza, ele "vê" o Aberto, a partir do qual se forma o mundo[42]. Ora, essa é precisamente a definição da catástrofe. *Definição do presente como catástrofe (...): a catástrofe é o progresso, o progresso é a catástrofe.* Nada parece estável no mundo narrativo da nossa autora. O mundo de Clarice é o mundo das pequenas percepções (J. Gil), povoado por situações epifânicas sempre em queda: a travessia do Jardim Botânico parece-lhe uma embuscada; o mal-estar sucede rapidamente à euforia, a decomposição está em tudo, o ligeiro torna-se pesado, o mundo perecível e, paradoxalmente[43], sujo.

A terra é um vivo. O século XII elabora uma complexa teoria do mundo sobre o mundo físico aprofundando o conceito, derivado do *Timeu* de Platão, da alma do mundo (*anima mundi*): o universo era considerado como um ser animado, atravessado por uma força vital. Há no *Timeu* um lugar sem lugar que os gregos chamam *khora,* um espaço fora do *topos* ou da *polis* onde nada ainda passou, um espaço vago destinado a acolher as formas no seu devir: o espaço maleável em que as coisas aparecem e desaparecem, deixando atrás de si os traços ou vestígios do que chamamos memória. Neste espaço acontecem todas as metamorfoses, todas as ultrapassagens. O pardal que ciscava na terra (*Laços de família,* p. 22) é a figura excelente do trabalho de escavação – como a toupeira cega, mas visionária no *Covil* de Kafka – do fora do lugar em qualquer lugar para preservar uma certa transcendência da passagem. Bem sabemos: a experiência do mundo não nos é apreensível fora da linguagem: constrói-se no interior duma organização complexa entre a experiência e a língua. A lógica dos factos não se deixa representar, dizia Wittgenstein. O instante vive sob a ameaça constante da destruição: "Corro perigo como toda a pessoa que vive" (*Água viva,* p. 57). A família só aparentemente é o lugar de constituição de um "nós". Os contos de *Laços de família* são uma viva ilustração do turvelinho em que os afectos se misturam com um silêncio corrosivo, letal. Viver o *Nós* é viver um mundo comum intersubjetivado e viver o sentimento de pertença à comunidade. É igualmente viver a hospitalidade da

42 *Ibidem*, p. 86.

43 Paradoxalmente porque um dos sentidos da palavra latina *mundus é "nitidez", "pureza".*

Presença enquanto Presença viva, afecto partilhável. E esta Presença hospitaleira é altamente temporalizada é o *fluxo absoluto* (Husserl). Manifesta uma passividade esencial. Veja-se, por exemplo o conto "A imitação da rosa". O estar "bem", que uma semiótica da contenção poderia manifestar, é o abandonar-se à impessoalidade, ao "castanho" como uma esposa deve ser, ao metódico como rotina. A "perfeição", o "super-humano" era um estado de alma deserto. É o cansaço que lhe lembra a vida, o prazer do instante, uma vez mais.

"Amor"

Tomemos como primeiro exemplo a cena do conto "Amor" em que o Jardim Botânico é como que o ecrã do acontecimento. Com as viagens de exploração do século XV pensou-se redescobrir o Jardim, e aquando da sua primeira viagem, em 1492, Colombo acreditou ter identificado a sua localização no Novo Mundo. Luis de Torres foi escolhido por ter sido um judeu convertido e conhecia o hebreu, o arábico e o caldaico[44]. Clarice é treinada no olhar mais do que os simples mortais: "Nos langues sont desertes. Nous n'y vivons plus. Nous nous oublions. Et tous les jardins deviennent fantômes. Trop souvent nous oublions le nom appelant de l'orange, le vrai nom Orange, acide, savoureux, les oranges souffrent, toute l'espèce dépérit, s'éteint, et nous aussi dans l'obscurité sans fruits, sans traces des oubliées, nous nous désséchons, nos langues sont déshydratées."[45] O trabalho da língua consiste também em des-esquecer, desocultar: Desocultar é a tarefa a que obedece a escrita de Clarice, lembrando-nos aquilo que um grande teórico do formalismo russo, Victor Shklovsky, investigara: "A língua poética difere da língua prosaica (quotidiana) pelo carácter perceptível (*oshchutimost*) da sua construção" (Eikhenbaum, 1927, 45). "It exists to make one feel things, to make the stone stony". Para o checo Mukarovsky, um dos fundadores da escola de Praga que se situa na continuidade do formalismo russo, a linguagem poética não se define nem pela beleza, nem pelo ornamento, nem pela afectividade, nem pela sua singularidade, mas pela *evidenciação* (*aktualisace, foregrounding*) (1977, 3-4). A finalidade e o resultado desta *evidenciação* formam aquilo que os formalistas russos chamam a

44 Baudet, *Paradise on earth, some thoughts on European images of non-European man,* New Haven 1965, p. 187. Sérgio Buarque de Holanda, *Visão de paraíso,* 2a ed. Edn. São Paulo 1969.

45 Hélène Cixous, *L'Heure de Clarice Lispector*, Paris, Antoinette Fouque, 1989, p. 75.

desfamiliarização (*ostranenie*) ou desautomatização da linguagem que produz a percepção dos signos enquanto tais. Clarice obtém esse efeito de *evidenciação* escrevendo contra a indiferença, contra a anestesia e a desvitalização das palavras, fazendo-nos descobrir a nitidez das coisas, o seu brilho, a sua forma, o seu peso. Como se a desfamiliarização da escrita fosse o correlato objectivo daquilo que os contos de *Laços de família* evidenciam.

Será útil lembrar que a emoção é o fundamento da nossa representação do mundo natural. Não se trata de traduzir o sensível em inteligível, mas, no dizer de J. Fontanille, "de le saisir dans la tension qui le lie à l'intelligible"[46]. A emoção, a inclinação, a paixão e o sentimento são, nesta perspectiva, fases de um esquema afectivo elementar. O ver subentende sempre um mover, um comover. Há uma clara correlação entre a moção e a emoção, isto é, o aparecer no mundo e o movimento de apreensão que o sujeito faz desse aparecer. Isto porque a percepção obedece a uma dupla síntese: a do diverso sensível no acto de apreensão dos fenómenos e a do fluxo de consciência na apercepção dos estados subjectivos afectados pela percepção. Trata-se de um jogo em que as saliências perceptivas e as pregnâncias afectivas que se convertem umas nas outras. No conto "Amor", a paixão de Ana é o ver, o sentir, o ressentir a "raiz das coisas", a sua aura. O instante é como a catástrofe que acontece na sua corrente de vida, é o seu espanto. Momento raro: "Sem se dar conta, a família fitava a sala feliz, vigiando o raro instante de Maio e sua abundância" ("Mistério em São Cristóvão", p. 101). Nunca completos, sempre misturado. Insatisfação e felicidade. Com hiatos, ausências de ordem, crises. Basta reportar-se a *De l'imperfection* de Greimas para ver que a deiscência, a clivagem, o corte, etc., são condições elementares da emergência do sentido. Se o actante tem um corpo, este corpo só se torna significante se conhece tais deiscências. O corpo é o grande sensor que pressente a proximidade do perigo que é viver. Tudo pode ser perigoso: "Era um toque perigoso para as quatro imagens" ("Mistério em São Cristóvão", p. 103). Há horas perigosas. Há horas que desencadeiam a íntima desordem – a hora da tarde, por exemplo. Como conectores de acontecimentos catastróficos. O perigo de viver espreita em cada esquina. Os estados de alma alteram-se a cada movimento das árvores, da lua, do rosto branco. A experiência da

46 J. Fontanille et Cl. Zilberberg, *Tension et signification*, P. Mardaga, 1998.

queda pesa bem mais do que a experiência da ascensão e da perfeição. Em qualquer queda como em qualquer experiência se encontram "momentos" de "crise" e de "retomada". O modelo da queda parece ser o mais apto para afigurar a eficácia da ruptura no interior da abertura que marca qualquer experiência. É também daí que arranca a problemática articulação da palavra e do mundo. Já foi dito que a presença de epifanias provoca o adensamento de um universo, a partir do deflagrar de coisas ínfimas, no dizer de Carlos Mendes de Sousa. Um cego mascando goma pode arrastar a ruína do dia, desarrumar tudo. H. Cixous resume bem o trabalho da escrita de Clarice. "Les textes de Clarice Lispector recontent des histoires d'éclairs, ce sont des 'faits' comme elle le dit, des moments, des maintenants de vie, qui mettent en jeu de brusques drames"[47].

No conto "Amor", sem dúvida o mais perturbante conto de *Laços de família*, o Jardim, é um vivo, "triturado", lugar de aparições, de moções – a folha que se agita, o gato que assoma, o cego que assombra. O Jardim é o lugar de "um trabalho secreto", temível, e ao mesmo tempo, fascinante. Um teatro de paixões, cujos efeitos são simultaneamente sensíveis e inteligíveis, em que a intensidade, os efeitos de tempo e de ritmo singularmente se manifestam. Lugar sagrado a que não falta o fantasma do assassinato. Tudo se mistura neste conto: os filhos, o vento, as sementes, as árvores, a conversa com o cobrador da luz. E tudo está sempre à beira do desastre. "A crueza do mundo era tranquila". A irrupção do cego é que vem criar no espaço da viagem até casa a desordem, a crise, a ruptura. Ele é a figura da hostilidade, da náusea, da culpa e da experiência da vida como horrível. O cego é para Ana uma epifania simultaneamente jubilosa e de asco. Que manifesta esta aparição súbita? De que modo a "toca"? A estrutura narrativa deste conto assenta na correlação tensiva entre o ponto de partida no campo de presença do sujeito de uma "vida apaziguada" a uma "intranquilidade" e a uma "desordem" insanável. De repente – esse é o momento epifânico – a vida aparentemente apaziguada explode. No percurso que a leva a casa, várias emoções se investem no campo de presença de Ana que a afectam interiormente. O operador da correlação entre o que interiormente a afecta e o que exteriormente se manifesta é, evidentemente, o corpo próprio. A proprioceptividade torna-se a instância que acolhe e "ressente" as

47 Hélène Cixous, *op. cit.* p. 145.

tensões entre as duas dimensões e que afecta todas as articulações ulteriores do campo discursivo. O choque que provoca a quebra dos ovos, a aparição do cego, ou do gato, ou do filho, ou do marido intervêm como pontos de ruptura, como catástrofes, que conectam a própria narrativa. Este conto assenta em dois "sentimentos" que se complementam: a opressão do *demasiado* e a angústia do *mínimo*. Não há crise que não coloque a questão moral. Ou a questão da veridicção: onde a ilusão, a suspeita, a verdade, o secreto que se joga no intervalo do parecer e do ser? Não há sossego nesta escrita. O medo, o arrepio da vida, a vergonha, o horror. No final das suas visões, o cego pendia entre os frutos do Jardim Botânico que a chama como um lobisomem. Por cima da camada fina do visível esconde-se sempre o desassossego, a vertigem, o perigo de viver. Tudo, afinal, lhe parecia periclitante: "parecia-lhe que as pessoas na rua eram periclitantes, que se mantinham por um mínimo equilíbrio à tona da escuridão".

Literatura e globalização

"*Laços de família* é um dos mais extraordinários livros de contos escritos em língua portuguesa. [...] Situando-se numa zona de fronteira, a literatura de Clarice implica a exclusão de qualquer tipo de hierarquizações e propõe a instauração de um espaço de errância: não ser de nenhum lugar ou amplamente existir numa gravitação que é de todos os lugares", escreve Carlos Mendes de Sousa[48]. A história da cultura reflecte duas tendências que o sedentarismo e o nomadismo ilustram à saciedade. E dois horizontes: o universal e o local, a territorialização e a ex-territorialização. Aquilo que melhor caracteriza aquilo que se chama a crise da modernidade é que o nosso espaço de experiência se estreita no momento em que o porvir se torna mais incerto e mais indeterminado. O fenómeno da mundialização coincide com a idade planetária da humanidade e é profundamente ambíguo. A "aldeia planetária" tende a converter-se num mercado mundial. O imperialismo da economia de mercado tende a gerar uma miséria cada vez mais visível e uma uniformização que tende a sacrificar, por um lado, as identidades antropológicas, culturais e religiosas e, por outro lado, uma fragmentação que leva a crispações identitárias e a rivalidades violentas pela conquista do

48 "Posfácio. A íntima desordem dos dias", in *Laços de família*, Lisboa, Livros Cotovia, 2006, p. 130-131.

poder económico e político. B. Latour é certeiro quando escreve: "The conjunction of two words repeated ad nauseam, "globalization" and "fragmentation", constitutes a striking symptom of theses changing times" (B. Latour, 2002: 23).

Vivemos num mundo planetário. Ora, o "espaço" de tal "planetário", hoje designado como "globalização" não é nem uma entidade patriótica-política nem um lugar de nascimento; não está circunscrito pelo sangue e pelo solo: ultrapassa e desafia tais delimitações. É nesta extra-territorialidade que a nossa casa se funda. Em último caso, "It is in this obscured and elided extra-territoriality that our home is ultimately founded and secured" (Chambers, 2001: 49). As "verdades" que sustentavam o nosso egotismo e nos enclausuravam no nosso mundo perderam o centro, as garantias o conforto de fundações últimas. Ora, é a esta região aberta que Heidegger chama o sítio do nosso ser: "being offers us no ground no basis – as being do – to which we can turn, on which we can build, and to which we can cling. Being is the rehection (*Abseage*) of such grounding; is renounces all grounding, is abyssal (*abgründing*)"[49]. A reflexão de Frias Martins sobre a relação entre a globalização e a literatura parece-me de muita pertinência[50]. A leitura que faz da *Jangada de pedra* de Saramago é um excelente pretexto para abordar a questão da identidade cultural num tempo de profundas mudanças políticas, económicas e culturais. "No domínio da literatura, em vez da uniformidade ou homogeneização, testemunhamos no nosso tempo da existência de numerosas zonas multiculturais que estão a construir surpreendentemente ricas e diversas redes literárias – desde escritores europeus que aparecem em África a escritores asiáticos que emergem no Canadá; de escritores africanos e indianos que se estabeleceram na Europa a escritores sul-africanos e caribenhos que estão a tomar activamente parte na configuração literária dos Estados Unidos. O hibridismo cultural provocado pelas correntes transnacionais modificou quase inteiramente a ideia da sociedade nacional culturalmente homogénea (bem como a ideia de uma sociedade etnicamente homogénea), e em vista da negociação

---

49 Martin Heidegger, *Nietzsche*, vol. 4, trad. Frank A. Capuzzi, San Francisco, Harper & Row, 1982, p. 193.

50 Manuel Frias Martins, "Globalisation, Literature AND an Iberian "Stone Raft", in Ciberkiosk, nº 3, 2001.

complexa que muitos autores literários transportam com a nação, raça e linguagem, várias formas simbólicas e sistemas de significação estão a ser profundamente reordenados ou em fase de importantes mudanças. Em breve, em vez de levar a uma homogeneização da cultura, a globalização parece ter ajudado a alimentar uma diferenciação cultural e literária e uma diferenciação em graus de complexidade nunca vistas" (*Ibidem*, p. 1).

É necessário reconhecer a "estrutura desigual" (Fernand Braudel) do espaço literário – sem cair na classificação das literaturas ditas "menores" que anexa a literatura à política, e é preciso ao mesmo tempo acabar com o etnocentrismo literário que continua a determinar o sentido da circulação das obras, a moda e o moderno, as formas literárias e os lugares de consagração que são, queira-se ou não, o produto de uma imposição central. É necessário resistir à "mundialização" pacificante e bem pensante; contra o universal decretado em proveito daqueles que impõem sempre as suas normas; contra a imposição de um tempo literário que faz passar por universal as leis literárias particulares erigidas pelos centros. É necessária uma literatura descentrada e livre. A nossa aldeia é cada vez mais planetária e mais xenófoba. Vivemos a era do nacionalismo, do separatismo, do irredentismo e do tribalismo cujo rosto oculto é a segregação, a guerra e a xenofobia. A identidade que se perde num campo reconquista-se no outro. O globalismo imposto incita ao particularismo como antídoto contra a homogeneidade. Haverá que apreciar a globalização sob a dupla face de retraimento e redesdobramento, de contracção e expansão, de desculturização e reculturização. O Tratado de Maastricht sobre a integração ilustra perfeitamente este conflito. A aparição de localismos não nega a globalização, o seu efeito. Cada novo impulso para desenraizar gera um mecanismo de implantação territorial defensivo, necessariamente de carácter sagrado.

Pascale Casanova demonstrou na sua suma *La République mondiale des lettres* que há um sistema global de literatura instalado ao longo dos cento e cinquenta anos passados, um sistema completo, com a sua própria ordem de literalidade, o seu tempo, os seus *cânones*, o seu internacionalismo e os seus valores de mercado. A eficácia deste sistema reside ao que parece em ter gerado os tipos de escritores que Casanova estuda e que pertencem a categorias tão diferentes entre si, com os perfis de assimilado, de dissidente, individualizado, e classificadas dentro daquilo que ela demonstra ser um sistema altamente eficiente, globalizado. Este sistema poderoso e totipotente pode ir até estimular uma espécie de independência de si mesmo, como no caso de escritores como Joyce e Beckett cuja linguagem e ortografia escapam às leis impostas tanto pelo Estado como pelo sistema. No começo do século XVIII, Jonathan Swift era o panfletário mais iconoclasta do seu tempo e durante a sua campanha contra o Duc de Marlborough, em 1711-1712, foi capaz de distribuir 11 000 exemplares do seu panfleto *A Conduta dos Aliados* no mercado. Conrad, no fim do século XIX entendeu que os *distinguo* entre a Londres civilizada e o "coração da sombra" podiam fundir-se em situações extremas e que os cumes da civilização europeia podiam cair nas práticas mais bárbaras. Conrad descreve no seu romance *O agente secreto* (1907) a afinidade do terrorismo para abstracções como a "ciência pura" (e por extensão, "Islão" e "Ocidente"). A literatura é um sistema globalizado, um espaço literário internacional, comportando uma espécie de autonomia integral que a coloca de certo modo depois das instituições e do discurso público. Este espaço tem as suas próprias leis de interpretação, a sua própria dialéctica de trabalho individual e colectivo, a sua problemática específica de nacionalismo e de línguas nacionais. Porém um dos selos da modernidade é o modo como, num nível muito subjacente, a estética é a necessidade social de ser mantido num estado de tensão irreconciliável (Adorno).

Coda

A cultura contemporânea sofre de uma vulgarização que desemboca numa subcultura de divertimento e de facilidade. João Barrento falou de uma nova categoria em que teria encontrado a ficção portuguesa: o *Realismo Urbano Total* – um tipo de literatura que tem por missão contar uma história "com pessoas iguais às pessoas que a gente conhece", segundo os "modelos da vida tal como ela é", e com uma forma de escrita que se limitaria a transpor a expressão quotidiana e que se caracterizaria acima de tudo pela total falta de estilo. Estaríamos assim no lado contrário daquilo que Mallarmé considerava ser a literatura – "a universal reportagem". Há formas de localismo que se aproximam de formas de "Terceiro-Mundismo". A insistência na 'pureza local', de acordo com o percuciente argumento de Arif Dirlik "may well serve as excuses for a reactionary revival ol older forms of opression (A. Dirlik, 1996: 36)." Porque a melhor literatura foi sempre aquela que tem como casa o mundo, e que melhor articulou a memória local e global, permitindo que o local se torne global na sua capacidade para representar as múltiplas dimensões da existência humana.

O diálogo em Clarice é impositivo, o que já supõe uma superação da dialogia. "Às vezes (somente?), o meu discurso encontra um sinal vermelho. Não é que haja repressão. É que realmente, eu não posso me dar de todo. Uma das bases do discurso é que ele não pode SE ENUNCIAR sempre". Ou então: "Há momentos em que a oposição se faz e, com violência. Momentos teimosos, momentos anais. Não se chega a um acordo. Um dos interlocutores não atinge o não ser do outro. Há duas saídas para este impasse: ceder ou desesperar. Mesmo a tortura, a força, seriam incapazes para fazer o recuo na oposição do outro" (*Laços de família*: 144). Clarice escreve contra o paganismo do lugar, conjurando o enraizamento, a clausura. Não é essa, de resto, a tarefa da arte: promover o espaçamento da linguagem contra a tirania do *nomos*, o espaço armadilhado pela matemática e pela técnica? A escrita de Clarice aproxima-se da vibração do mundo como um vivo: fascinante e perigoso. Como só uma verdadeira experiência o faz: atravessando-o. E fá-lo na forma do sensível que é, como Merleau-Ponty dizia, "essa possibilidade de ser evidente em silêncio"[51]. Ou não soubesse ela que a "consciência sensível" é muito diferente da "consciência intelectual". Não são o corpo e o mundo ambos feitos da mesma carne? Hélène Cixous resume, a meu ver, de forma lapidar a moral da escrita de Clarice na seguinte passagem: "Là où la pensée cesse de penser pour devenir envol, de joie, c'est là qu'elle écrit. Là où la joie devient si aiguë qu'elle fait mal, c'est lá que cette femme nous fait mal. Et sous le regard de Clarice Lispector chaque événement éclôt, l'ordinaire s'ouvre et montre son trésor qui est précisement ordinaire. Et soudain arrive comme un coup – de vent, de feu, de dent: la vie"[52]. Adorno insiste que a música moderna não poderá reconciliar-se com a sociedade que a produziu. Mas na sua forma e no seu conteúdo intensamente artificial, a música pode agir à maneira do silêncio, testemunhando da inumanidade circunstante. Qualquer assimilação duma obra musical individual ao seu contexto social seria falaciosa. O intelectual deve habitar o

---

51 M. Merleau-Ponty, *Le Visible et l'Invisible*, "Notes de travail", Paris, Gallimard, 1964, p. 267.

52 Héléne Cixous, *op. cit.*, p. 118.

sítio duma arte exigente, resistente, intransigente, domínio em que não podemos nem retirar-nos nem propor soluções. Fatalmente ideólogos porque "todos embarcados"? Ou em exílio precário sempre? Deixo-vos com uma leitura multimédia do conto de que vos falei, uma obra de Rui Torres *Amor de Clarice.* Esta obra testemunha uma vez mais da ressonância que os grandes textos deixam na paisagem do mundo. Rui Torres inscreve nesta obra o mesmo gesto de transgressão, tecendo um outro texto, com outra cor, outro movimento onde Clarice o deixou. Para o largar no espaço do mundo. Ou do jardim com que o deserto sonha.

Adélia Prado, a divina

1. Não são as crenças o estrume a partir do qual Adélia escreve, mas o íntimo, a íntima convicção de que Deus é justo, por exemplo; o que escapa a catecismos, a silogismos e à própria teologia. Se há uma "teologia poética" que atravessa a sua obra, essa teologia é feita do casamento da carne e de palavra. *Terra de Santa Cruz*, mas também *O pelicano* são livros em que essa aliança claramente se divisa. Adélia é a catecúmena admitida com reservas pelos doutores da lei, o que diz desde logo a sua marginalidade relativamente ao corpo de uma doutrina estabelecida.

2. "Quem entender a linguagem entende Deus". É evidente: Deus é a palavra do começo, o Verbo criador e o verbo feito carne. A palavra é de si, messiânica: promete a salvação. O que melhor define o humano é a estrutura de interlocução: somos carne habitada pela palavra. Como chegaríamos a Deus se não fosse pela escada da linguagem, que não é propriedade privada, mas lugar de encontro, partilhável, universal, infinitamente traduzível?

3. Todos fazem um poema a Carlos Drumond de Andrade, mesmo se as placas de trânsito nos indicam que vamos a contramão... Mas é o vínculo ao quotidiano, ao rasteiro, à rotina que liga um e outro. Ora, não há salvação fora do corpo e da palavra. O Deus a que fala Adélia não é de facto o deus pagão, omnipresente nas forças da natureza, mas o Deus omnisensível que comparece na carne do mundo e da nossa expectativa. Adélia não atraiçoa a carne para falar de Deus: a sua fidelidade é encarnada, não feita de princípios e categorias.

4. A noção de pessoa é tipicamente cristã. O cristão não vive soterrado na caverna, contorcendo-se para sair à luz. Viver é viver-com. Não se vai a Deus sozinho, mas a partir das ligações (muito eróticas, na obra de Adélia) humanas.

5. Adélia não se desterrou do mundo, não se refugiou numa clausura, como o fazem as seitas ou a gnose: o real é o seu assento. A justiça é a sua divisa. Por isso não negocia com o mundo (injusto).

6. Contra o monologismo da teologia, ou ao lado, Adélia apropria-se do tesouro plurilíngue da Bíblia e da pluralidade das linguagens de que testemunha – salmos, narrativas, crónicas, leis –

traduzindo-o em linguagem poética. A teologia nem sempre é crítica. A doxa (a opinião comum, o dogma) sobrepõe-se com frequência à procura da verdade, que é comunitária e intersubjectiva. Adélia não faz teologia, faz literatura.

7. "Todo fenómeno da experiência da unidade é de natureza religiosa". A religião associa, une, sem confusão ou fusão alucinatória. Fazer corpo é a sua função. Diziam os padres que a Igreja era um corpo a caminho. Ora, todo o corpo exige uma "república", como se dizia em quinhentos, uma distribuição de energia, de afectos e perceptos. A experiência da unidade liga o corpo que somos ao corpo da humanidade.

Poesia obscura

A noite abre meus olhos
(poesia reunida de José Tolentino Mendonça)

"Ce sont les dieux qui nous font parler. Le langage est divin en ce qu'il vient du dehors et retourne vers lui, vers ce dehors qu'il ouvre lui-même en nous, nous ouvrant la bouche, et dans le monde au milieu duquel il ouvre ce signe étrange, 'l'homme'" (Jean-Luc Nancy).

"a obscuridade brilha para lá da própria enseada" (Tolentino Mendonça).

"L'oscurità, la notte, fa sì che i non visibili siano tali...La notte avvolge i non visibili, i *non apparentia*". (Emanuele Severino).

Não estou aqui para falar *de* ou *sobre*, mas para responder *a*. Para escutar. De modo mais agónico que plácido – os livros (que nos tocam) abrem noites de combate de onde raramente se sai indemne. Estou aqui para entrar na noite – porque esse é o espaço da experiência mais vezes convocado – com a pouca luz dos pirilampos com que se ousa atravessar o escuro. Para trocar, diria M. G. Llansol: "No fundo, o que eu acho mais magnífico no humano é que o humano é um trocador. O humano que não é um trocador é um pobre humano, porque ele está feito para ser um trocador"[53]. Um tradutor, digamos. Estou para perguntar em que direcção caminham estes versos. Também para contrariar aquilo a que a linguagem académica chama o "estado da questão" e que é, muito frequentemente, a constatação da morte clínica do apelo. Bem diz H. Michaud: "Há críticos que examinam as palavras mais frequentes num livro e as contam! Procurai antes as palavras que o autor evitou, de que estava muito perto, ou claramente afastado, estranho, ou de que tinha pudor, enquanto outras faltam".[54] Não farei lexicometria: o sentido não está nas palavras, mas no seu curso (no discurso).

Li pois, este livro, como quem ouve e é instado a responder. O conteúdo da palavra é inseparável do apelo, qualquer que seja a forma de expressão em que nos chega: oração, invocação, dedicação, saudação. Escutar é o primeiro acto de fala, que implica o carácter

53 Maria Gabriela Llansol, in *O que é uma figura?* (org.) João Barrento, Mariposa Azual, 2009, p. 116.

54 H. Michaud, *Poteaux d'angle*, Paris, 1981, p. 82.

recebível daquilo que escuto. Respondo a partir *daquilo* que escuto "Quando escuto (...), o discurso fala-se em mim; interpela-me, envolve-me e a tal ponto me habita que deixo de saber o que é de mim, e o que é dele".[55] A vida da palavra, como lembrava Bakhtine, é a sua passagem de um locutor a outro, de um contexto a outro, de uma colectividade social, duma geração a uma outra. E se toda a linguagem é palindrómica, então toda a linguagem é endereço e apelo. O apelo a ouvir inscreve-se no livro: "Se me puderes ouvir" (TM: 115). "Por vezes é tão criminoso/não percebermos/uma palavra, uma jura, uma alegria" (TM: 88). Este apelo traz-me de volta o salmista e aquela passagem: "se ouvires hoje a voz". Os livros são como as belas adormecidas que esperam para acordar o charme (isto é o canto, *Carmen!*) de uma nova voz.

A linguagem é um vivo a que se responde. Ora a vida enraíza-se essencialmente no tocar fundamental. Um poema ouve-se. Vê-se. Toca-se. O artista é antes de mais uma *mão* (Riegl). Greimas, no seu admirável *De l'imperfection* (1987: 30) diz-nos que "o tocar é mais do que a estética lhe quer reconhecer – a sua capacidade da exploração do espaço e a sua tomada a cargo dos volumes –, situa-se entre as ordens sensoriais mais profundas, exprime proxemicamente a intimidade optimal e manifesta, no plano cognitivo, o querer de conjunção total". A poesia futurista, e depois concreta hoje, na forma do ciberpoema, vê-se e desaparece. Como um feito do fogo (da electricidade): esse único recitador: "Ah tenho saudades de Alexandria/ onde os poemas se escreviam/para o fogo/o único recitador perfeito/que não se repete" (TM: 54). Como os poemas de leitura única de Philippe Bootz. Não pede aquele que diz "eu" no poema: "diz se toda a imagem é engano/ ou filha enjeitada/do fogo" (TM: 18?).

Não vou comparar estes versos com outros versos, este poeta com outros. Não reconheço Escola nem angústias de influência no poeta que assina estes versos. O comparatismo humilha e exalta – antiquíssima lógica essa que hierarquiza e dessingulariza. A poesia é única, como o amor perfeito é único. Só importa o fórico que transporta. Compará-la é diminuí-la. O acto de leitura dos textos literários supõe, antes de mais, o reconhecimento obrigatório, mas tantas vezes abandonado, que um texto é um texto, isto é uma construção de linguagem – lugar da emergência e da articulação do

55 M. Merleau-Ponty, *La prose du monde*, Paris, 1969, p. 28-29.

sentido. A significação toma na linguagem uma consistência própria, irredutível à de um simulacro da realidade. Porque a ultrapassa. Abordar um texto é perguntar-se, antes de mais, não que ideias o autor desenvolve, mas de que experiência particular ele fala, de que relação ao mundo, à *physis* ele trata. Não há apenas o *logos*, anterior a nós, as coisas são os nossos interlocutores. Sem o corpo que regista ou transcreve, que ficaria a assinalar a nossa passagem? Há um corpo "paciente" (que faz a experiência dos afectos) e um corpo "agente", escreve J. Cl. Coquet[56].

A melhor aproximação de um livro de poemas deveria ser como o gesto da mãe "que punha e dispunha flores" (TM: 15). Pôr e dispor, compor, esse é o ofício do poeta, que é um compositor. Ora, o que se procura nas flores é o cromatismo, o cheiro, o esplendor do dia, não essências, destilações metafísicas ou descrições do mundo. O fim do "verão" anuncia "uma espécie de abandono sem socorro" (TM: 91). Nenhuma metafísica preside ao cair das folhas. É para as coisas que nos temos de voltar, porque as coisas falam. Sem as coisas nada teríamos a dizer nem a pensar. Sem a matéria "viveríamos inertes, estagnantes, pueris, ignorantes de nós mesmos e de Deus"[57].

O espaço da noite é nesta escrita a tópica do sensível. É no seu bojo que as "fantasias da intimidade material" de Gaston Bachelard se inscrevem como silêncio, medo, clareiras, estrada branca ou naufrágio. Não só o poeta sabe que: "Os fantasmas do sonho, do mito, as imagens favoritas de cada homem ou enfim a imagem poética não estão ligados ao sentido que têm por uma relação do signo com a significação, como aquele que existe entre um número de telefone e o nome do assinante; fecham o seu sentido a sete chaves, um sentido que não é nocional, mas uma direcção da nossa existência"[58]. Os lugares aqui nomeados não designam apenas o "génio do lugar", "a "alma do lugar", mas assinalam a fusão corpo/espaço em movimento, dilatado e expansivo ("atravessamos a noite com uma vontade irreprimível de cantar" TM: 241), de orientação e de perspectiva.

Há nesta escrita aquilo a que Y. Lotman chama metatextos: (a literatura) "No mais alto escalão da organização, segrega um grupo de textos" de nível mais abstracto do que o de toda a massa

56 Jean Claude Coquet, *Phusis et Logos. Une phénomenologie du langage*, Presses Univ. de Vincennes, 2007, p. 197.

57 P. Teilhard de Chardin, *Écrits du temps de guerre*, Paris, 1976, p. 478.

58 Merleau-Ponty, *Phénoménologie de la perception*, Gallimard, 1945, p. 329.

restante de textos, quer dizer, *metatextos*[59]". Um exemplo: "O poema é um exercício de dissidência, uma profissão de incredulidade na omnipotência do visível, do estável, do apreendido. O poema é uma forma de apostasia... O poema abraça precisamente aquela impureza que o mundo repudia" (TM: 202). O que importa não é definir o que é o poema, mas onde e quando. Como o corpo, que só existe onde opera. O poema é um vivo. É um tumulto que pode abalar (TM: 11). "Se a maioria dos poetas visse a poesia como drama e combate, não fazia poesia... Porque nós vemos que a noção de poético, a noção habitual de poético, é terrível, porque é sentimental..." (M.G. Llansol, in *O que é uma figura?* p. 60).

"O verdadeiro artista é uma extraordinária fonte luminosa"; "O verdadeiro artista ajuda o mundo ao revelar verdades místicas", diz Bruce Nauman. O espaço do nosso poeta é, todavia, o espaço da noite, não o espaço do mistério, como realidade secreta. Não se procure nestes versos a claridade, a métrica, a visão clara – o seu lugar é obscuro (TM:21) porque também nós somos obscuros (TM: 24). Quem tem medo do obscuro? Deixai-me citar Paul Celan: "Mesdames et Messieurs, il est aujourd'hui passé dans les usages de reprocher à la poésie son «obscurité». – Permettez-moi, sans transition – mais quelque chose ne vient-il pas brusquement de s'ouvrir ici? –, permettez-moi de citer un mot de Pascal que j'ai lu il y a quelque temps chez Léon Chestov: «Ne nous reprochez pas le manque de clarté puisque nous en faisons profession!» – Sinon congénitale, au moins conjointe-adjointe à la poésie en faveur d'une rencontre à venir depuis un horizon lointain ou étranger – projeté par moi-même peut-être –, telle est cette obscurité."[60]

É difícil entrar no espaço da noite, como sabia Merleau-Ponty: "Quando o mundo dos objectos claros e articulados é abolido, o nosso ser perceptivo amputado do seu mundo desenha uma espacialidade sem coisas. É o que acontece na noite. Ela não é um objecto diante de mim, envolve-me, penetra todos os meus sentidos, sufoca as minhas memórias, apaga quase a minha identidade pessoal... A noite não tem perfis, ela mesma me toca e a sua unidade é a unidade mística do *mana*."[61] O verdadeiro artista recusa-se a dizer apenas o que pode ser

59 Iuri M. Lotman, *La Semioesfera I, Semiótica de la cultura y del texto*, ed. Desiderio Navarro, Frónesis, Valencia, 1966, p. 168.

60 Paul Celan, Le Méridien, Seuil, La librairie du 21e siècle, 2002, p. 72-73.

61 *Ibidem*, p. 328.

dito (TM: 91). O poeta sabe que entre o dito e o dizer há um abismo: o mundo ainda não foi totalmente dito, o sentido é uma estrada branca. O *dizer* responde a um apelo, mas o *dito* responde sempre também a uma outro dito. Donde a necessidade por vezes de *desdizer* para reencontrar o apelo. Os versos deste livro adentram-se na noite dentro (TM: 21), erguem-se da escuridão: "o restolhar de prata da folhagem/previne do passo do anjo, na escuridão" (TM: 186), não da luz. O anjo vem do escuro, um anjo toda a noite segue aquele que no texto diz "eu", é a escura seta do anjo que desloca os sinais. Paradoxalmente, os poemas não procuram a luz. A dimensão fórica das metáforas remete-nos para espaços tensivos em que se inscrevem de maneira espectral ou agonística os valores dos nossos afectos e dos nossos perceptos. É a navalha da noite que rasga o caminho a quem o poeta pede: "Não avances tão depressa, minha noite" (TM: 166). A base aspectual da noite permite adivinhar fases de um processo: "anoitecer" define uma aspectualidade marcada por um movimento e uma velocidade incontidas: a rapidez da noite avança sem que o poeta possa domá-la. Como o silêncio de Deus: "O teu silêncio, ó Deus, altera por completo os espaços" (TM: 176).

A poesia aparece hoje como uma nova religião, não a religião da arte, mas como prática duma ligação com o absoluto que advém ao instante e à finitude. Dizia um grande poeta, Yves Bonnefoy: "La poésie m'intéresse dans la mesure où elle se tient au plus près de la théologie". Não se procure, porém, na poesia de Tolentino Mendonça um qualquer vislumbre teológico – não há nenhum nome que serve para dizer Deus. Nem sequer é já possível encontrar Deus pelos baldios (TM: 213). E o saber dos anjos que povoam estes versos é um saber frágil. O anjo vem do escuro (TM: 70). Como pedir-lhes uma palavra luminosa? Fica-nos a traçabilidade do nome, os restos. "Deus não aparece no poema/apenas escutamos a sua voz de cinza/ e assistimos sem compreender/ a escuras perícias" (TM: 213). Para que apegar-se "à reconstrução lenta e minuciosa/daquilo que sem deixar traço algum/se afasta"? (TM: 121) Fica-nos a decepção de quem procura índices da passagem do deus: "Abristes o caminho através do mar/uma rota no fundo das águas/ e ninguém descobriu os vossos vestígios" (Sl 76). Dizer "Deus" basta para nos fazer constatar a sua característica primeira, radical e definitiva – a inacessibilidade[62].

---

62 Jean-Luc Marion, *Certitudes négatives*, Paris, Grasset, 2010, p. 87.

Talvez que a melhor chave de entrada neste livro de poesia reunida de Tolentino Mendonça seja o exergo que assina um nómada, um dos príncipes da cultura dos anos 80, Michel de Certeau, que abre este livro: "Na sua miséria, a teologia olha para a porta". Sim, a teologia parece um castelo com ameias altas, pontes levadiças, cárceres, guardas que vigiam o claro e o escuro dos seus enunciados. A teologia visa a claridade. O seu gesto é aquele conhecido de todas as modernidades: apagar a impureza, exorcizar o híbrido. O gesto de TM está para lá do fito que a teologia persegue: "Abraçar a impureza que o mundo repudia". Melhor é não pedir ao dogma a luz para sair da noite. Razão tem Lucien Jerphagnon: "Inquieta-me muito quando vejo o como se esfalfaram para construir os dogmas... Quando colamos sobre o misterioso conceitos filosóficos, chegamos a pequenos monstros racionalmente concebidos, e tenho muita dificuldade em retirar daí o que quer se seja"[63]. Não é assim a mística. Há mesmo quem se considere agnóstico místico ou crente apofático, à maneira do Pseudo-Denis ou Eckhart pelo que de "monstruoso" contêm os dogmas. Nada que já não soubéssemos: "Les mystiques font la trouée et derrière eux, leurs disciples élèvent les murs, une enceinte doctrinale, réglementaire et géographique"[64].

O místico é um animal nocturno. A mística é a impressão súbita de uma imensa abertura. Pior é que os homens procuram Deus "pela" sua utilidade. Não faças de Deus "uma vaca de leite", diz nos Eckhart, então ele te encherá de bem, mais do que de leite este bem é Ele mesmo. No Sermão 1, *Intravit Jesus in templum* explica-nos que o templo não é o de Jerusalém, mas o da alma. É preciso esvaziar o templo, enxotar os mercadores, ou há mercantilismo e troca: do *ut des*. A *khora* grega era a pura receptividade. É daí que o poeta fala. No fundo da alma está-se no "sem porquê". Vive-se sem justificação consolante, livre. Procurar sem porquê: Deus é a verdade do verdadeiro e a vida dos viventes. Afinal não é esse o trabalho do artista, que opera o escultor, Giacometti, *v.g.* ou trabalho de despojamento e de ultrapassagem da linguagem que opera o poeta com vista a atingir a presença?

A poesia apaga as figuras parciais, encontra o silêncio nas palavras e pressente a unidade das palavras e das coisas. A poesia (no criador e no

63 Lucien Jerphagnon, in Luc Ferry et Lucien Jerphagnon, *la tentation du christianisme*, Paris, Grasset, 2009, p. 118.

64 Régis Debray, "Grand entretien", *Le Monde des Religions*, mars-avril 2009, p. 79.

leitor) é oferecida à iniciativa. A atitude última é, pois, o acolhimento – a passividade. A diferença entre poesia e fé é que o crente é abordado por um Outro e o momento decisivo não é seu. O místico atinge o "silêncio na palavra"; o artista pensa o ilimitado, mas sempre no interior da linguagem. O seu gesto maior é impedir que se reconstitua a luz de um cosmo metafísico que paira e anula a passagem, anulando-nos como passantes e que pretende atar-nos aos altares, aos templos e aos livros. A poesia vive na tensão e na distância entre o sentido e o som, como R. Jakobson genialmente a definiu: "O poema, hesitação prolongada entre o som e o sentido". O espaço do poema é feito de flexibilidade e de instabilidade. A espacialidade separa, une, agrega; incorpora todas as redes estésicas; os seus dispositivos suscitam a interpretação. A vida é um processo de actividades e de passividades: a oração, a escuta, o sofrimento, o prazer, a alegria que nasce em nós da alegria que o outro sente, assinalando em nós o grande silêncio da passividade que ara a terra que somos. A diferença entre poesia e fé é que o crente é abordado por um Outro e o momento decisivo não é seu. Agamben, em *La fin du poème* (2002), vê o fim do poema como *catéchon* da carta de Paulo aos Tessalonicences (2, 7-8): "algo que refreia e retarda a chegada do Messias, isto é, daquele que, realizando o tempo da poesia e unindo os dois éons, destruiria a máquina poética precipitando-a no silêncio" *(La fin du poème:*137). Mas a poesia vive sobretudo do movimento das paixões, que têm uma estrutura ternária: supõe concatenadas a acção, a paixão, a acção. E este livro é uma excelente introdução a uma semiótica das paixões.

Coda

A perda faz falar ou escrever. Ao corpo ausente substitui-se então uma palavra a dizer e a ouvir. Que vejo, se a noite me abre os olhos? Figuras do desejo, sempre clandestinas. A noite instaura uma ruptura entre o visível e o figural. Por trás da noite, no seu manto, um jogo de sombras dissimula a passagem dos anjos e dos perdidos.

"Pela neve sem rasto
Caminhou
Aquele que busca um amor" (TM: 160)

Tolentino Mendonça é um passador da noite. O seu nomadismo passa pelos diversos títulos de cidades, de lugares e não lugares que compõem esta escrita. A que é votada a palavra excessiva? Que tema é o seu? O sem-razão (Eckhart), o fortuito, o errático. Ora, o nómada, dizia Deleuze, subordina o "ponto" no espaço ao "trajecto". Só o salmista diz a graça durante o dia e a confiança durante a noite. A ele a noite promete o dia, apesar do que parece contrariar a alternância do dia e da noite, do *eros* e do *cosmos*. A ele é prometido o raio que arranca à noite as formas e as presenças disponíveis que a luz esclarecerá. A nós falta-nos a terra, os baldios sem arame farpado, o ainda não dito, a passagem. As palavras serão sempre mais altas e mais fortes do que nós no combate para as domesticar. Caio sobre o verso que a meus olhos mais brilha "O amor é uma noite a que se chega só" e adormeço, rendido a este verso (e a este livro).

O háptico e a "quididade" da presença em *O jogo da liberdade da alma* de Maria Gabriela Llansol

"Le toucher est l'intervalle et l'hétérogénéité du toucher. Le toucher est la distance proxime: la proximité du distant, l'approximation de l'intime" (Jean Luc Nancy, 1994, p. 35).

"Se tocares (puseres as mãos) no vestígio, algo, afastado dali, se sentirá tocado, interrompido no seu percurso, agarrado. Ou ao contrário? Se agarrares o vestígio, aquilo que lhe deu origem aumentará, algures, a sua velocidade?

O relevante, o pressentimento: interferir nos vestígios é interferir na coisa que lhes deu origem" (Gonçalo M. Tavares, Breves Notas sobre as ligações [llansol, Molder e Zambrano], 2009, p. 75).

"Un corps humain est là quand s'allume l'étincelle du sentant-sensible" (Maurice Merleau-Ponty).

"The substance of the rational or thinking soul is truly and of itself the form of the human body, and anyone who says it is not to be considered a heretica" (Denzinger- Schönmetzer 902).

Continuo fiel ao princípio metodológico de analisar uma obra – como um ser singular plural – sem sair da sua imanência textual. A sua singularidade (a sua textualidade) impõe-na à leitura sem outras roupagens ou suplementos. O carácter virtual duma obra subtrai-a a qualquer empresa de captação do sentido – postulado que decorre da tese da indizibilidade do real. O texto não é a realidade imediatamente dada, mas, como a língua, um problema, a caixa negra, a coisa em si. Esta é a profissão de fé metodológica de qualquer greimasiano, mas também de qualquer discípulo de Yuri Lotman, que sublinha o imanentismo absoluto do texto em relação com a realidade extratextual. O "valor" de um texto determina-se pelo conjunto de funções estruturais. O texto é a principal totalidade a ler e interpretar. O que conta na poesia ou na arte é o toque real dos sons, das cores, e não o facto de que aquilo que é projectado é um mundo virtual. Num texto há uma série de elementos que não derivam da língua: a fixação do princípio e do fim, os princípios composicionais, os traços supragmentais. "Que na pontuação há um elemento assintáctico e, mais em geral, assemântico, está implícito no nexo constante com a respiração que aparece desde os primeiros tratados e que actua necessariamente como uma interrupção do sentido"[65]. "Se retomamos a metáfora adorniana – os dois pontos são como o semáforo verde no trânsito da linguagem – que se encontra nos tratados sobre a pontuação na classificação dos dois pontos entre os signos que "abrem", já temos então entre a imanência e uma vida, uma espécie de trânsito sem distância nem identificação, algo como uma passagem sem mudança espacial"[66].

A questão que se coloca Czeslaw Milosz a propósito da teologia pode colocar-se igualmente à literatura:

> "Por que teologia?
> Porque o que é primeiro deve ser primeiro
> E primeiro é a noção de verdade.
> É poesia precisamente
> Com o seu comportamento de pássaro
> Batendo as asas contra a transparência
> Dum vidro que testemunha o facto
> De não sabermos como viver numa fantasmagoria.
> Que a realidade volte à nossa fala."[67]

A dificuldade esteve sempre em associar verdade e poesia. A arte como jogo ou combinação de signos é o pensamento da verdade da aparência, da verdade da-não-verdade: "Não é a poesia em si mesma que nos permite 'escapar' das duras condições de verdade da linguagem referencial? O que é que nos obriga a suspender crença e descrença e gozar a pura beleza da linguagem, independentemente, como dizem os formalistas, de qualquer contacto ou associação com a realidade, pergunta, por sua vez Bruno Latour[68]. Milosz pede que sigamos o movimento de um pássaro que tem o estranho comportamento de "debater-se contra a transparência de um vidro de janela". A quem não aconteceu ouvir o ruído do batimento de

---

65 Ibidem, p, 394.

66 Ibidem, p. 393.

67 Milosz, Czeslaw. "A Theological Treatise". *Spiritus: A Journal of Christian Spirituality,* Volume 2, Number 2, Fall 2002, The Johns Hopkins University Press, pp. 123-204.

68 Bruno Latour, WHAT IS THE STYLE OF MATTERS OF CONCERN? SPINOZA LECTURE I, In www.bruno-latour.fr/.

um pássaro prisioneiro na sala em que estamos sentados, tentando desesperadamente escapar da prisão em que está metido. Que fazer, então? Tentamos abrir a janela sem o amedrontar.

Os textos não estão apenas destinados à descrição, mas também à interpretação, e o número de possíveis interpretações é, em princípio, ilimitado. De resto, não revela a Leitura "as nossas capacidades funambulescas de metamorfose"? (OJLA: 85). Continuo a pensar que uma boa interpretação será uma leitura que reconhece que não está nunca à altura da própria obra. Vou seguir uma hipótese interpretativa que só o texto pode comprovar: Maria Gabriela Llansol escreve *O jogo da liberdade da alma* ouvindo, num primeiro tempo, os dois homens nus ao piano e, num segundo tempo, vendo (ler não é ver) Spinoza, como quem memorizou uma melodia construindo reagenciamentos materiais de signos e de imagens marcadas por acentos, alturas, timbres, singulares. A memória memorializa, ressuscita, textualiza-se, fundindo no mesmo lance a música e o texto. A substância anima-se, o agenciamento alquímico em que os seres e as coisas evoluem permite transformações e ligações inéditas, tanto é verdade que "a escrita que a música celebra não tem mancha de ruído" (OJLA: 8). Llansol fala da impostura da língua (ou da literatura), facto que leva à suspensão da realidade que na literatura se inscreve de modo virtual. Materialmente. "C'est son support qui donne sa valeur à l' écrit. Hommage rendu à la matière par laquelle le texte devenant visible, et dont on connaît beaucoup d'autres exemples dans la culture japonaise, mais qui témoigne aussi, de façon secrète et indirecte, de ses liens demeurés constants avec l'invisible"[69]. Como na política, os enunciados literários "tomam corpo", têm efeitos reais, não são reflexos do real: definem modelos de palavra ou de acção, mas também regimes de intensidade sensível[70].

Comecemos por uma banalidade: o homem não se define como um corpo que *tem* a palavra, mas como o corpo que *é* enquanto sujeito que fala a um outro que, escutando-o, lhe responde[71]. Reconhecemo-nos no *dizer*, que não é comunicação de um dito, mas como uma maneira de se entregar[72]. O *dizer* enraíza-se mais profundamente que a língua

69 Anne Marie Christin, *Poétique du blanc*, Paris, Vrin, 2009, p. 37.

70 Jacques Rancière, *Le partage du sensible. Esthétique et politique*, Paris, La fabrique, 2000, p. 62.

71 Denis Vasse, *L'homme et l'argent*, Paris, Seuil, 2008, p. 12.

72 Sobre o Dizer como problema técnico, ver essencialmente *Autrement qu'être*,Nijhoff, La Haye, 1974, pp. 167-178.

falada de que se serve. Por baixo das palavras há nesse *dizer* antes de qualquer "dito" através do qual um sujeito se afirma, se apresenta, faz apelo a um outro, mesmo ausente. O Eu não é uma substância, mas uma relação. A estrutura do humano é interlocutiva. Disso testemunha o ambo lanzoniano. É esta banalidade que se inscreve em *O jogo da liberdade da alma* de Maria Gabriela llansol: "Desejo encontrar alguém que me ame com bondade, e saiba ler: alguém que me saiba ler".

– Alguém que queira ressuscitar para ti?

– Sim. Alguém que tenha para comigo essa memória" (OJLA: 80)

Reconhecemo-nos no *presente,* que nos é dado na paciência ou na alegria do encontro como ressurreição. Reconhecemo-nos no *dizer* em que o outro comparece. Reconhecemo-nos na alegria, sinal da presença real que se nos revela, não em imagem, mas no vestido do visível e nos "dedos do pensamento" que transformam tudo aquilo que sensualizam. Este desejo do encontro comunica com uma ontologia do "ser" radicalmente afastada de qualquer ontologia da substância, da ordem e da origem (Nancy, 1991b). Um "ser" como pluralidade ou, falando como J.L. Nancy, como "singular plural do ser", como deslocação, escansão. Que não se refere apenas aos "humanos", mas aos corpos – entendido o corpo como o que está fora, ao lado, exposto: "alguém que admita que a cartografia dos animais e da pontuação não está ainda estabelecida" (OJLA: 80). Reconfigurar o território do visível, do pensável e do possível, quebrar as categorias da evidência implica uma *Poética* que agencia inseparavelmente os actos e os signos. Acertadamente, Rancière escreve: "O homem é um animal político porque é um animal literário que se deixa desviar da sua destinação 'natural' pelo poder das palavras"[73].

A narrativa parece ser um "obstáculo" a que Llansol resiste, mesmo reconhecendo que há narrativas imprevisíveis. Donde vem essa resistência? Talvez porque o narrativo "obliterou" o "invisível quando se sensualiza". Talvez porque a noção de "narrativa" nos fecha nas oposições do real e do artifício em que tanto se perdem os positivistas como os desconstrucionistas. Que será, então, uma "narrativa imprevisível"? (OJLA: 34). A música, que é um mundo em si, uma teoria que comove *(pathos),* sem necessidade de texto

73 Jacques Rancière, *Le partage du sensible. Esthétique et politique*, Paris, La fabrique, 2000, p. 63.

porque não "descreve" essencialmente nada, ocupa neste livro uma função de acompanhamento narrativo, em analogia com a vida, como *conatus:* "Para uma narrativa paralela ao texto que tanto amo" (OJLA: 9). Intrigante a situação do vivo (?) que não tem corpo e tem coisa. Que substancializa a "coisa"? Intrigante é que "não ter corpo" e "ter coisa" se aproximem (no condicional) de uma narrativa que acontece "quando escrevente e leitor imaginam ter-se encontrado" (OLJA: 43). "L'ontologie s'avére comme écriture", escreve J.L. Nancy. Que quer dizer, então, escrita? Retomemos a resposta deste autor: "'Écriture' veut dire: non la monstration, ni la démonstration d'une signification, mais un geste pour toucher au sens. Un toucher, un tact qui est comme une adresse: celui qui écrit ne touche pas sur le mode de la saisie, de la prise en main (...) mais d'un dérobé, d'un écarté, d'un espacé"[74]. A radicalidade desta proposta assenta na ideia já antes avançada de que "L'être en commun...est littéraire"[75]. O ser é poético. O ser é literatura. A literatura não se dá a ver (a ler) como demonstração – significação – nada demonstra, mas dá-se sob o modo do endereço, do gesto[76].

Llansol sabe, a partir de Hallâj:
"que o corpo é materialmente frases
que material e literal não têm diferentes
......
que, por mais que ande, a alma está sempre a tempo de pôr
ordem no seu caminho_______pôr or-
dem sem trazer retorno

que o invisível, quando se sensualiza, abre à linguagem caminhos que o narrativo obliterou com a tampa do piano, os muros baixos do real, as ténues paredes da vida" (OJLA: 11).

A ideia de imanência brota da afirmação spinozista da univocidade do ser contra a tese escolástica da *analogia entis*, segundo a qual o ser não se diz do mesmo modo de Deus e das criaturas finitas. É na imanência que a univocidade encontra a fórmula propriamente spinozista: Deus é

---

74 Jean-Luc Nancy, Corpus, Paris, Métailié, 2006, p. 19.

75 Jean-Luc Nancy, *La communauté désoeuvrée, Paris, Bourgeois,* 1990, p. 160.

76 Aukje van Rooden, "Poésie haptique – sur l'(ir)réalité du toucher poétique chez Jean-Luc Nancy", Revue Philosophique de Louvain, nº 1 Février 2009: 126-140.

dito causa de todas as coisas no mesmo sentido (*eo sensu*) em que é dito causa de si[77]. Deste modo, Deleuze restitui à imanência a mobilidade e a vida: "Uma causa é imanente quando o mesmo efeito é 'imanado' na causa em vez de emanar dela" (*Ibidem*, p. 156). A imanência flui. A transcendência é pensada no interior da imanência e é da imanência que se espera uma ruptura, não da sua transferência para uma supra-imanência. "La parole judéo-chrétienne remplace le *lógos* grec: on ne se contente plus d'attribuer l'immanence, on lui fait partout dégorger le transcendant"[78]. A noção de *conatus*, como a de *appetitus* serve a tradução latina da *ormé* estoica. É uma noção que remete para um contexto guerreiro de confronto de forças. Para Hobbes o *conatus* era "um movimento feito num ponto e num instante" ("esforço" ou *tonos* no sentido estoico). Em Spinoza o *conatus* como esforço que cada ser faz para perseverar no seu ser, toma uma significação original a partir de uma ontologia dinâmica da potência. Nos *Cogitata metaphysica*, Spinoza define o *conatus* como vida ("a vida é força pela qual uma coisa persevera no seu própria ser"). Llansol repete textualmente esta definição (OJLA: 10). O desejo (*cupiditas*) é um outro nome do *conatus* – é *o apetite com a consciência de si mesmo* ("Éthique" III, prop. 9, scolie). A teoria spinoziana do *conatus* como desejo de perseverar no próprio ser traz em si a ideia de um movimento imanente, de um esforço que permanece obstinadamente em si mesmo. Todo o ser não só persevera no seu próprio ser (*vis inertiae*) como deseja perseverar nele (*vis immanentiae)*. E se o *conatus* se identifica com a essência da coisa, desejar perseverar no próprio ser significa desejar o próprio desejo, constituir-se como desejante[79]. A própria ideia de beatitude coincide com a experiência de si como causa imanente, a que Spinoza chama *acquiescentia in se ipso* e que define como "laetitia, comcomitante idea sui tanquam causa" (Ethique III, prop. LI, esc). Da mesa forma, a *hilaritas* ("Ethique" III, 11, scolie) é definida como um afecto de alegria remetido simultaneamente à alma e ao corpo quando todas as partes de um ser são *igualmente* afectadas. É um afecto "sempre bom" e que "não pode ter excesso" ("Éthique" IV, 42, dém.). O acorde perfeito que se ouve neste livro anuncia simultaneamente a absorção do Dizer no Dito e o casamento do espírito e do corpo num só indivíduo.

---

77 G. Deleuze, Spinoza et le problême de l'expression, Minuit, 1968, p. 58.
78 Qu'est-ce que la philosophie, Minuit, 1991, p. 48-49.
79 G. Agamben, La potencia del pensamiento, Anagrama, 2008, p. 413.

A ontologia social (comunitária) que Llansol propõe é uma ontologia poética em que o ser é antes de tudo compreendido como a exposição dos corpos materiais que reciprocamente se tocam. A arte, em definitivo, não reside nem no sujeito nem no objecto, mas nos modos que tem o corpo de se modificar e ser modificado no sentido da sua maior pujança. É assim que podemos ler a passagem extremamente perturbadora:

> "Ela baixa os olhos sobre o meu sexo de ler,
> Que gostaria que fosse igual ao dela,
> Toca como se fosse numa gaveta
> (é-o, de facto, para os dedos do seu pensamento),
> Mexe,
> Desarruma,
> ....
> "O poder que faz com que as coisas singulares e, por consequência,
> o homem, conserve o seu ser,
> é o próprio poder de Deus, ou seja, da natureza." (OJLA: 52).

Aqui tudo se mistura, tudo comunica com tudo: as folhas são lábios sensíveis, escritura, uma toca, a outra entra na memória da outra, o sexo é chávena, leitura. Com que poder? O mesmo que partilha o homem e Deus (a natureza).

A literatura manifesta-se como a inscrição desta exposição e deste desejo: dizer e ser coincidem numa *poiesis* que, por sua vez, coincide com o fazer do real. Poética de timbres e descontinuidade. Da escrita e da leitura: "desejo encontrar alguém que me ame com bondade, e saiba

ler.

...

alguém que deixe espaços entre as palavras para evitar que a última se agarre à próxima que vou escrever

alguém que admita que a cartografia dos animais e da pontuação não está ainda estabelecida" (OJLA: 80).

Deus sive natura

Podemos encarar um fenómeno como um emblema do mundo, como sugere Merleau-Ponty, e a vida como um sema interoceptivo. J. Petitot falando da *Recherche*, entende a percepção como heráldica do visível (J. Petitot, 2004: 187). Não há fenómeno visível "chato". O fenómeno testemunha sempre de uma profundidade devido ao facto que o sujeito "apporte son corps" no fenómeno. A experiência do visível é, antes de mais, uma experiência cognitiva. Exige, por isso, uma atenção particular à "aparição" dos fenómenos (as árvores, *v.g.)* e passa por uma "contemplação exaltada" do mapa do visível. Estamos bem longe do *Dioptrique* de Descartes para quem a visão é um pensamento apoiado em índices corporais em si mesmos insuficientes para produzir o visível. Proust (*Du côté de Guermantes*: 240), que J. Petitot cita, transforma a fenomenologia da percepção *numa verdadeira heráldica do aparecer*. Só assim as morfologias sensíveis podem ser "separadas", "isoladas" e tornar-se "emblemas" – isto é, elementos de código interoceptivo – através do trabalho da memória. A *memória* converte os signos sensíveis em "insígnias imemoriais". É então o tempo que, na base desta imemorialidade sedimentante, permite às "impressões" migrar do exteroceptivo (cosmológico) para o interoceptivo (noológico) para se tornar em semas de uma semântica fundamental: "C'est (...) comme à des gisements profonds de mon sol mental, comme aux terrains résistants sur lequels je m'appuie, que je dois penser au côté de Méséglise e au côté de Guermantes" (Petitot, p. 240). Proust soube dizer como é que o sabor frágil de uma madalena mergulhada no chá podia fazer reaparecer não um fragmento qualquer do passado, mas de um só golpe "l'édifice immense du souvenir"[80]. Que é em *o livro da liberdade da alma*, o *exterior*: o corpo, o vestido, a chávena? A chávena, o vestido, transportam a memória do corpo tocante/tocado, re-vestem-no de tonalidades emotivas e afectos. É a partir deste fundo de sons e de vozes (que a palavra *Stimung* originalmente traduz*)* que deixam a sua inscrição e a sua transfiguração em que se cumpre a redenção do passado.[81]

80 M. Proust, À la recherche du temps perdu, I, Du côté de chez Swann, Paris, Gallimard, 1919, p. 68.

81 No contexto do motivo do *ídios daímon,* vale a pena citar o "Canto da pérola" dos Actos de Tomás em que o príncipe que no final regressa à sua pátria oriental e encontra a sua imagem como um vestido luminoso: "O vestido apareceu logo à minha frente como um espelho de mim mesmo. Vi-o inteiramente em mim e eu estava inteiramente nele, já que tínhamos sido dois, separados um do outro, e contudo éramos um só de uma forma semelhante". Cf. Henry Corbin, En Islam iranien, vol. 2, Paris, Gallimard, 1971, pp. 294-322.

Spinoza (a escrita de) aparece em *O jogo da liberdade da alma* em vários contextos, a propósito do texto, por exemplo:

"No entanto, o texto é livre, e anterior a si mesmo, e posterior a si mesmo________
a substância narrando-se, diria Spinoza" (OJLA: 12).

No fim deste livro, escreve aquela que no texto diz "eu":

Desci, subi_______________não sei. Lembro-me de que, a meio das escadas, Spinoza me esperava sentado. Lembro-me de lhe ter dito o afecto de que
desconhecia o nome
se chamava *sanctitas.*

riu-se.

– E que tal a morte do pai? – perguntou-me, sentando-me. Temia no seu colo. Uma qualidade, essa, sim, inominável, desprendeu-se do vestido,
E eu leio hoje que lhe disse, num assentimento:
– Leva-o.
Só não me lembro a que pai o disse" (OJLA: 93)

(o vestido) pousa naquele afecto de que Spinoza diz desconhecer o nome.

Aquela que no texto diz eu tem uma resposta.
Quereis saber qual?
A alegria que nasce em nós da alegria que o outro sente (OJLA: 93)

"Certamente Spinoza nos estava a ver e, infringindo regras e normas, escrevia a sua Ética a pensar em nós, peixes de afecto e sua meditação ardente;

Escrevia o texto que eu, um dia escreveria para dois pianos,
o Corpo, escrevia então,
(a Leitura, escrevo agora)
é composto de um grande número de indivíduos de natureza diversa e, por consequência, pode ser afectado de maneiras muito diversas por um só e mesmo corpo e,
inversamente,
uma vez que uma só e mesma coisa pode ser afectada de numerosas maneiras,

poderá, escreve ele sobre a água em que mergulhamos, afectar
uma só e mesma parte do corpo,

de maneiras múltiplas e diversas. (OJLA: 84-85)

Repare-se que esta ideia reaparece mais adiante com a mesma forma de expressão:

"o Corpo, escrevia então,
(a Leitura, escrevo agora)
é composto de um grande número de indivíduos de natureza
diversa" (OJLA: 88).

O toque, a carícia

Para Aristóteles, o tocar é a perpétua condição da vida e dos actos da vida (*De anima*, III, 13). O mais interessante é que cristaliza a sensibilidade geral da carne na *língua*: é o tocar lingual que é o mais táctil. O tocar é duplo: sentir *e* sentir a sua própria sensibilidade. Donde o "tacto", o tocar sem ser muito íntimo, sem fusão. Táctil e discreto. Assim o distinto como impalpável, inacessível: tocar o vestido? É a mão, que ao nível do tocar sela a passagem à humanidade. Nos ritos que o corpo social pratica, a mão vem em socorro da palavra. A mão é também na relação homem-mulher a mão da *carícia*, recebendo o tocar, nesse contexto, uma clara dimensão sexual. Em termos semióticos, se o actante tem um corpo, este corpo só se torna significante se conhece deiscências, clivagens. Anzieu explora a teoria do "eu-pele" construindo explicitamente, por um lado, o plano da expressão, e, por outro, o plano do conteúdo: "La toile du peintre, la page blanche du poète, les feuilles rayés de lignes réguliéres du compositeur, la scène ou le terrain dont disposent le danseur ou l'architecte, et évidemment la pellicule du film, l'écran du cinématographe, matérialisent, symbolisent et ravivent cette experience de la frontière entre deux corps en symbiose comme surfaces d'inscription, avec son caractère paradoxal, qui se retrouve dans l'oeuvre d'art, d'être à la fois une surface de separation et une surface de contacts"[82]. A tangência admite uma gradação, que pode ir até ao contacto, como é evidente neste passo de *O jogo da liberdade da alma*: "Chávena?, perguntou-me, tocando no meu sexo" (OJLA: 52), uma

82 D. Anzieu, Le corps de l'oeuvre, 1981: 71-72.

pele que descobre uma outra pele. A carícia incorpora o tocado, tende para a fusão maximal, enquanto o toque tende para a fusão minimal[83]. Llansol fala de um som tocante. De *titillatio* (OJLA: 50). Como não ver uma afinidade entre a escrita como repetição, retorno, recomeço, e a repetição que define soberanamente (via Bataille) o prazer? Llansol fala de "desfasamento de toque" (OJLA: 44). O Corpo (a Leitura) pode ser afectado de maneiras muito diversas por um só e mesmo corpo (OJLA: 84). Não é o duplo traço, a cesura que evita que a última palavra se agarre à próxima que vou escrever? (OJLA: 80). A interrupção permanente suspende o sentido e ao mesmo tempo torna possível o derrame infinito de significação: impede a sua fixação. A escrita de Llansol faz-se de actos de silêncio, de suspensão, como à maneira da pintura que, para Lacan, é um movimento que comporta actos "suspensos"[84].

"Jade entrou e ela disse 'Vestido' acariciando-o como se fosse uma cortina.

Não passava os dedos,
a mão percorria-o como se fossem dobras, cantos amarrotados, incúrias de serviço,
manchas desleixadas,
e Jade foi-se,
à procura de funções certas para os objectos.

Roçou por mim, e saiu,
considerando-me equivocada" (OJLA: 43).

Aqui temos: a carícia e o roçar, pousar as mãos nos joelhos (OJLA: 80).
"Olhei-a no rosto,
o meu olhar encontrou-a a roçar-se pelo vestido
pensei que estivesse nua...
não sabendo, nós mulheres, pela primeira vez o digo,
qual é em nós a substância,
a mão que roça pelo espaldar
ou o tecido branco que cobre de atributos a própria mesa.

---

83 H. Parret, *art. cit.*, p. 55.

84 Lacan, Séminaire IX, 104-106, citado por R. Bernet, "Voir et être vu", in Révue d'esthétique, 33, 1999, p. 44.

Se o toque não for decidido,
e o medo nos invadir,
não terei palavras para lho dizer.
que se o toque fosse indiferente apenas existiriam atributos
ou, se preferes, enquanto acaricias esse espaldar só haveria
vestidos,
e o corpo onde o deixarias
sem ter, sequer, a noção de afecto a quem o dar (OJLA: 36).

Afectos

"(Como dizer-lhe) que um afecto é, de facto, tudo (mas não de tudo quanto o prende" (OJLA: 36). O afecto é visto em Spinoza como uma afecção do corpo através da qual a sua potência de agir é aumentada ou reduzida, secundada ou reprimida[85]. Não uma impressão passiva que seria impressa numa receptividade ou numa sensibilidade, mas uma modificação dum suporte que se situa no corpo (o atributo é uma modificação da substância). Esta sensibilidade da alma é uma exaltação da matéria. Mestre Eckhart escreve no Sermão 9 que "a alma está totalmente e completamente indivisa no pé, e completamente no olho e em cada membro"[86]. Lyotard chama *alma* a "cette défection de la capacité d'intrigue"[87]. De onde parte esta poética da exterioridade da presença? Spinoza considera a concepção dos atributos divinos como o maior esforço anti-antropomofista do espírito humano. Deus é a única substância que existe, "absolutamente infinita" e constituída por uma infinidade de atributos em que cada um exprime uma essência eterna e infinita. O atributo é aquilo que o entendimento percebe da substância como constituindo a sua essência. O pensamento é um atributo de Deus, por outras palavras, "Deus é uma coisa pensante". A extensão é um atributo de Deus, por outras palavras, Deus é uma coisa extensa. Spinoza começa por colocar a afirmação da existência de Deus, sem o reduzir a um princípio espiritual. A existência que ele reconhece a Deus é a da realidade existente em si, independentemente da nossa existência. É precisamente essa existência que é expressa pelo conceito de substância. O conceito do "amor intelectual" de Deus

85 Robert Misrahi, Spinoza. Un itinéraire du bonheur par la joie, Paris, Gracher, 1992, p. 131.

86 Maître Eckhart être Dieu en Dieu, Textes choisis et présentés par Benoît Beyer de Ryke, Paris, Points, 2008, p. 47.

87 Jean François Lyotard, 163.

reúne e exprime os dois aspectos desta relação. O termo "intelectual" só pode ser compreendido a partir da vontade anti-antropomorfista do filósofo para quem era essencial pôr um termo à elaboração pelos homens da representações do Divino. O medo de "cair" no panteísmo: *Deus sive natura*, que se deve a uma falsa ideia da Criação confundida com a natureza, paralisou todo o pensamento moral. Bruno Latour di-lo de uma forma peremptória: "La notion de nature, en effet, ne paralyse pas que les religieux, obligés par contraste de placer la transcendance de leur Dieu hors d'elle, c'est-à-dire nulle part, mais étouffe d'abord les savants qui ne peuvent plus rendre justice aux phénomènes dont ils étudient partout l'émergence...On ne se rend pás compte en effet que l'idée philosophique que nous nous faisons de la matière est aussi calamiteuse que celle que nous nous faisons de l'esprit, et que les deux n'ont plus aucune espèce de rapport avec la cosmologie, la physique, la chimie, la biologie, la géologie, la géographie, les neurosciences nous proposent aujourd'hui comme interprétations du cosmos"[88]. Sabemos que a palavra *exousia* (do prefixo *ex* e da palavra *ousia*) se traduz na língua clássica ou por "possibilidade" ou "capacidade de fazer", ou "liberdade", ou ainda "licença" e na filosofia "substância" ou "essência". *Ousia* chega-nos da mesma linhagem do verbo "ser" e designa aquilo que em cada coisa partilha a espessura do ser, aquilo que seria dotado de potência efectiva, de realidade irrecusável[89]. Para Mondzain, que estou a seguir, "Le cadre de l'*ousia* reste celui de la quiddité de la presence" [90]. Há no excesso da *exousia* a licença de ultrapassar o limite. O sujeito tocado, afectado – a alma, se queremos, ou o sentimento, essa "passibilidade sensível", nos termos de Lyotard – sofre o golpe de presença como um golpe de graça, um "plaisir en peine". "C'est le cas", apprécié/juge le sujet touché", "c'est le cas" d'un pur *Il y a*, d'un cas singulier et sans régle, d'un maintenant imprévisible et contingent[91]. "On ne peut pas faire totalité de *Il y a* , aucun événement qui s'installe à l'occasion d'un mainteant"[92].

---

88 Bruno Latour, "Si tu viens à perdre la Terre, à quoi te sers d'avoir sauvé ton ame?", cf. www.bruno-latour.fr

89 Marie José Mondzain, Homo spectator, Paris, Bayard, 2007, p. 228.

90 Ibidem: 22.

91 Herman Parret, Présences in Nouveaux Actes Sémiotiques, 76.77.78, 2001, Pulim Université de Limoges, p. 81.

92 Ibidem, pp. 80-81.

O corpo e a alma

"Il n'y a de signification observable que si des corps gardent les traces d'interactions avec d'autres corps"[93]. Como tocar a "alma" que é nome que MGL chama ao "vestido"? Como definir a "alma" sem a contrapor ao "corpo", e sem lhe atribuir uma prioridade sobre o mesmo? As duas teorias da alma que William Charlton expõe com uma clareza rara mostram de que modo a doutrina de Latrão (1215) e de Viena (1312) se aproximam e se afastam do *Fedo* e do *Timeu* de Platão[94]. Para Platão e Descartes, e passando pelos Padres da Igreja, a alma era a parte divina do pensamento no homem, contacto imaterial de si consigo que permitia separar-se da matéria e dos seus embustes. Tomás de Aquino na *Summa Theologiae* (1a. q. 76 a.1) defende que a alma que pensa é a forma do corpo, dizendo que "Esta é a demonstração de Aristóteles no *De anima 2*". A alma é "o primeiro princípio da vida"[95]. Porém, mesmo quando fala do corpo como prisão da alma e da morte como libertação da prisão do corpo, o Sócrates de Platão, não o considera mau em si. Afinal, até os deuses têm um corpo esplêndido e o mundo é a união de uma alma e de um corpo. Na *República*, Sócrates coloca-se esta questão: se pudéssemos abrir uma alma de homem, que encontraríamos? Uma hidra com uma centena de cabeças, selvagens ou domesticadas, que são os meus apetites, os meus desejos. A alma não é uma coisa, nem uma substância nem uma essência, é por isso que o problema não é o da sua união com um corpo com que não tem nada de comum, como será o caso em Descartes, mas o da sua separação. Para Platão a alma é um movimento que deve encontrar uma orientação. O poder de orientar pertence ao desejo e cada alma caracteriza pela espécie de desejo que a domina. Separar-se do corpo é governá-lo para que seja o mais são, belo e robusto, não desprezá-lo. Porque todo o corpo manifesta a natureza da alma de que tem o cargo. Quando a alma se põe a pensar, liberta-nos do horizonte imposto pelo corpo, limitado pelo facto de viver e de morrer.

---

93 Jacques Fontanille, Soma et Séma. Figures du corps, Maisonneuve & Larose, 2006, p. 264.

94 William Charlton, "Two Theories of Soul", in New Blackfriars vol 90, nº 1028 July 2009, p. 424-440.

95 Summa Theologiae 1a q. 75 a. 2; q. 75 a. 1.

Será o invólucro a pele do Eu que escreve? Podemos olhar o invólucro como uma interface semiótica: por um lado "contém" os conteúdos, e por outro "inscreve" as expressões. Sabemos que o invólucro do objecto é o que faz dele uma "figura" reconhecível, individualizável e perceptível. A impressão da pátina (carbonato de cobre que se forma nas estátuas e medalhas de bronze, concreção terrosa nos mármores antigos) inscreve-se sobre esta capa através dos traços acumulados do uso. J. Fontanille di-lo deste modo: "a impressão não fornece nunca uma correspondência exacta e completa porque está sujeita por um lado às propriedades do substrato material (basta comparar para isso uma impressão fotográfica, uma impressão gravada na madeira ou no metal e uma impressão numa tela), e por outro lado ao *modus operandi* (a experiência e o tipo de inscrição). A impressão deixada sobre a superfície duma capa corporal torna-se a memória das interacções passadas, "marcação", princípio sintáctico de modificação durável das entidades semióticas através das interacções anteriores: a cadeia e a sobreposição das "marcações" constitui a "memória" do discurso, e no caso da sintaxe figurativa, as "marcações" são "impressões".

Kaufman (1971) propõe um programa de investigação em comunicação táctil a que chama *tactesics* (que W. Nöth corrige por *tactesics)*[96]. Uma outra designação tinha sido dada a este campo de investigação por Wescott (1966) e Key (1975): *haptics.* Uma semiótica do toque a partir das *Idées II* ajudar-nos-ia a melhor entender como o ver só é pensável e experienciável na experiência do tocar. São três as vias por que o nosso corpo anima as presenças do sensível: olhar, carícia, toque. Porém, o orgão do tocar não tem nome. Qual a especificidade essencial da carícia e do toque? H. Parret lembra que tanto Aristóteles como Husserl indicam, nas suas análises do tocar em que é que o tocar transcende, melhor que o olhar, o simples registo da sensorialidade: a mão tem mais imaginação que o olho, a mão leva-nos mais facilmente para sinestesias que o olho. "Il nous semble que la main, pour avoir ce pouvoir sensitif et sensible, est une main quei *caresse* plus qu'elle ne *touche*, au sens de la *touche*, de ses traces et ses grâces, de cet *il y a*, cet avénement miraculeux de l'*événement* du *com-tact* toujours

96 Winfried Nöth, Handbook of semiotics, Indiana University Press, 2002, p. 409.

unique, jamais renouvelable, qui brûle la main et fait pâtir le sujet, tout comme le son strident blesse l'oreille."[97]

Coda

O corpo tornou-se, depois de Nietzsche "a nossa grande razão". A alma não desapareceu, reincarnou. "Assistimos à emergência do que se poderia chamar um 'cogito corporal', que substituiria o 'eu penso, logo existo por um 'eu sou o meu corpo'", dizia Marcel Gauchet. Este "cogito corporal" tem em Merleau-Ponty esta configuração: "Quand ma main droite touche ma main gauche, je sens mon corps comme une 'chose physique', mais, au même temps, un événement extraordinaire se produit: voici que ma main gauche aussi se met à sentir ma main droite...Je me touche touchant, mon corps accomplit une sorte de réflexion". Os afectos são modalidades qualitativas (activas ou passivas, alegres ou tristes) segundo as quais se dá à consciência o movimento do esforço existencial (o *conatus*), isto é a vida do Desejo. Em Spinoza, como observa Robert Misrahi não é uma impressão passiva que se imprimiria numa receptividade ou numa sensibilidade, mas um acto[98]. E como tal, é sempre a variação da potência de existir e do Desejo. Ora, o objecto do afecto é uma "afecção do Corpo". Spinoza designa por *affectio* a modificação de um suporte (o atributo é uma modificação do atributo, o modo finito uma modificação do atributo). Uma afecção do corpo é uma modificação, uma transformação, um movimento ou uma recepção que se situam portanto no corpo[99]. O tocar confunde-se, segundo Aristóteles, com a sensibilidade geral da carne. Ora, se tocamos com todo o nosso corpo, a nossa alma *é* o acto de tocar, e é só assim que a ela pode ser também uma alma que ouve, vê, etc.[100]

Neste livro, como em toda a obra lanzoniana, não ceder à sintagmatização discursiva, à diegese é um programa sempre conseguido. O esoterismo de que é suspeita esta escrita só o é aos olhos dos coveiros que tudo reduzem ao óbvio, ao *déjà vu*. Maria Gabriela Llansol é uma das melhores legentes de Spinoza, na medida em que o ressuscita. Será esse o homem que ela esperava: alguém

97 H. Parret, art. cit., p. 38.
98 Misrahim, op. cit. p. 131.
99 Ibidem, p. 133.
100 H. Parret, art. cit., p. 49.

que a ame com bondade e que tenha para comigo essa memória (a ressuscite)? "Desejo alguém que me saiba ler". Nunca passarei de um legente esforçado diante do luar libidinal dos seus textos. Há, porém, uma coisa que ninguém me poderá tirar: a alegria que sinto da alegria que dela me vem.

Poesia pedestre

(em torno da *Habitação da ausência* de Ângelo Monteiro)

1. O ser diz-se de muitas maneiras, dizia Aristóteles. A vida, que é movimento, e a realidade, que não se reduz a um horizonte, é multímoda, cumprindo-se naquilo a que Ockam chamou *acceitas* como "inteligência em acto através do amor". Ora, o "amor intelectual infinito" actualiza-se também nas práticas significantes (a literatura e a arte são laboratórios em que se moldam novas formas de humanismo e de bem olhar), quando realizadas e recebidas como aquilo que é próprio da inteligência activa e plenitude da experiência amorosa[101].

2. A poesia é uma das vozes do mundo, que chega até nós carregada da memória das imagens que perdemos, e que vem em auxílio da ruína da prosa do mundo e das feridas que faz a ausência, colocando-nos diante do Aberto e do Intenso. O absoluto do poema é "indesenhável, mas cabe àquele que a si mesmo se chama "Pontífice de um Sonho ainda por vir" resistir à tentação do deserto apavorado ou ao "surdo desespero".

3. Ângelo Monteiro regressa com um braçado de poemas para habitar a ausência. Escreve a partir da ausência – a escrita será sempre testamentária, filha da memória e do luto que redime o tempo da sua discrepância, esse hiato entre o passado e o presente e de uma filosofia da imanência, da perseverança no ser (que teríamos de fazer remontar ao *conatus* de Spinoza). E regressa com um programa de uma arte poética não transcendental. Bastará ler o decálogo da poesia pedestre que aparece logo no limiar do livro. E a primeira injunção deste decálogo é esta: sair da gaiola do cotidiano. Mas há a gaiola e o aberto – o horizonte é o bordo nunca tocado por mão humana: para lá tendemos, prolepticamente. O que mais conta é a aderência àquilo para que esse horizonte aponta, não a fuga, o salto (p. 11). Há, pois, um além, o espaçamento que o desejo desdobra para se (d)escrever (p. 18/21). O espaço traz com ele a saída para a luz. Ora, é a luz que configura as coisas e ilumina os rostos. No fundo da imagem está a imaginação e no fundo desta há o outro, isto é, a visão sobre o outro que nunca se

101 Julia Kristeva, *Cet incroyable besoin de croire*, Paris, Bayard, 2007, p. 76.

mostra. As máscaras não só escondem e distorcem: elas mostram aquilo que nunca ninguém viu: a vertigem das linhas em volta do incêndio do rosto.

4. O homem perdeu a medida das coisas quando deixou de ser a medida de todas as coisas (p. 12). Perdeu-se a verdade dos mitos. Os deuses desertaram à aproximação do positivismo da linguagem e da dialéctica. A função do templo era a revelação do lugar. Os deuses desertaram por nefanda mão do homem e a destruição do divino prossegue. Substituíram-se as crenças nos deuses por outra crença: a da auto-*poiesis*. É pela mão da poesia que das ruínas deste templo se levantam teimosamente as respostas mais fulgurantes às coisas que vão sendo e em cada instante resultam em ser ou não ser – o tempo das metamorfoses; ou como o amor tudo move e a solidão nos forma, perguntas da filosofia para que nunca houve resposta. Contrariando o tempo do tédio que abole todos os horizontes, impedindo que a alegria estale, se dilate, nos habite.

5. Habitar é um modo de estar no tempo e no espaço, é uma modulação de presença. Como habitar a ausência? A morada é um trajecto de espaçamentos – do *habitat* à memória-corpo, de um lugar a outro, lugar de transferências e de revisitações da origem. A psicanálise diz que o *habitat* põe em jogo o inconsciente: "l'espace bati prélève de l'étendue dans le grand vide, et donne lieu à la densité des choses et des gestes; il vous fait don d'une étendue et ouvre le défi d'une scène – primitive, ménagère, solitaire...- le défi d'une transmission"[102]. Será possível viver sem raízes, sem saudade, acostumado, atónico, ataráxico? Essa é a pergunta essencial do poema "Os sem raízes":

Os que não têm raízes
Ancoram em qualquer porto.

Para eles as paisagens são iguais.
O céu é o mesmo céu.
O mar é o mesmo mar.
Apenas algumas nuvens mudam de lugar.

102 Daniel Sibony, *Entre-Deux. L'origine en partage*, Paris, Seuil, 1991, p. 250.

Os que não têm raízes
Acostumam-se com o tempo.
Só não sabem pedir um cobertor à tempestade
Nem chorar na amurada dos navios
A saudade do porto que deixaram

....

Afinal que lhes resta por esperar? (p. 20)

6. Decifrar o desenho das coisas na sua rotina, no seu caminho diário (p. 14/ 23), libertar-se do jugo das coisas (p. 31) é o destino da linguagem poética. A monotonia, o primeiro dos caminhos aberto através do tempo, a que corresponde a monodia do canto primitivo grego e da liturgia, como sabia Maria Zambrano. Fazer reluzir as pérolas de que se compõe a linguagem poética é o ofício dos poetas, ao contrário dos "turvadores das águas", niilistas de profissão. Afinal, todo o parecer promete o ser. Não isso que diz o poema "Tudo é promessa"? (p. 21).

7. Aquilo a que chamamos realidade é sobretudo aquilo que resiste à nossa investida – a nossa vontade de decifração. As coisas têm a sua textura, sonora, visual, olfactiva, declinam-se à passagem, resistindo tanto a uma tradução do monoteta como à paixão do semiólogo da comunicação. Essa é a victória do poeta contra o monoteta. O real não é o sentido que é uma questão de signos, mas essa espécie de objecto diferido e diferente que assinala a insistência do significante:

"Nas coisas só o que esvoaça é real.
A sua verdade se encontra muito além
Da divisão que um dia concebemos.
Tudo é promessa. E só ela é imortal!" (p. 21).

8. Em Derrida o respeito pelo texto é vivido como respeito pelo potencial de mudança que nele existe, por aquilo que é a da ordem do não reconhecimento; recusando a unidade do texto como resultado da vontade do autor, Derrida recusa a possibilidade de o leitor conhecer toda a historicidade de que ele próprio faz parte,

aquilo a que chama a "insaturabilidade do contexto" (Marges; 1972) criando-se assim da parte do leitor a impossibilidade de poder ver o texto como uma unidade, pois haverá sempre um "fora", para o texto e para nós, a que não temos acesso – é este o "segredo" que Derrida vê existir na obra. O movimento pelo qual um texto se afirma está muito para além do que é conhecido e conhecível; será segredo, mas não um segredo a desocultar – o segredo é a condição que faz o texto continuar sendo.

9. O poeta dá voz àquilo que uma época foi incapaz de incluir na sua narrativa. A saída é encontrar o vazio salvador entre as linhas, entre as palavras. A letra é ainda o que nos permite habitar poeticamente o mundo. Se, como sustenta Badiou "o corpo é o conjunto de tudo aquilo que o traço do acontecimento mobiliza", o corpo do poema: "são os elementos do corpo, tal como o poema por si próprio os cria, são aqueles cuja identidade ao devir existente do inexistente é medido pela intensidade da sua própria existência[103]. Assim o voo, o salto, o sino, o acontecimento-tempestade, os elementos que constituem o corpo do poema incorporam-se no presente acontecimental que a enunciação poética intensifica, ressuscita. Aquilo que não aparecia brilha agora no aparecer do poema como corpo intenso. Só a emoção forte e repentina – porque falamos de "poetas repentinos"? – pressente alguma coisa, dizia Gregório de Niza, a propósito do divino. "O raio caído do além (p. 18). Não são o inesperado, a interrupção, a voz irmã, o poder da sombra, a palavra, o caminho, indícios de uma poesia pedestre por que perpassa o voo?

10. A poética de Ângelo Monteiro não ilude a questão do "habitar", como acontece a muitos poetas "textualistas" que têm por inútil qualquer questionamento sobre a ligação da poesia com a existência e que professam ou a literalidade absoluta, ou a intransitividade da escrita. Que resta do grande lirismo ocidental (de Sapho a Trakl ou Mandelstam, Celan ou Eugénio de Andrade)? Que resta do lirismo do poeta após o desencantamento do mundo? Porque o grande lirismo é solidário da experiência do sagrado. Ora, nem já a morte de Deus nos arrepia.

---

103 Alain Badiou, *Logiques dês Mondes. L'être et l'événement*, 2. Paris, Seuil, 2006, p. 489.

11. Voar é preciso, escreve o poeta (p. 23). Só no exercício da solidão e do silêncio que o hesicasta conhece, somos gente. Do desamparo, do abandono em que cada um se sente na sua solidão é que nasce o fruto da palavra.

12. Um livro é uma árvore de palavras, um rizoma, não uma árvore de signos. Não é uma tela, ou uma rede feitos de espaços vazios? A linguagem não é apenas um código-objecto da linguística, mas um "discurso amoroso". A linguagem, como diria Novarina, age como uma arquitectura de vazios. Este autor de teatro a quem se deve uma reflexão sem paralelo sobre teatro, termina o seu livro *Lumière du corps* (2006) sobre o aberto, procurando uma passagem interior entre as forças da linguagem e as da natureza, ao mesmo tempo que pressente a aparição duma linguística escrita por físicos e compara os actores aos amantes que nunca possuem nada nem ninguém, mas oferecem os seus corpos esburacados ao jogo infinito das ligações. Como mostrar um vazio? E como fazer desse acto uma forma – uma forma que nos olha, ou simplesmente uma forma que a si própria se olha? A questão reaparece, incandescente, pela mão do poeta em "A Taça e o Vazio":

> "Como alguém ser feliz
> se a linha que nos borda
> é sempre além de nós?
>
> Na escalada dos dias
> toda a taça transborda
> no vazio de nós" (p. 46).

13. Quando escolhe, o leitor não decide, apenas usa aquilo de que dispõe – um "hábito" de leitura. Mas se o leitor pergunta "Quem me chama?" na ena da leitura, deixa-se afectar, predispõe-se a aceder ao imprevisto e aceita o texto como um jogo: vai ligando as palavras de forma "adequada" entre elas, esquece a relação que elas posam ter com os objectos e aceita-as como "ideias" adequadas umas as outras, nesse jogo improvável, mas que pode não ser meramente experimental. Nesse percurso desconhece que caminhos tem ao seu dispor: mas

quando escolhe, usa o poder de decisão, porque se decide pelo não uso de um hábito de ler.

14. Ângelo Monteiro convoca o leitor para um lugar de inscrição do corpo próprio, servido pelas iguarias em que a memória depositou os seus restos. Quando o leitor se aproxima destes restos, é o seu próprio corpo que ressuscita, porque é deles que se compõe a matéria dos seus voos e o infinito do desejo a que a letra dá asas.

II – Um entre os outros: à escuta do outro o outro somos nós

"Per la riservatezza, rispettare la distanzia di cortesia" (estação de Correios).

As viagens, os viajantes – tantas espécies deles!
Tanta nacionalidade sobre o mundo! Tanta profissão! Tanta gente!
Tanto destino diverso que se pode dar à vida,
À vida, afinal, no fundo sempre, sempre a mesma!
Tantas caras curiosas! Todas as caras são curiosas
E nada traz tanta religiosidade como olhar muito para gente.
A fraternidade afinal não é uma ideia revolucionária.
É uma coisa que a gente aprende pela vida fora, onde tem que tolerar tudo
E passa a achar graça ao que tem de tolerar,
E acaba quase a chorar de ternura sobre o que tolerou!

Ah, tudo isto é belo, tudo isto é humano e anda ligado
Aos sentimentos humanos, tão conviventes e burgueses,
Tão complicadamente simples, tão metafisicamente tristes!
A vida flutuante, diversa, acaba por nos educar no humano.
Pobre gente! Pobre gente toda a gente!

("Ode marítima", Álvaro de Campos)

"Étranger: rage étranglée au fond de ma gorge, ange noir troublant la transparence, trace opaque, insondable. Figure de la haine et de l'autre, l'étranger n'est ni la victime romantique de notre paresse familiale, ni l'intrus responsable de tous les maux de la cité. Ni la révélation en marche, ni l'adversaire immédiat à éliminer pour pacifier le groupe. Étrangement, l'étranger nous habite: il est la face caché de notre identité, l'espace qui ruine notre demeure, le temps où s'abîment l'entente et la sympathie" (Julia Kristeva).

"We start from the *vinculum* (chain) itself, from passages and relations, not accepting as starting point any being that does emerge from this relation that is at once collective, real, and discursive. We do not start from human being, those latecomers, nor from language, a more recent arrival still" (Bruno Latour).

"É 'impossível, e contudo real' que povos notoriamente orgulhosos da liberdade individual, da privacidade, dos direitos do cidadão e do homem, da singularidade e dos particularismos, se tenham transformado em pouquíssimo tempo numa massa de ovelhas, controlados, vigiados, espiados, monitorizados em toda a sua actividade através duma tecnologia invasiva e lesiva da descrição e da delicadeza, tratados como malfeitores e terroristas potenciais, enlatados em meios de transporte semelhantes a carne de animal, frustrados, presos e misturados com a má educação generalizada, vexados pelo *software* que não prevê excepções, obrigados a uma vida programada nos mínimos detalhes e que elimina qualquer experiência do poético, que não deixa espaço para a meditação e para a elaboração da experiência, submersos por um cúmulo de idiotice e por uma publicidade asfixiante".[104]

Vivemos no cenário desencantado que Mario Perniola, de forma crua, descreve neste texto. É uma visão que poderia ser igualmente partilhada por Baudrillard (*O crime perfeito)*, Virilio (*o pânico frio*), Beckett, Saramago (*Ensaio sobre a cegueira*) ou o Álvaro de Campos da "Ode marítima" que Badiou considera um dos maiores poemas do século XX. As questões da identidade, da relação, da comunicação e do dom são questões que teremos de constantemente repor. É sobre elas que nos devemos deter. Comecemos por esboçar a questão da identidade, que mais à frente aprofundaremos. Numa entrevista a Jean-Clet, respondendo à *questão*: "alma, eu, mónada, modo, indivíduo, sujeito, pessoa moral, Espírito, subjectivação, etc... nomes para dizer uma certa unidade, tens um nome para dizer o que faz «um» povo: «uma» linha? «um» rasto, *Jean-Luc Nancy*? responde: "Oui, je crois que nous ne sommes pas encore allés assez loin pour nous débarrasser d'une façon de penser qui toujours commence et finit à l'individu – au 'sujet' (quoi qu'on veuille dire avec ce mot, il reste individuel). Mais l'individuation est un processus infini, qui ne finit pas et retourne à la mêlée du monde. Existe toujours d'abord et pour finir cette mêlée. 'Le sujet est-il nécessaire?' j'ai pris récemment cette question

104 M. Perniola, *Miracoli e traumi della comunicazione*, Einaudi, 2009, p. 118.

pour titre d'une petite intervention – 'sujet', comme mot, c'est très lourd – 'subjectivation', encore pire – et tout cela nous remet toujours dans cette sorte de bowling où chacun est derrière sa glissière, parallèle aux autres – mais la réalité est tout autre: c'est plutôt le champ de foire que le bowling. Certes il y a des 'un', quelque un qui fait son sillage d'un, c'est certain – mais un sillage, et donc d'abord l'ouverture dans l'eau d'une étrave, puis le sillage, long, très long mais qui pour finir se perd à nouveau dans la mer (pas le champ de foire, donc, la mer, ses vagues, poissons, méduses, coquilles...). D'où l'importance du nom: il est la lame de l'étrave et l'écume du sillage". A transformação do "eu" pelo "nós" e do "nós" pelos "eu" é desde logo a transformação do meio simbólico no interior do qual só os "eu" se podem encontrar como um "nós", como os peixes só se podem encontrar com a condição de haver água. Não temos é o "instinto do rebanho" (Nietzsche) que temos de seguir. Não o rebanho, mas *nós* – sujeito insituável e que surge de cada vez num *eu*, mas um *eu* tal como pode, sabe falar por *nós* (em nosso nome e "dirigindo-se a nós"). J. L. Nancy dirá que "A igualdade dos "sujeitos" não é a dos indivíduos. Esta pode relevar de uma equivalência jurídica e de uma equidade económica, mas a outra expõe-se desde logo àquilo que não é desigualdade, mas heterogeneidade fundamental de todas as relações singulares ao incomensurável. Porque deste último nunca se retirará nenhuma espécie de regra de igualização, nem de resto de não igualização"[105]. A capacidade de ver as diferenças entre uns e outros em função de um "nós" mais extenso é a capacidade de perceber as diferenças – de tribo, religião, raça, costume – e de diminuir a sua força ao compará-las com "as similitudes referentes à dor e à humilhação"[106]. Podemos com L. Althusser ligar o nascimento da noção de sujeito à chegada da ideologia burguesa e jurídica ("O homem é por natureza um sujeito" impõe-se a nós como a proposição ideológica por excelência)[107]. A diferença, escreve B. Stiegler, é que os peixes não transformam a água, enquanto nós estamos sempre a mudar de meios simbólicos (o que também são os meios técnicos): é assim que o mundo está sempre

105 Jean-Luc Nancy, *L'Adoration (Déconstruction du christianisme, 2)*, Paris, Galilé, 2010, p.95.

106 R. Rorty, *Contingencia, ironia y solidariedad*, Paidós, Barcelona, 1992, p. 210.

107 L. Althusser, "Idéologie et appareils idéologiques d'État", *La Pensée* 1970, nº 151, p. 29, nota 14.

a mudar[108]. Há uma anterioridade do transindividual (um processo de selecção psicossocial) relativamente ao individual: "o transindividual é aquilo que está no exterior do indivíduo como está dentro dele", escreve Simondon[109]. O meio desta individuação é tanto a memória como a significação, cabendo às retenções secundárias formar a trama do transindividual como tecido de significações – a significação é relacional, colectiva, transindividual: "A única maneira para um indivíduo, ou antes para o sujeito, de sobreviver é de se tornar significação, de fazer que algo dele se torne significação[110]. Somos uma identidade construída por socialização ou significação, efeito da linguagem e da comunicação. Para Habermas, a pessoa "constitui um centro" enquanto "se abre às relações interpessoais, construídas comunicativamente"[111]. Às pomposas questões: "Quem somos"? "Que podemos conhecer"? "Que podemos esperar"? Bruno Latour responde: "I don't know how things stand. I know neither who I am nor what I want, but *others* say they know on my behalf, others, who define me, link me up, make me speak, interpret what I say, and enroll me. Whether I am a storm, a rat, a rock, a lake, a lion, a child, a worker, a gene, a slave, the unconscious, or a virus, they whisper to me, they suggest, they impose an interpretation of what I am and what I could be"[112]. É do *vinculum* que é preciso partir, não do Eu a que o humanismo burguês tem rendido culto. O capitalismo, que é uma máquina de produzir motivos, "deuses (Bergson) aparece como o primeiro facto de destruição do *nous*. "Esgotar a libido é esgotar o que constitui a ligação social"[113]. Campos convida a distinguir a fraternidade propriamente dita, como abandono à potência do que acontece ao "nós"; e uma fraternidade derivada e corrompida, o humanismo piedoso cuja fórmula é a tolerância com tudo, a aceitação das diferenças, os "sentimentos humanos", "metafisicamente tristes" porque levam à renúncia a qualquer paixão do real[114]. A passividade torna-se tolerância, é a base do humanismo burguês e da educação tolerante às diferenças.

108 Bernard Stiegler, *La télécratie contre la démocratie*, Champs, 2008, p. 121.

109 Simondon, *L'individuation psychique et collective*,Jérôme Millon, 1995, p. 195.

110 Simondon, p. 207.

111 J. Habermas, "Justicia y solidariedad. Una toma de posición en la discussión sobre la etapa 6 de la teoria de la evolución del juicio moral del Kohlberg", in K. O. Apel y otros, *Ética comunicativa y democracia*, Crítica, Barcelona, 1991, p. 197.

112 Bruno Latour, *The Pasteurization of France*, Harvard University Press, 1988, p. 192.

113 B. Stiegler, *op. cit.*, p. 65.

114 Alain Badiou, *op. cit.*, p. 180-181.

Do outro

"Nunca se falou tão bonacheiramente do Outro (ou seja, a sua Imagem) como um mero *alter ego*, sendo o respeito do *ego* obviamente mais forte do que o do *alter*. Toda a gente gosta do Outro, tal como se imagina que é o deveria ser, até que, inopinadamente, o "outro" regressa (como o *revenant)*, mas não como é *em verdade*, senão revestido da *sua* imagem"[115]. A essência do terrorismo (e de todo o fanatismo) consiste na sua capacidade para homogeneizar, para aplanar toda a diferença. O rosto é "une terre que l'on est jamais las d'explorer", afirma Carl Dreyer; uma terra em que se inscreve uma paisagem mutante, uma terra que é também uma matéria animada do interior. Uma "cena" em que a vida interior da pessoa se dá a ver, com as suas ambiguidades e as suas manhas. Darwin no seu estudo *Expression des émotions chez l'homme et l'animal* prefigura o trabalho dos etnólogos; a gestualidade torna-se específica e o rosto aparece como o "espelho da espécie". O Outro não faz número comigo, não é um plural do Eu, o visível do Invisível. O rosto só adquire a sua capacidade expressiva na relação com o outro, com quem se trocam significações, com quem se recorre ao simbólico e ao imaginário. A criança selvagem, privada de meio ambiente humano, não sorri, nem ri, nem chora. A criança autista tem um rosto socialmente inacabado, o seu idioma corporal só para ela tem sentido. "O rosto não é uma natureza, mas uma composição". A maquilhagem transforma-o numa cena, o véu subtrai-o à cobiça excitando o desejo, a máscara metamorfoseia-o no ritual ou livra da servidão o eu na festa. A desfiguração acidental é um drama equivalente a uma morte social. A fealdade pode ser um estigma, podendo levar (Lombroso) à assimilação do feio ao delinquente potencial. O ódio do outro leva à desfiguração; a negação do homem "passa pela do seu rosto" – as sevícias, as humilhações (Iraque) a servidão fatal. Os campos de morte começam por retirar aos humanos toda a figura humana, apagando dos seus traços qualquer marca identitária O carrasco quer impor a sua dominação a um povo, "sem rosto". Ao contrário, o amor leva ao deslumbramento através do rosto do outro, a uma relação em que o corpo de desejo e o rosto se confundem. A reflexão de H. G. Gadamer sobre a vulnerabilidade ou a exposição humana à dor mediante a figura da finitude é fundamental para nos situarmos diante da dor

115 Félix Duque, *Terror tras la postmodernidad*, Abada, 2004, p. 84.

e da humilhação. Lévinas usa o termo *vulnerabilidade* alternando-o com a expressão "passsividade mais passiva que toda a passividade". Deste modo o enraíza na sensibilidade como "exposição ao outro", e o abre à interacção significativa, conjurando qualquer regresso a um fluxo inergético natural ou puro como os sentimentos morais naturais em que encontramos, por exemplo, a compaixão. A abertura ao outro é mais *exposição* do que comunicação. Na tropologia de Lévinas a abertura ao outro é, "o descarnado da pele exposta à ferida e ao ultraje (...) para lá de quanto se possa mostrar". A metáfora da pele nua significa aqui a nudez moral, que se vê afectada, até à ferida ética, apenas com a presença do outro, o estrangeiro, o órfão, a viúva e cuja dor se identifica com "o sofrimento pelo sofrimento do outro"[116]. Não é a mesma coisa a solidariedade com a dor fisiológica dos perseguidos, refugiados ou exilados – com a sua fome, frio, fatiga, incomodidades e enfermidades, etc. –, de que se encarregam as agências de ajuda humanitária ou organizações não governamentais, e a solidariedade com a humilhação dessas mesmas pessoas"[117].

Ficções

Vivemos com ficções. O "como se" de Kant do ponto de vista jurídico, cultural é indispensável viver provisoriamente "como se" não houvesse diferença sexual. Vivemos amarrados a distinções paleonímicas que os tempos antigos deixaram na linguagem: é o nosso cadáver, é preciso negociar com isso, fazer como se nada se tivesse passado para refabricar o ser humano. Heidegger fez mutar o ser humano para o *Dasein*. Derrida questiona o sexo do *dasein*. Pela intervenção crucial da ciência, tudo o que era tido por natural conheceu uma mutação crucial. Somos eticamente chamados a ser kantianos, é preciso viver "como se". Cada *dasein* está sujeito à finitude – sua e dos outros. "Homem" e "mulher" são nomes, figuras que fazem parte duma metaforologia. Material, literal, nada há aí de substancial: trata-se apenas de fantasmas que se partilham, se ficcionam, se negam. "As crianças brincam aos *cow boys* e aos "índios", os adultos a homem e mulher. Um dia, tu és homem, outro dia, mulher. Desde que compreendido como um jogo, mesmo essencial, saímos

---

116 E. Lévinas, *De outro modo que ser o màs allá de la esencia*, Sígueme, Salamanca, 1987, p. 133.

117 Gabriel Bello Reguera, *La construcción ética del outro*, Ediciones Nobel, Oviedo, 1997, p. 196.

do essencialismo"[118]. Em *L'existentialisme est un humanisme*, Sartre (1905-1980) nota que há duas coisas fundamentais: – a consciência, porque ninguém pode pensar pelo outro; o outro, porque é em face dele quando este é um «Tu» que nos olha e nos fala, que o nosso eu sai da sua solidão e do seu silêncio a fim de dizer "Eu". Por isso, o mais curto caminho para nós mesmos passando por outrem, impõe-se uma conclusão: ser, é ser com outrem e portanto *ser com*. Donde a importância da política, como o mostra Spinoza (1632-1677); porque quanto mais o «Tu» toma forma, mais o «Eu» toma forma consigo. Claro que a política não se impõe por si mesma. Não há nela uma paixão do poder que pode levar à loucura, como o mostra Platão (428-348 a. C.)? Para além disso, como sublinhou Pascal (1623-1662), podemos negar que o poder seja por vezes objecto de um desvio da parte de interesses egoístas provocando assim a divisão da sociedade entre dominantes e dominados? Não é a violência que se apropria das coisas que está na origem de um mundo às avessas em que, legalizada a violência, já não é o justo o mais forte mas, o forte que se torna justo? Não é em nome da razão de Estado que os piores crimes foram cometidos?

Da linguagem

A essência da linguagem, afirma Lévinas, reside na interpelação, no vocativo. O pressuposto da comunicação é o acolhimento do interlocutor. Falar é dizer alguma coisa a alguém. A presença do outro que é essencial na linguagem não é representação, nem imagem, mas contacto, intercorporidade. No fundamento do falar encontramos a relação com o outro como *alteridade*, como pessoa, como fim em si, fora das posições sociais, das diferenças étnicas etc. e das suas relativas identidades: uma relação frontal que se opõe radicalmente a todas as formas de enclausuramento da alteridade e de violência que o discurso (propaganda, demagogia, diplomacia) possibilita. A linguagem funda-se na interpelação e não dever de responder, sobre o vocativo e o acusativo. A presença do outro vale por si mesma, não se define em função de outra coisa. O Outro é o próximo. O conhecimento do outro está para lá do conhecimento e da moral, da política e da economia. Designa a dimensão em que pensa Bakhtine quando fala

118 Avital Ronell, Féminisme en 2010, in *La nouvelle Revue Française*, avril 2010, nº 293, p. 198.

da meta-semiótica, isto é, da dimensão dialógica sobre a qual se funda o diálogo formal, o sistema de signos, o texto, a convenção fixada num género qualquer de discurso. Transcendência, excesso, inadequação: o rosto do outro é icónico no sentido que lhe dá Peirce: "Primeiridade (*Firstness*) o modo de ser do que é tal como é, positivamente e sem referência a outra coisa"[119]. Enquanto ícone, o signo aparece de modo autónomo, apresenta-se a si próprio e não é, diferentemente dos signos que relevam do símbolo sujeito a uma convenção, nem releva duma necessidade causal, como os signos indiciais (os sintomas, os traços). A reflexão de Peirce sobre a autonomia do signo icónico corrobora a tese da alteridade do outro e confirma o processo de des-objectivação e de des-subjectivação de que ela é portadora. A escuta do outro situa-se fora do mundo, fora de qualquer totalizante, de qualquer organização funcional, da economia do perdurar, do persistir... O mundo prevê a guerra porque se funda constitucionalmente na identidade e funcionaliza – pela manutenção, pelo reforço, pela reprodução e o crescimento do mesmo – o que é o outro[120]. Bakhtine e Volochinov comparam a enunciação quotidiana ao "entimema", que é o silogismo em que uma das premissas não é expressa, mas subentendida. "Sócrates é um homem, logo é mortal", subentende-se: "todos os homens são mortais". A enunciação quotidiana é uma comunidade de avaliações. Diz Benveniste: "É na linguagem e mediante a linguagem que o homem se constitui como *sujeito*; porque só a linguagem funda na realidade, na *sua* realidade o conceito de 'ego'. [...] A consciência de si só é possível por contraste. Eu não uso *eu* senão referindo-me a alguém, que na minha alocução será um *tu.*"[121]

Da identidade

Circula por aí a ideia de que a identidade cultural europeia se devia fundar a partir dos valores universais (direitos do homem, democracia liberal). Há dificuldades evidentes nesta ideia: o princípio, apresentado como universal, deve servir de fundamento a uma identidade particular (europeia) – pretensão de se apropriar do universal, ou dissolução do universal. Por outro lado, a tendência

119 C. S. Peirce, "Premiére lettre a Lady Welby", in *Écrits sur le signe*, Amsterdam, Benjamins, 1987, p. 22.

120 Augusto Ponzio, *L'écoute d el'autre*, L'Harmattan, 2009, p. 10.

121 Emile Benveniste, *Problemi di linguistica generale*, Milano, Il Saggiatore, 1971, p. 312.

universalista não consegue fazer frente à diversidade cultural – o que leva a uma tese de compromisso, a da identidade multicultural. A identidade cultural europeia não pode desintegrar-se numa quantidade de idiolectos locais, nem deve revestir a forma de uma norma totalizante. Para Eco (*À la rechercehe de la langue parfaite*) a identidade cultural europeia não assenta apenas no património comum ou valores em partilha. Funda-se também sobre o modo de representar o mundo bem como sobre a criação de ficções de natureza heurística (o romance europeu, por exemplo). O acento deve incidir sobre os processos de constituição do sentido, o domínio da ruptura entre a palavra, a imagem e o referente, os processos da interpretação. Os traços culturais europeus encontram-se fora da Europa; as invenções não europeias penetraram o espaço europeu também (a bússola, a pólvora, o papel, a imprensa). François Jullien, que prefere o *écart* à diferença, escreve que "estamos errados se consideramos as diversas culturas sob o ângulo da diferença. Porque a *diferença* remete para a identidade como para o seu contrário, e por conseguinte, para a reivindicação identitária"[122]. Considerar a diversidade a partir das diferenças leva a atribuir traços específicos e a fechar cada cultura numa unidade de princípio. Porque toda a cultura é plural e singular ao mesmo tempo e não há cultura que não mude. Há uma cultura oficial e uma cultura *underground.* A diversidade das culturas ou dos pensamentos são *recursos* disponíveis de que a inteligência pode tirar partido para crescer e se re-inquietar, sem o risco da uniformização que a mundialização arrasta consigo. Devíamos pensar nisto: não se entra numa identidade, não nos revestimos dela e não nos poderíamos identificar com ela sem ao mesmo tempo a modificar, a modalizar, a transformar. "As identidades não são nunca tão puramente fixas, nem simplesmente plásticas. São sempre metastáveis"[123]. "Não há dúvida de que a questão da identidade se tornou um dos pontos de fixação da (má) consciência ocidental. Para os filósofos herdeiros dos valores das Luzes, por intermédio do idealismo romântico alemão, a questão da identidade apenas parece poder colocar-se no singular, nos termos de uma subjectividade individual, fundada na noção de pessoa. Aos perigos egocêntricos de uma existência puramente auto-referencial, às derivas de uma subjectivação inteiramente

122 François Jullien, *Les transformations silencieuses*, Paris, Grasset, 2009, p. 36.
123 Jean-Luc Nancy, *Ideentité Fragments, franchises*, galilée, 2010, p. 23.

centrada no si, às tentações filosóficas de uma auto-reflexividade muito egoísta o desenvolvimento das ciências da linguagem parece poder trazer alguns protectores bem-vindos. A afirmação duma identidade, por mais egocentrada que seja, passa pelo uso da língua [...] Numa perspectiva em parte crítica relativamente a vários trabalhos de Paul Ricœur sobre a identidade narrativa, gostaríamos de mostrar que a dimensão pragmática e por vezes colectiva do discurso poético, em particular, impõe igualmente a tomada em consideração duma identidade de ordem enunciativa, activa nas relações complexas que tece entre expressão verbal e relações sociais qualquer prática discursiva. A anabase exige o outro, a voz do outro. Assumindo o apelo, seu enigma Celan rompe com o tema da errância vazia e auto-suficiente. É necessário que algo seja reencontrado. As imagens marítimas funcionam como índices da alteridade. Digamos que o tema da fraternidade é substituído pelo tema alteridade. Onde valia a violência fraterna, vem a diferença mínima do sopro do outro, o apelo da boia, « le dum-dun-un- », que evoca um moteto de Mozart («unde suspirat cor») como para provar que a pobreza ínfima do apelo é portadora da mais alta significação[124]. O conceito de identidade pode articular-se apenas em âmbito linguístico e semiótico: é na linguagem que um "sujeito" se põe e se diferencia do outro; é com a aquisição da palavra que a criança começa a *elaborar* a sua realidade de ser separado. Tal consciência é carregada de dor e incerteza. O outro com quem se confundia começa a aparecer sempre mais com clareza distinto de si, o seu calor não está sempre disponível, sem o seu nutrimento o corpo poderia morrer. A actividade lúdica ajuda a assumir o peso desta realidade inevitável e a própria linguagem se faz jogo refinado para lançar uma ponte para o outro. Mas esta linguagem é do outro, não pertence à criança, é o artifício que vem ensinado parar colmatar a sua pequenez e entrar no mundo civil, para encontrar uma colocação no social. O seu corpo atópico, singular não poderá falar sem se adequar ao lugar que está reservado: já o seu nome é fruto do desejo do outro para entrar na existência com um nome próprio, significa assumir os sonhos, os desejos, as fantasias de quem o introduziu na vida. Uma primeira definição do sujeito em semiótica: é *ego* quem diz *ego* (é o acto linguístico) e que se diz (ou que dizem) *ego* (é o acto lógico-semântico). A relação

124 Alain Badiou, *Le Siècle*, Seuil, 2005.

entre estas duas proposições constitui a predicação, quer dizer um uso linguístico e a assunção deste uso por um sujeito enunciante. O enunciador dá o seu "consentimento" àquilo que diz[125]. Os linguistas reconheceram perfeitamente nas proposições interrogativas um dos "comportamentos fundamentais do homem que fala e age através do discurso sobre o seu interlocutor[126]. Importa é saber que a passagem de uma identidade a outra, do *eu* ao *tu* supõe uma história, uma relação, um devir.

Da cultura

O homem é um animal genético ou cultural?[127] Pode definir-se a cultura como transmissão de informação não genética (Lotman), porém, e de imediato, surge logo uma questão: como distinguir o genético do não genético? Não há definição ontológica da cultura. Quando e como há cultura? A cultura manifesta-se nas culturas. Como a Língua, que é um sistema sígnico primário. A cultura coloca-nos a questão da identidade narrativa: nós somos o que dizemos que somos, o que nos contamos a nós mesmos. Outra maneira de colocar o problema: a que se estabelece a partir da relação com o que não somos, com o outro, o bárbaro (porém não com o estranho, uma espécie particular de alteridade). A noção de "bárbaro" dividia a população mundial em duas partes desiguais: os gregos, logo "nós", e os bárbaros, isto é, os "outros", os estrangeiros. Bárbaros eram aqueles que ou não falavam a língua grega, ou a falavam mal. É uma noção que existe na Europa, não na China ou na Índia: além do juízo pejorativo que comporta, tem o mérito de nomear os *outros* exteriores, de nos incitar a prestar-lhes atenção. "Os bárbaros são aqueles que negam a plena humanidade dos outros", escreve T. Todorov[128]. A identidade reside não na diversidade, mas no estatuto que lhe é dado. É preciso dar o mesmo estatuto às diferenças. Estrabão apresenta os gauleses como bárbaros, porque, diz ele, têm um costume que "consiste em suspender ao pescoço do seu cavalo cabeças dos seus inimigos quando regressam das batalhas e a levá-los para casas para os pregar

---

125 R. Descartes, *Oeuvres et lettres*, Gallimard Pléiade, 1949, p. 448.

126 E. Benveniste, *Problèmes de linguistique générale*, I, Gallimard 1966, p. 130.

127 Ersilia Dolfini, "L'uomo è un animal genetico o culturale?", in *Dominicus*, nº 1/ gen-mar 2010, pp. 3-8.

128 Tzevetan Todorov, *La peur des barbares. Au-delà du choc des civilisations*, Paris, Robert Laffont, 2008, p. 33.

diante das portas.[...] Citam-se também várias formas de sacrifício humano entre eles". Os bárbaros estão do lado do caos, do arbitrário, não conhecem a ordem social. Os persas, para os gregos, são bárbaros porque não falam o grego e porque habitam num país submetido a um regime tirânico. Copular em público, como ainda Estrabão se fazia na Irlanda, é uma forma de barbárie. O pudor é um traço especificamente humano. O contrário da barbárie consiste na prática da hospitalidade, mesmo para com os desconhecidos ou ainda em cultivar a amizade. Ora, a cultura como a identidade é o produto duma construção. As práticas sociais dum grupo são múltiplas e mutáveis. A cultura é, no fundo, a imagem que a sociedade se faz de si mesma, partindo de uma memória colectiva que o grupo traz consigo. Nem todos os habitantes da França se tornaram cristãos de um dia para o outro. Impôs-se entretanto a ideia de que a cultura francesa era cristã. As representações resultam de escolhas que poderiam ter sido outras. Jean-Luc Nancy ajuda-nos a não confundir identidade e sociedade: a sociedade não é nem uma nação, nem povo, nem Estado, nem grupo, nem indivíduos. A sociedade associa, não identifica, salvo ao estado civil, à segurança social e a todas as outras formas de codificação. Mas a codificação não é a identidade. Contudo, é à "sociedade" que se propõe ou impõe "debater" acerca daquilo que a identifica[129]. «Um povo não é senão aquilo que responde ao princípio da não generalidade. Não existe nada de geral, mesmo se há regras gerais, que não são existentes. O que existe é singular e sem dúvida a cultura ocidental é a única que passou pelo episódio duma discussão sobre a existência dos «universais»: não é por acaso, precisava de produzir as distinções necessárias para poder manejar objectos de ciência distintos das coisas da percepção. Mas poderíamos mostrar que, mesmo para aqueles que afirmavam a existência de «universais» (qualidades ou propriedades reais), estas existências não o eram menos singulares a seu modo. Quanto à existência de Deus, é evidente que, mesmo cobrindo a integralidade dos universais, generalidades e particularidades possíveis, só pode ser – por pouco que seja – que a existência mais singular possível. Tudo se faz por divisões, especificações, distinções, mesmo dos grandes «reinos»: os minerais têm as suas classes, ordens, famílias, etc. Quanto mais ainda os vegetais e os animais – até que os suplantem, os substituam ou os afastem, para o melhor ou o pior,

129 Jean-Luc Nancy, *Identité. Fragments, franchises*, Paris, Galilée, 2010, p. 63.

esses outros modos de existir que produz a nossa técnica e que se ponham a complicar, modificar, alterar a nossa identidade humana. Mas não há nunca, nem na natureza, nem na técnica – por mais tempo que podemos distingui-las – um puro indivíduo. Tudo começa com a espécie, não com o indivíduo. Não é uma questão de paleontologia, mas de ontologia sem mais: o ser é plural ou não é, e é-o em todos os registos do ser. A humanidade não começa começa com um casal originário, mas com um grupo e como um grupo. Ou melhor, sem dúvida, como vários grupos (que de resto podem não ter sido todos imediatamente «humano» no sentido em que o entendemos). Aquilo que já forma a lei das existências em geral – a pluralidade e a relação, sem as quais não se vê sequer o que é «existir» quereria dizer – impõe-se de maneira implacável, se assim o podemos dizer, a estes existentes cujo traço distintivo é pertencer ao elemento do sentido"[130]. A identidade é um acto, ligado desde sempre a um *index* estendido – o *index* do nome – na direcção daquilo que vem e se transforma, que deixa traços, nunca uma coisa nem uma unidade de sentido que se poderia isolar como um corpo químico.

Da escuta

Hegel pensava que o desejo fundamental de todo o ser humano é o *desejo de reconhecimento*, de reconhecimento da sua liberdade, e que "o direito absoluto é o direito de ter direitos", que Arendt considerava como "o único direito do homem". Para Ricœur, a reciprocidade do reconhecimento é a exigência ética mais profunda, mas para Lévinas o princípio ético absoluto é o *cuidado do outro*, de que decorre uma responsabilidade incondicionada e infinita como estrutura fundamental da subjectividade. Sou *ser humano* na medida em que consigo sair do meu *ser* para me tornar *humano* na hospitalidade e acolhimento do outro. Por isso, os direitos do homem são "originariamente os direitos do outro homem". Como se sabe, o conceito de reconhecimento tornou-se, hoje, uma bandeira de muitas lutas e um programa de estudos transdisciplinares. É um conceito com várias dimensões e aparições, umas mais visíveis do que outras. O fenómeno do reconhecimento é um fenómeno de comunicação, com as modulações próprias da pluralidade e heterogeneidade comunicacionais. Os seus espelhos são intersubjectivos e sociais.

---

130 *Ibidem*, p. 52.

A radicalidade ética do pensamento de Lévinas é excepcionalmente estimulante para o aprofundamento da reflexão sobre os *enjeux* do reconhecimento. É essa reflexão que, nesta conferência, com a participação de especialistas nacionais e internacionais, se procurará empreender. Sigamos de perto a etimologia da palavra *respondeo*: torno-me responsável *respondendo* – pela acção ou pela palavra – ao apelo de algo ou alguém. Para Lévinas ser moral é não transigir no limite que todo o rosto humano me impõe: "O modo como o Outro se apresenta, ultrapassando a ideia do Outro em mim, chamamo-lo, de facto, rosto. Esta maneira não consiste em figurar como tema sob o meu olhar, em expor-se como um conjunto de qualidades que formam uma imagem. O rosto de Outrem destrói em cada instante e ultrapassa a imagem plástica que ele me deixa, a ideia à minha medida e à medida do seu *ideatum* – a ideia adequada. Não se manifesta por essas qualidades, mas *kath'auto*. Exprime-se"[131]. Ainda segundo Lévinas, a alteridade é encarnação, como ter-o-outro-na-sua-pele, no sentido literal da expressão. É o corpo que torna o eu outro no sentido duma responsabilidade obsessional, que o expõe à alteridade, que o diversifica como *si* – em relação à consciência. A relação intercorporal resiste pela sua dissemetria e a sua anarquia à unificação, à universalização, à comunhão e à comunidade. J. Kristeva em *Étrangers à nous-mêmes. Le silence du polyglotte* (1988) presta um grande serviço à análise crítica do fantasma do estrangeiro ameaçador que estaria a invadir a Europa hoje. Entre duas línguas, a sua palavra é a palavra dos outros. A questão dos estrangeiros é uma questão que concerne a identidade. O sujeito individual ou colectivo, uma comunidade, um povo, enquanto consciência dos signos em que consiste, é fundamentalmente a sua relação com a sua língua. A sua identidade é fundamentalmente linguística. Dar-se conta da heterogeneidade do processo da significância é entender a alteridade no uso da linguagem. É um treino para a escuta, o acolhimento, a hospitalidade. Como conciliar a mistura das nações nos Estados e a salvaguarda das culturas nacionais? A afirmação da diferença linguística pode transformar-se em arrogância identitária (a "morgue da nação" de Giambattista Vico). Os implantes de sensibilidade estrangeira, os enxertos sobre o "génio" da tradição de outras experiências, ideológicas, sensoriais representam um enriquecimento.

131 Lévinas, *Totalidade e infinito*, Lisboa, Ed. 70, 1988, p. 38.

"Escutar alguém cria o espaço que lhe permite existir na expectativa relativamente àquilo que nele se diz quando falamos".[132] Forçar alguém a compreender o mais rapidamente possível e responder imediatamente, como se faz na universidade com os QEM (Questões de escolhas múltiplas) ou nos jogos de televisão é confiar no automatismo lógico. Dirigir-se a um filho entre duas portas ou de uma sala a outra resulta em nunca lhe dar um verdadeiro lugar de interlocutor[133]. Cabe à *proxémia* reduzir a representação entrópica com outra pessoa. *Persona* significa na origem "máscara" e é através da máscara que o indivíduo adquire um papel e uma identidade social. O escravo, em Roma, sem antepassados nem máscara, nem nome, esse não podia ter uma "pessoa", uma capacidade jurídica (*servus non habet personam*). Ser reconhecido como "pessoa" é fundamental para a identidade de cada um. G. Agamben diz-nos que as técnicas de polícia (os defensores da sociedade) modificam, na segunda metade do século XIX, o conceito de identidade. Alphonse Bertillon cria o sistema de identificação dos delinquentes baseado na medição antropométrica e na fotografia sinalética – o célebre *Bertillonage* – o *portrait parlé*. Galton, na Inglaterra, elabora um sistema de classificação das impressões digitais que permite a identificação dos criminosos. Comenta Agamben: "O que define a minha identidade e a minha reconhecibilidade são agora os arabescos que o meu polegar coberto de tinta deixou numa folha de papel de um serviço de polícia: a vida nua, um dado puramente biológico"[134]. A coisa refinou-se: as tecnologias biométricas recolhem as impressões digitais ou a estrutura da retina ou da íris por meio de *scanners* ópticos, entrando na vida quotidiana. Que tipo de identidade se pode construir sobre dados meramente biológicos? M. de Certeau definia o histórico como aquele que tem "o gosto do outro" e o cristão como aquele que procura "dar lugar ao outro": o outro, o estrangeiro é "o irredutível e aquele sem o qual viver não é mais viver". Para uma cultura da hospitalidade: Ex 23, 9. Chegar à palavra é ter já sido empurrado por uma confiança no sentido e no facto de que o outro me convida ao sentido. A criança não aprende a linguagem por instinto, mas porque os outros lhe abriram o espaço desta confiança. "A escuta não é um momento passivo da comunicação, não é apenas abertura ao outro,

132 Denis Vasse, *La vie et les vivants*, Seuil, 2001, p. 51.

133 *Ibidem*, p. 52.

134 Giorgio Agamben, *Nudez*, Relógio D'Água, 2010, p. 66.

mas tem um acto criativo que instaura uma con-fidência qual con--fiducia entre o hóspede e o estrangeiro"[135]. A fé é a força da confiança num saber de que me é impossível apropriar. Ora, o outro será sempre algo de que não me posso apropriar. Como acontece com o dom. "Para que haja dom", escreve Derrida, "é preciso que o donatário não devolva, não amortize, não reembolse, não se faça pagar, não entre no contrato, não tenha nunca contraído dívida (este «il faut», é já a marca dum *dever*, o dever de não): o donatário obriga-se a si mesmo a não devolver, ele tem o *dever* de não *dever*, e o doador de não descontar a restituição. É preciso que, *à la limite*, que não reconheça o dom como dom. Se o reconhece como dom, se o dom lhe aparece como tal, se o presente lhe está presente como presente, este simples reconhecimento basta para anular o dom. Por quê? Porque ela repõe no seu lugar, digamos, da mesma coisa, um equivalente simbólico. O simbólico aqui, não re-constitui uma troca que, não existindo como troca de coisas ou de bens, se transfiguraria em troca simbólica. O simbólico abre e constitui a ordem da troca e da dívida, a lei ou a ordem da circulação em que se anula o dom. Basta que o outro receba o dom, não apenas o receba, mas se dê conta da natureza do dom, o sentido ou a intenção, o sentido intencional do dom, para que este simples reconhecimento do dom como dom, como tal, antes mesmo de se tornar reconhecimento como gratidão, anula o dom como dom. A simples identificação do dom parece destruí-lo. A simples identificação da passagem de um dom como tal, isto é de uma coisa identificável entre alguns identificáveis, seria já o processo da destruição do dom. *À la limite*, o dom como dom não aparecer como dom: nem ao donatário, nem ao doador"[136]. Os estudos sobre a igualdade partem normalmente de Rawls, Dworkin e Habermas. Os melhores exemplos para pensar esta questão são a balança simples e a balança de peso, ou a partilha de um bolo entre um grupo de crianças. Note-se o carácter directo da igualdade no caso da balança simples e o seu carácter normativo no caso da balança de pesos. É impossível estabelecer igualdades directas na esfera do socioeconómico. No caso do bolo, é preciso dividi-lo entre um número de participantes. O número das partes é o único valor certo neste caso. É a dimensão das partes que constitui problema. Na decisão sobre a dimensão das

---

135 Enzo Bianchi, *L'altro siamo noi*, Eunaudi, 2010, p. 11.
136 J. Derrida, *Donner le temps 1. La fausse monnaie*, cap. I, Galilée, 1992.

partes joga o mecanismo da exigência de uma "maior igualdade". A igualdade matemática fica no primeiro nível – o da decisão quanto ao número das partes[137]. Num mundo entregue à violência e ao drama da indiferença do homem ao homem, quando se esqueceram já as palavras de Jeremias (22,16) que criam uma equivalência entre o direito devido ao pobre e ao infeliz e o conhecimento do Eterno, porque não têm olhos nem coração senão para o seu interesse, o encontro do rosto poderia ainda quebrar a rude crosta que frequentemente faz de cada um de nós um ser para si. O rosto do outro excede qualquer descrição possível – cor dos olhos, forma do nariz e da boca, traços expressivos, etc. – essa é a parte do corpo humano mais vulnerável, mais nua e exposta à violência. A nudez do rosto do outro, exposto aos perigos múltiplos que espreitam aqueles que não sabem defender-se, a sua vulnerabilidade anuncia a presença da morte perto. Por essa razão, olhá-lo é desde logo ouvir estas palavras antigas: "matarás". A caridade quer responder de modo diferente do direito e da sociedade. Diante da primeira guerra mundial, Freud não tinha outra resposta que estivesse à altura, não do mal-estar, mas do mal: o mandamento do amor cristão[138]. A palavra *caritas*, transcrição latina da *agapé* grega, conserva o valor do acolhimento favorável, diz do apreço, do tratar como caro (*carus*). "O amor atesta cada um como único, mas de uma unicidade que excede o 'um' de cada um(a)"[139]. Mas o "amor" não é uma inclinação nem uma afeição, mas um pensamento que passa pela experiência do outro. O amor dito "cristão" está estreitamente ligado à igualdade, que Kierkegaard formula assim: "O próximo, com efeito, sendo qualquer homem, incondicionalmente, que nenhuma diferença assinala e o amor que lhe damos reconhece-se precisamente em que o seu objecto é dado sem nenhuma especificação diferencial: noutros termos, este amor reconhece-se unicamente no amor"[140]. O "amor dos outros" indica simplesmente o valor que nada pode avaliar – valor absoluto.

137 Stilian Yotov, *Égalité et égalitarisme. Essai de compréhension de l'État social*, Agatha-A, Sofia, 2004.

138 Sigmund Freud, *Malaise dans la civilisation*, secções V e VIII.

139 Jean Luc Nancy, *op. cit.*, p. 88.

140 Soren Kierkegaard, *Les Oeuvres de l'amour*, t. XIV, Paris, Éditions de l'Orante, 1980, p. 63.

Bibliografia sumária

Alain Badiou, *Le Siècle*, Paris, Seuil, 2005.

Augusto Ponzio, *L'écoute de l'autre*, Paris, L'Harmattan, 2009

David Le Breton, *Des Visages. Essai d'anthropologie*, A.M. Métalié, 1992.

Daniel Sibony, *Entre-Deux. L'origine en partage*, Seuil, 1991.

Enzo Bianchi, *L'altro siamo noi*, Einaudi, 2010.

Félix Duque, *Terror tras la postmodernidad*, Abada, 2004.

Foucault, "I mattini grigi della tolleranza". *Dits et écrits* vol II: 269-271.

Gabriel Bello Reguera, *La construcción ética del outro*, Ediciones Nobel, Oviedo, 1997.

Giorgio Agamben, *Nudez*, Relógio D'Àgua, 2010.

Graham Harman, *Prince of Networks. Bruno Latour and Metaphysics*, re.press Melbourne, 2009.

Jean-Luc Nancy, *Identité. Fragments, franchises*, Paris, Galilée, 2010.

_____________, L'Adoration (*deconstruction du christianisme, 2*), Galilée, 2010.

Lévinas, *Totalidade e infinito*, Lisboa, Ed. 70, 1988.

E. Lévinas, *De outro modo que ser o más allá de la esencia*, Sígueme, Salamanca, 1987.

C. S. Peirce, "Premiére lettre a Lady Welby", in *Écrits sur le signe*, Amsterdam, Benjamins, 1987.

R. Rorty, *Contingencia, ironia y solidariedad*, Paidós, Barcelona, 1992.

Samuel Beckett, *En attendant Godot*, Paris, Éditions de Minuit, 1952.

Soren Kierkegaard, *Les Oeuvres de l'amour*, t. XIV, Paris, Éditions de l'Orante, 1980.

Stilian Yotov, *Égalité et égalitarisme. Essai de compréhension de l'État social*, Agatha-A, Sofia, 2004.

Tzvetan Todorov, *La peur des barbares. Au-delà du choc des civilisations*, Robert Laffont, 2008.

Gramatização e missão

"A gramatização implica sempre a clonagem" (B. Stiegler).

"Elle (l'écriture) paraît favoriser l'exploitation des hommes avant leur illumination...L'écriture et la perfidie pénétraient chez eux de concert" (Claude Lévi-Strauss).

"Pour convaincre, il est nécessaire à la fois de *faire corps* (par le biais d'ordres, d'Églises, d'Internationales ou d'associations) et de *faire croire*, en mobilisant toutes les techniques de la conviction" (Bertho Lavenir).

Resumo

A máquina-ferramenta representa uma fase da gramatização, o alfabeto, a imprensa, o cinema e hoje a Internet, representam outras tantas fases da gramatização. A missão é um objecto mediológico. A catequese, a evangelização são igualmente máquinas de gramatização. Analisa-se aqui esse processo através da análise de um documento inédito e de várias outras referências à missão enquanto mecanismo de conversão e empresa de salvação.

As religiões pertencem historicamente ao mundo dos impérios e à sua economia psicológica interna, à sua empresa global e ao seu panopticismo. A Igreja começou missionária: "Ide, pois, fazei discípulos de todos os povos" (Mt 28, 19). A evangelização assinala a actividade de conversão duma igreja em expansão. Esta característica marcou-a ao longo dos vinte séculos da sua existência. De doméstico, o cristianismo rapidamente adquire dimensões públicas. A idade religiosa das missões abre-se com as viagens de S. Paulo que de si próprio diz: "Ai de mim se não evangelizar" (1 Cor 9, 16). As missões brotam com naturalidade no solo da Igreja em geral e das Ordens em particular e alimentam-se deste mandato expresso do Evangelho. A missão católica foi um dos factores essenciais da expansão. Como é sabido, só no século XVI o termo missão é empregue no sentido moderno que tem hoje: envio de emissários encarregados de propagar a fé. Em 1599 ainda, quando o papa Clemente VIII organiza o departamento da Santa Sé encarregado das missões, chama-lhe *Congregatio de propaganda fide*, e não missão. A missão como instituição inventa-se de facto na viragem do século XVII, em Roma, em torno da casa mãe dos jesuítas e da congregação *de Propaganda fide* (1622). Entre nós, impondo e estruturando novos valores, a Igreja foi um dos agentes responsáveis pela criação do Império Colonial Português. Da adaptação ao confronto construíram-se realidades políticas, sociais e culturais que ainda hoje predominam. Com o desenvolvimento da Cristandade inicia-se um projecto ecuménico fundamental na estabilização de uma ordem teológica e política e, inevitavelmente, nos porões das caravelas transportam-se as expressões da fé e dos costumes daquilo que na Europa é a *christiana religio*. Como já escrevi em outro lugar, "Falar da conquista da terra, no século XVI, é falar não só da demarcação de territórios politicamente identificados, mas também, e sobretudo, do esforço de cristianização e de aculturação das massas então desenvolvido".[141] A nossa religião é também a civilização europeia que viaja com os marinheiros e os missionários. "Quando a 'Christianitas' se confunde com um corpo colectivo territorial, uma configuração geográfica e discursiva, cristianizar, alargadas as fronteiras, equivalerá a territorializar este corpo através de um complexo processo de aculturação, que vai da catequese ao teatro, da festa à vida quotidiana"[142].

Missão, cura de almas, evangelização são conceitos que cobrem uma mesma área de família: o anúncio da Boa Nova faz corpo com as várias formas de fazer crer que a história conheceu, que começou com as viagens de Paulo e que sempre exigiu novas estratégias, novas reconfigurações. Das ONGs aos projectos de nova evangelização, dos planos paroquiais as organizações de caridade, é pela imagem, pela palavra e pelo corpo que se expõem as crenças e que se tatuam os espíritos. A noção comum de "missão" subentende dois elementos: a origem a partir dum princípio que envia e uma nova presença do enviado junto daquele a quem é enviado[143]. A "missão visível" designa na *Suma* e no *Escrito sobre as Sentenças* de Tomás de Aquino a manifestação histórica do Filho na carne assumida para nossa salvação, bem como a efusão do Espírito nos sinais sensíveis de que testemunha o Novo Testamento, para fundar a Igreja. A "missão

141 José Augusto Mourão, "Teatro e Pedagogia da Fé em Anchieta", in *Separata do Boletim da Sociedade de Geografia de Lisboa*, p. 275, 1981.

142 *Ibidem*, p. 276.

143 G. Emery, "Missions invisibles et missions visibles: le Christ et son Esprit", in *Revue Thomiste*, CXIII Année – T. CVI – N° 1-2, Janvier-Juin 2006, p. 52.

visível" manifesta a visão invisível das pessoas divinas[144]. Não há missão, encarnação, sem alguma morte ou perda. Os cristãos do império romano, para quem a Igreja era uma espécie de morada romana, quando se abrem aos bárbaros, vão sentir como que uma perda de identidade. Estender a mão aos pagãos é consentir numa espécie de morte da comunidade judaica original. Para S. Tomás os pagãos são infiéis "neutros" – a infidelidade é um pecado (*perversa fides)*, mas neste caso é apenas uma "pena" consecutiva do pecado original[145]. De resto, a evangelização não é apenas uma transmissão de conteúdos, mas algo que se afirma como a mediação de atitudes e de actos: *factis docendo*, segundo a fórmula de Tertuliano[146]. A transposição da teologia e da moral significa necessariamente uma nova gramatização das almas e dos corpos com quem se entra em contacto. E é aqui que se introduz o conceito de gramatização.

A gramatização

A cidade grega (entre os séculos VII e VI a.C.) transfere o *polemos* das armas para a linguagem: as relações conflituais entre os indivíduos transformam-se em relações de linguagem. Para o sofista o que importa não é a verdade da linguagem, mas a sua utilização como um meio de dominação para controlar os espíritos da cidade e tomar o poder sobre ela. "A poeticidade da linguagem, no caso como retórica, torna-se uma tecnicidade do *pithanon*, isto é, da força de persuasão, do controlo da *doxa*, da manipulação da opinião pública"[147]. B. Stiegler descreve a gramatização em *De la misère symblique 1,* retomando-a em *Mécréance et discrédit 1* como a condição de aparição da individuação psíquica e colectiva ocidental. A gramatização ocupa a cena da história da individuação ocidental, a começar pela invenção do alfabeto, passando pela invenção da imprensa e hoje pelas tecnologias do saber. "La grammatisation est l'arme d'une guerre ...pour la définition et le controle des dispositifs rétentionels, dont les oeuvres, sous toutes les formes, sont les supports" escreve este autor[148]. Este conceito, proposto por Sylvain Auroux, é um fenómeno

144 *Sum. Theol., Ia-IIa, q. 106, a, ad 3.*

145 Cf. *Sum. Theo., IIa-IIa, q. 10, a1.*

146 Tertuliano, *Apologia* 50, 14.

147 Bernard Stiegler, *Philosopher par accident*, Paris, Galilée, 2004, p. 29.

148 Bernard Stiegler, *De la misère symbolique 2. La catastrophè du sensible*, Paris, Galilée, 2005, p. 191.

essencialmente técnico, típico da individuação ocidental e da guerra pelo controlo dos símbolos em que consiste. Gramatizar significa, em Auroux, discretizar para isolar gramas, isto é, elementos constitutivos e em número finito que formam um sistema. Descrever os idiomas é alterá-los para os controlar. Bem antes da sua fase maquínica, a gramatização indicia já a perda de participação e da perda de individuação, estando na base do poder político entendido como controlo do processo de individuação psíquica e colectiva, em estreita conexão com aquilo a que Foucault chamou o *bio-poder* como controlo da consciência, dos corpos e do inconsciente. Stiegler diz que a República de Platão já é uma clonagem pela gramatização, uma domesticação da vida e do espírito. No *De la misère symbolique 1. L'époque hyperindustrielle* este autor escreve que "Le processus de grammatization est une transformation mnémotéchnique du rapport aux langages tel qu'il permettra, d'une part, la domination des idiomes vernaculaires et la constitution de royaumes reposant sur une homogénéité linguistique, d'autre part, un processus de colonisation reposant sur une aliénation des esprits des colonisés par l'imposition de la technologie intelectuelle occidentale, les esprits colonisés étant ainsi des esprits 'grammatisés'."[149] A gramatização é uma transformação performativa: Individuar um outro pode resultar em controlá-lo, manipulá-lo, alienálo: é o que aconteceu naquilo que Sylvain Auroux descreve como gramatização ocidental conduzida no quadro da colonização[150]. Anchieta tudo fez para gravar naqueles que considerava crianças grandes a palavra eterna. Vieira procede simultaneamente à defesa e à gramatização do índio. Na sua famosa "Leçon d'écriture", Claude Lévy-Strauss liga a escrita à exploração do homem pelo homem. J. Derrida retoma este ensaio sobre a escrita na sua D*e la Grammatologie*: "só uma tal comunidade (inocente, de dimensões reduzidas) pode sofrer, como a surpresa duma agressão que vem de fora, a insinuação da escrita, a infiltração da sua 'manha' e da sua 'perfídia'. Só uma tal comunidade pode importar do estrangeiro 'a exploração do homem pelo homem'".[151] Nesta obra de Derrida, o conceito de *différance* faculta uma compreensão da gramatização como o que realiza o controlo, a clonagem dos espíritos, mas também produz *différance*, ou seja, uma singularidade anti-clonagem. A palavra

149 Bernard Stiegler, *De la misère symbolique 1. L'époque hyperindustrielle,* Paris, Galilée, 2004, p. 118.

150 Bernard Stiegler, op. cit., p. 148.

151 Jacques Derrida, *De la Grammatologie*, Paris, Minuit, 1967, p. 174.

pharmakon di-lo exemplarmente: o remédio é ao mesmo tempo o veneno[152]. Não há comunicação *(duplo clik)*, apenas há transformação.

Os figuristas

O Ocidente expandiu-se ao longo do último milénio de três maneiras: as cruzadas, sob comando papal, a colonização, de comando estatal, com a sua guarda avançada que foram os missionários e a actual vaga de pacificação *manu militari* da responsabilidade da "comunidade internacional" e querida pelo Direito. De todos os estratagemas se serviram os agentes da missionação: diálogo, disfarce, submissão. Vamos abordar apenas um desses processos: a "figuração". A referência que Horácio Araújo faz aos "figuristas" integra-se no contexto da querela dos ritos chineses. No decurso dessa polémica em torno dos "termos" chineses utilizados pelos missionários para designarem o Deus cristão, veio-se a constatar que alguns desses termos inicialmente usados por Matteo Ricci já se encontravam nos textos de Confúcio. Assim, vários jesuítas que defendiam as posições de Ricci desenvolveram a teoria de que esses termos ou designações de Deus tinham sido utilizados por Confúcio como "figuras" ou antecipações da revelação cristã. No seu livro "Os Jesuítas no Império da China", este investigador aborda o assunto *en passant:* «Vários seguidores da linha de Ricci defenderão, mais tarde, que, nos textos canónicos de Confúcio, era efectivamente possível entrever "figuras" ou imagens simbólicas da revelação cristã. Nessa perspectiva, os termos em questão (Tien, Tien Chu, Xam Tí) designariam realmente, ainda que de modo "figurativo", o verdadeiro Deus, mesmo se os seus autores e primeiros utilizadores não tiveram disso plena consciência. Daí que os defensores desta posição tenham recebido a designação de "figuristas".[153] A este propósito, observa J. Brucker: "Ces notions sur la divinité, éparses dans les monuments de l'antique sagesse chinoise, étaient, aux yeux des missionnaires, avant tout des débris de la révélation primitive. On a certainement exagéré, parfois, ces vestiges de la révélation; quelques missionnaires, surtout du XVIIIe. siècle, ont même cru entrevoir dans les "King" [os livros de Confúcio], sous le voile de caractères symboliques et de mystérieuses allégories, la plupart des dogmes chrétiens; toutefois ces "figuristes"

152 Bernard Stiegler, "A gramatização do vivo", *Nada*, nº 4, 2005.

153 Horácio Araújo, *Os Jesuítas no Império da China – o primeiro século (1582-1680)*, Macau: Instituto Português do Oriente, 2000, p. 209.

n'ont jamais été qu'en très petit nombre [...]».[154]. Logo nos primeiros anos de presença na China, os jesuítas tinham substituído as lobas da Companhia pelo trajo dos monges budistas. Não faltam exemplos de disfarce utilizado para fins que hoje diríamos de "infiltração" no meio oriente, nem falta esta estratégia estava a coberto de ambiguidades. Passaram de seguida a trajar à maneira dos letrados chineses, com muito mais conveniência e proveito, como relata Gouvea na sua *Ásia Extrema*[155]. À semelhança de Bento de Góis que partira em busca do reino do Cataio disfarçado de "mercador arménio" e, "para mais dissimulação" levava uma barba que lhe dava pelo peito e o cabelo comprido "conforme ao costume da terra"[156], também António de Andrade e Manuel Marques, observa Horácio Araújo, à partida para o Tibete, tomaram todas as precauções para não atraírem sobre si a atenção dos peregrinos: "Com todo o segredo possível nos partimos da cidade de Deli, hua madrugada, indo vestidos como mogores por baixo das lobas, e logo em saindo das portas pêra fora, como era escuro, as despimos e aparecemos com toucas e cabayas"[157].

Horácio Araújo estuda três casos de "travesti" utilizados como meios de adaptação evangélica. Quando os jesuítas entraram na China, raparam o cabelo e vestiram trajos muito semelhantes aos dos monges budistas. Mais tarde, para se distinguirem dos Bonzos e aparecerem com mais autoridade junto das populações, deixaram as vestes de Bonzos e começaram a trajar à maneira dos Letrados chineses. Quando Bento de Góis (jesuíta de S. Miguel – Açores) inicia a sua viagem de quase 4 anos através da Ásia Central, em busca do reino do Cataio e do Preste João, deixa crescer as barbas, muda o nome para Abdulá, e veste-se à maneira dos mercadores arménios, para mais facilmente passar como um desses mercadores. Quando António de Andrade decide pôr-se a caminho do Tibete misturado numa multidão de peregrinos budistas que se dirigiam para um dos

154 J. Brucker, "Chinois (Rites)", Dictionnaire de Théologie Catholique, Tome II, Coll. 2365.

155 BA, Códice 49-V-1: *Ásia Extrema*, I, pp. 192-193.

156 Fernão Guerreiro, *Relaçam Annual das Cousas que fezeram os Padres da Companhia de Jesus nas Partes da Índia Oriental (...) nos annos de seiscentos e dous e seiscentos e três (II Parte)*, p. 63.

157 O Descobrimento do Tibet pelo P. António de Andrade da Companhia de Jesus, em 1624 (...), p. 47. Cf. Araújo, H. Peixoto de, "Dos Sucessos da Primeira Viagem de António de Andrade ao Tibete", in *Homo Viator – estudos de homenagem a Fernando Cristóvão*, Lisboa, Edições Colibri, 2004, pp. 79-96.

seus famosos templos já perto dos Himalaias, guarda a sotaina de jesuíta e veste-se à maneira dos peregrinos para mais facilmente passar despercebido entre eles. E quando na passagem de uma fronteira os guardas lhe descobrem a sotaina preta na bagagem, ele desculpa-se dizendo que a leva para poder fazer o luto a um seu irmão que vive no Tibete, caso à sua chegada venha a saber que ele morreu. Uma outra realidade, bem diferente, com muito interesse para o tema que nos ocupa, foi o teatro que os jesuítas desenvolveram nas comunidades cristãs da Índia e do Japão, como forma de explicar a mensagem cristã. Aliás, houve também um conjunto de peças que foram escritas por missionários durante as viagens para a Índia, com a finalidade de serem representadas nas naus, como forma de "pregação" e meio didáctico de ocupação do tempo livre dos passageiros[158]. Anchieta utiliza o teatro como uma forma privilegiada de catequização do índio, fazendo parte dos "subsídios" em vista à "sujeição dos gentios, em que a moralidade procede por alegorias, a controvérsia dialoga, o humanismo se prega didascalicamente"[159].

Os dominicanos na Índia

Summaria Relaçam do que obrarão os Religiozos da Ordem dos Pregadores na conurção das almas e pregação do Sancto Evangelho em todo o Estado da India e mais terras descubertas pellos Portugueses na Azia Ethiopia Oriental e das Missoens, em que autualmente se exercitão com todos os Conuentos, Xcazas e numero dos Relligiozos que de prezente tem esta sua congeragção da Índia Oriental[160].

Este é um texto muito próximo da crónica – de Relação se fala. Dessa consta que nos arrabaldes de Baçaim há uma igreja que administram os religiosos de S. Domingos. Fala-se explicitamente do Padre Frei Lopo Cardoso. Mais se fala de uma milagrosa imagem que há no santuário de Nª Srª dos Remédios, tanto frequentado por cristãos da mesma cidade e de cidades circunvizinhas, como também por Mouros e gentios "que de terras muitas distantes lhe vêm tributar

158 Sobre isto, há dois livros do jesuíta Mário Martins: "O Teatro nas Cristandades Quinhentistas da Índia e do Japão" e "Teatro Quinhentista nas Naus da Índia".

159 José Augusto Mourão, *art. cit.*, p. 285.

160 s.1.,s.d. Biblioteca Nacional de Lisboa, (BLL), Secção de Reservados, *Códices*, COD. 177, fls. 35'-351 v. (MF. 3085) (transcrição de Ana Cristina da Costa Gomes).

adorações e pedir remédio em suas doenças e necessidades". As paredes do Convento estão cobertas das memórias dos milagres que esta Senhora obrou não só nos cristãos, mas também nos gentios e até nos animais. Os religiosos começaram a lançá-los em livro, mas por serem muitos e muito contínuos deixaram de o fazer. Distingue-se aqui os Mouros e os Arábios: uns e outros pouparam esta igreja, ou porque a mesma Senhora os cegou, ou pela veneração em que a têm. A frequência da gente a este santuário é tanta que assistem a esta Igreja além do Vigário e o Pároco, outro que é o Prelado dos Religiosos que se sustentam das esmolas que tem esta casa, nada recebendo de Sua Alteza.

O cronista fala a seguir da fundação do convento que evoca S. Gonçalo em Baçaim. 1579 seria provavelmente o ano da sua fundação, como consta da Provisão desta data atribuída ao Conde de Atouguia D. Luís de Atayde. O Governador Manuel de Sousa Coutinho é outro nome que consta como fazendo outra esmola para o sustento dos Religiosos aquando da sua passagem por Baçaim a 10 de Março de 1590. Num outro passo, o cronista fala do venerável Padre Mestre Frei Jerónimo da Paixão que tomou o hábito no Convento de Santo Thomas de Goa com fama de Grande Letrado, primeiro Prior do Convento Recoleto desta Congregação e do Convento de D. Domingos, Deputado do Santo Ofício e Vigário Geral da Congregação. Sabemos por esta Relação que Frei Jerónimo da Paixão tem poderes para extinguir alguns Pagodes que se conservavam ainda em algumas aldeias; que cortou com suas próprias mãos uma Árvore que por diabólica Arte dava ao mesmo tempo flor e fruto; que foi morto com outro S. Padre Mártir em ódio de nossa santa fé numa aldeia vizinha de Baçaim. Os Religiosos enterraram-no em sepultura rasa na Capela Maior. O povo da cidade levantou-lhe um majestoso sepulcro junto ao altar na parede da parte do Evangelho… "ficando na primeira sepultura aberto um buraco por onde os devotos tirarão terra para suas necessidades e experimentarão nela grandes maravilhas, particularmente nos partos dificultosos".

O que mais interessa neste documento é, evidentemente, o que tange a Frei Jerónimo da Paixão e à sua acção como Deputado do Santo Ofício. Aqui nos deparamos com a difícil questão do encontro com as culturas. O *topos* das "sementes do Verbo" (*Logos asarkos*) que encontra um bom terreno de acolhimento hoje na abordagem das religiões não cristãs, de pouca valia servia então a Frei Jerónimo da

Paixão[161]. Os jesuítas, adeptos do "Caminho de veludo" infiltraram-se na China com bem maior doçura que os dominicanos; em vez de derrubar os ídolos, inclinavam-se diante dos altares de mestre K'ong (Confúcio) e davam lições de matemática e de mecânica celeste ao imperador Kang-hi que lhe concede um édito de tolerância que oficializa em 1692 as suas missões no Império. Como convencer sem vencer, sem subjugar? Como inculturar sem passar pela interculturalidade? *Fazer fazer*, tudo se resume nisto. *Fazer crer* é a função maior do missionário que para tal tem de recorrer do escrito – da tradução, impressão, da difusão – da imagem, da palavra, do corpo. O conflito com os *Maoris*, relatado por Donald McKenzie ilustra bem as consequências dramáticas da incompreensão[162]. Inculcar a aprendizagem do livro e da leitura; instaurar a boa distância entre o mesmo e o outro exigem um saber-fazer e um fazer-fazer nunca ao abrigo do risco da manipulação. Os povos colonizados não ignoram os sinais, mas não tinham escrita. A tatuagem dos corpos passa por esta tecnologia. Como passar o abismo que separa o missionário do "selvagem" sem recurso à violência e à magia da palavra? Ou haverá outro modo de levar os povos à religião? "O Único Modo de atrair todos os povos à verdadeira religião" do bispo de Chiapas, Bartolomeu de Las Casas comporta uma ética daquilo que vai ser formulado como o direito à "liberdade de consciência". Em todo o ser humano Las Casas reconhece a capacidade e o direito de buscar a abraçar livremente a verdade. A *Apologética História Sumária* é uma contribuição valiosa para a etnologia cultural e encerra uma defesa do direito dos povos americanos a guardarem e serem respeitadas as suas culturas. Frei Carlos Josafá, que publica este livro, resume o essencial que o compõe: o primeiro erro teórico e prático é pretender sujeitar primeiro os Índios ao domínio do povo cristão, para depois lhes pregar a mensagem do Evangelho; a guerra contra os infiéis é injusta e criminosa[163]. Numa parte deste livro de Las Casas, e a

161 Justino, *Apologia, II*, 8, 1-2; 10, 1-3, 3-6.

162 McKenzie, "Oral culture, Literacy and Print in Early New Zealand: the Treaty of Waintangi", in *Histoires du livre. Nouvelles orientations*, dir. De Hans Erich Bödeker, Paris, IMEC/MSH. Cf. Elizabeth L. Eisenstein, *The Printing Press as an Agent of Change*, 1979.

163 Frei Bartolomeu de Las Casas, *Único modo de atrair os povos à verdadeira religião*, Obras completas, I , Coordenação geral, introdução e notas Feri Carlos Josaphat, Paulus, 2005.

propósito das cinco partes que constituem a essência da pregação, escreve o nosso Bispo: "A primeira, conforme Crisóstomo, é que os ouvintes, principalmente os infiéis, vejam que os pregadores da fé não têm nenhuma intenção de adquirir domínio sobre eles com a pregação"[164]. Os índios, antes de estar convencidos da verdade do Evangelho devem não ser apenas tolerados, mas respeitados e aceites na prática da sua religião tradicional. Não há aqui qualquer indício de recurso ao braço armado ou à fogueira que obrigasse a entrar no redil da verdadeira religião. A "destruição das Índias" era de facto uma ameaça que não vinha dos índios, mas dos colonizadores e da sua estratégia de dominação dos povos colonizados.

Coda

Os textos são provas, evidências dessas coisas escondidas desde a fundação do mundo. Como ecrãs, revelam o motor das relações humanas. Que funda a interlocução? Que preside ao encontro com o Outro? A possibilidade da emergência da cultura pressupõe a descoberta do mecanismo de controlo da violência que resulta da mimese de apropriação. A imitação leva ao conflito, mas é também a base de qualquer transmissão cultural. O outro será sempre modelo e rival. É o mecanismo do bode expiatório, produzido pela canalização da violência colectiva que permite, pedra sobre pedra, vítima sobre vítima, construir o edifício precário das nossas instituições e das normas éticas que favorecem os aspectos positivos do mimetismo (educação, conhecimento, arte). Seremos sempre miméticos, mas não teremos de o ser de maneira satânica. É verdade: vive-se sempre entre o desejo (como cobiça, concupiscência) e a renúncia, o armamento e o desarmamento, a posse e a despossessão. Como conviver com as estremas do humano? Como fazer a descontaminação mimética da violência? Como sair da mimese de apropriação? Como evitar pôr à prova o Outro em relação com as nossas noções de direitos humanos, dignidade e igualdade de sexos sem o fazer passar no exame, sem o filtrar? Não é verdade que o Outro só é permitido na medida em que se encaixa no nosso modelo de vida? Podemos pregar a tolerância e o anti-racismo e continuar a ser racistas em segundo grau. A tatuagem dos espíritos, as sementes do Verbo, missão e colonização, cooperação,

164 *Op. cit.*, p. 159.

são realidades muito próximas e com efeitos tanto desastrosos como felizes. O medo foi sempre a ligação política por excelência. Não se utiliza o despotismo pedagógico da liberdade para obrigar os adversários a obedecer aquilo que é justo? Tempo houve em que o temor de Deus fazia arrepiar caminho, isto converter-se; o medo do castigo não será a melhor maneira de se converter, mas durante séculos, o que o amor não conseguia, fazia-o o temor: era o medo do inferno, do juízo final, do fim do mundo. O povo é, desde sempre, um animal que podemos enganar, domesticar. Hobbes parece ter razão: os homens não passam de grãos de areia, animados uns contra os outros por vontades hostis que só pode conter uma Vontade superior que encarnará na história a monarquia absoluta ou um poder hegemónico. Para tal, é preciso que todos sejam reduzidos a carne para canhão ou a carne de contrato. O mito colonialista sobrevive hoje no mito da globalização e do multiculturalismo. "Só podemos avaliar outra cultura à luz da nossa mesmo conscientes de que os nossos critérios não são absolutos", escreve R. Panikkar[165]. O ódio ao multiculturalismo arrasta consigo a sombra do fascismo. A multiculturalidade obriga a um esforço de tradução permanente, a não parar nas definições do outro. Ora, a tradução é uma actividade sem garantias de sentido último. A última palavra traduzida torna-se logo a penúltima traduzida. Nenhum texto traduzido pode ser dito para sempre. O critério não é a verdade, mas a fidelidade provisória e a eficácia pragmática. Não há só comunicação, mas transformação. A filosofia implícita em cada teoria e em cada discurso é aquela do "intercessor" (Deleuze) entre os discursos diferentes e as diversas culturas.

Não há instituição que não desenvolva uma gramatização, uma moral. "Esta é nossa *tradição*, a dos destruidores e dos restauradores de fetiche, estes são nossos *ancestrais*, a serem respeitados sem excessivo respeito, como se faz em toda linhagem", escreve Bruno Latour[166]. A moral é uma gramatização dos comportamentos: "dente por dente". A Internet representa uma fase da gramatização pela hibridação, mas também pela uniformização em que não há lugar para o cosmopolitismo vernáculo ou minoritário. B. Latour escreve que "É a definição mesma do monstro, da barbárie, dos ídolos, do martelo e da ruptura,

165 R. Panikkar, Paz y Interculturalidad. Una reflexión filosófica, Herder, 2006, p. 44.

166 Bruno Latour, *Reflexão sobre o culto moderno dos deuses fe(i)tiches*, Edusc, São Paulo, 2002, p. 63.

que é preciso ser novamente retomada"[167]. Os monstros que três séculos de clericalismo e de racismo produziram acerca dos primitivos e dos pagãos ainda não foram completamente varridos da memória cultural com que representamos o "Outro". Nós recusamos os crentes fundamentalistas considerando-os bárbaros, anticulturais. Por quê? "Porque se atrevem a tomar a sério as suas crenças", escreve Zizek, chamando à colação o escândalo que provocaram os talibãs do Afeganistão quando destruíram as antigas estátuas budistas de Bamián[168]. Os talibãs acreditavam realmente na sua cultura e por isso não nutriam uma grande sensibilidade pelo valor cultural dos monumentos de outras religiões: as estátuas de Buda eram simplesmente falsos ídolos e não "tesouros culturais". Gramatizar, manipular, domesticar os corpos e as almas dóceis através dos processos de significação são dificilmente irradicáveis dos grupos humanos e do desejo de dominação. A luta contra os antigos costumes, os "horrores da gentilidade" é uma luta não tem tréguas. Anchieta diz mesmo numa carta: "Se por acaso algum deles se entrega a qualquer acto, que saiba aos costumes gentios, ainda que em proporções mínimas, quer nos trajes, quer na conversação, ou qualquer outra cousa, imediatamente o censuram e o escarnecem"[169]. Les religieux come leurs ennemis ont rivalisé à qui renversera le plus d'idoles, brûlera le plus grand nombre de fetiches, dénoncera plus intensément les faux dieux...ce qui n'a pas changé à travers cette cascade de quiproquos, c'est le bras de l'iconoclaste arme du marteau – ou de la torche qu'il approche du bûcher"[170]. Slavoj Zizek tem dito em vários textos que a forma contemporânea do multiculturalismo compreende uma cultura que tende a considerar que todas as culturas, *excepto* ela própria, são diferenças particulares e que tolera tudo *excepto* a crítica. A morte de Frei Jerónimo da Paixão não "vale" mais do que a morte daqueles que o santo Ofício sacrificou às chamas. Disputaremos sempre os "nossos" mártires aos bárbaros. Em nome de quê? Em nome de Deus, evidentemente, o que quer dizer, em nome da cultura dominante que se julgou viver na luz absoluta da gramática.

167 *Ibidem*, p. 63.

168 *El títere y el enano*, Paidós, 2005, p. 16.

169 VII-Carta de Piratininga, 1556, p. 89. Ver José Augusto Mourão, "Anchieta e Las Casas: quem são eles (os Índios)?" in Revista Portuguesa de Humanidades, vol. III – ½, 1999, pp. 421-436.

170 Bruno Latour, *Jubiler – ou les touments de la parole religeuse*, Les empêcheurs de penser en rond, 2002, p. 175.

As duas culturas: o cruzamento dos saberes (in)sustentáveis

"We find in the medieval West a spirit of material enterprise, a willingness to try new ways, a desire to master nature. We find, in short, the soil from which modern science grew." (Crane Brinton).

"While we spent years trying to detect the real prejudices hidden behind the appearance of objective statements, do we now have to reveal the real objective and incontrovertible facts hidden behind the illusion of prejudices?" (Bruno Latour).

"Meanings are common social beliefs, sometimes mutually contradictory and historically rooted, rather than undated and theoretically fixed constructs." (Eco).

Homem do Renascimento, corógrafo, mais do que geógrafo, homem entre duas culturas, Mestre António de Guimarães termina no ano de 1512 a primeira descrição geográfica da região de Entre o Douro e Minho. O manuscrito que se encontra na Biblioteca Nacional e que aqui translado[171] levanta a hipótese de o manuscrito a partir do qual me debruço aqui, poder ter sido impresso na época em que foi produzido. No entanto, a única edição conhecida, da Geografia de Entre Douro e Minho é a do ano de 1959 feita por Luciano Ribeiro[172]. Porque esqueceu, quem a publicou, esta parte do manuscrito? Terá sido por acaso que, até hoje, esta parte do manuscrito nunca tivesse sido tratada, ou mesmo publicada? Quando chegou até nós este texto manuscrito? Falta

171 "M*estre* Antonio Natural de Guimarãens Medico e Surgião (sic) Na mesma Villa Compos. Hum Tractado das excellencias deste Douro e Minho q*ue* anda M*anuscrito* e tambem se dis fora impresso, mas eu o não vy. Floreçeo anno de 1533, citaçe no Martiriologio Portuguez e nas aduertençias fallando de S. Suzanna. Este M*estre* Antonio, he differente do de sima, cita-ho Cardozo como M*anuscrito* Ao primeiro de Janeiro no Coment. Let. C".
Biblioteca Nacional de Lisboa, Secção de Reservados (Usuais), João Franco Barreto, *Bibliotheca Luzitana. Autores Portuguezes, 1ª Parte offerecida por João Franco Barreto seu Autor natural da cidade de Lxª.*, Vol. I, fl. 202 v (transcrição de Ana Cristina da Costa Gomes).

172 Edição feita por Luciano Ribeiro, "Uma Descrição de Entre Douro e Minho por Mestre António", *Boletim Cultural da Câmara Municipal do Porto*, Volume XXII, 1959, pp. 440 - 460.

de apoio institucional para conseguir a publicação? Em que meios se movia mestre António? Não poderá a censura inquisitorial preventiva ter invalidado a sua posterior edição, dada a natureza híbrida da obra? Deixemos estas questões aos historiadores, não é esse o meu ofício.

No todo, esta obra compõe-se de quatro tratados. Se o mais conhecido é o primeiro "Tratado de Entre Douro e Minho", aquele que mais interessa à Geografia e História é uma série de outros pequenos "tratados", mais próximos das temáticas dos herbários, fabulários e bestiários que permite adivinhar uma cosmovisão já em perda no confronto com os conhecimentos que as navegações portuguesas e espanholas inauguravam.[173] A hibridação dos géneros não é um fenómeno recente, não resulta apenas da lógica cultural da globalização. A hibridação é fundamentalmente um fenómeno de imaginação dialógica.[174] Os tratados visam à informação, o "sumário" das matérias e factos, numa visão que relaciona tradições com dados de vária ordem, mais fantasiosos do que, diríamos hoje, científicos. A epistemologia das ciências que durante séculos nos martelou a cabeça com enunciados do tipo: "só a ciência diz a verdade e a sua verdade impõe-se" tornaria este texto irrecebível, de tal modo aqui está patente a indistinção entre Literatura e Geografia, a glosa ininterrupta dos mesmos autores e passagens, a difícil transição da *auctoritas* ao *auctor.*[175] É da contaminação figurativa que atravessa estes pequenos tratados que me vou ocupar,[176] questionando-me acerca do cruzamento de saberes, sustentável num dado momento das crenças, insustentável quando, grosso modo, a modernidade entra em cena com o seu desígnio de purificação dos objectos e das crenças.

Não interessa aqui a história da recepção deste *Tratado*, mas as fontes de que parte. Quais teriam sido as suas fontes? O facto de ser Mordomo na Confraria do Serviço Santa Maria e a sua condição de

---

173 Ainda não tínhamos chegado à separação entre uma forma de vida prática, que não distingue o saber da ilusão, e uma forma de vida teórica. Luís Filipe Barreto, "A Ordem do Saber na Antropologia dos Descobrimentos", p. 35. *Descobrimentos e Renascimento. Formas de ser e pensar nos séculos XV e XVI*, 2ª ed., INCM, 1983.

174 M. Bakhtin, The Dialogic Imagination. *Four Essays*, Austin, TX, University of Texas Press, 1981.

175 E. Garin, *L'Humanisme Italien*, Paris, Albin Michel, 2006.

176 Devo uma palavra de agradecimento e apreço à investigadora Ana Cristina da Costa Gomes que transcreveu a parte de que me vou ocupar da *História Geográfica de várias partes do mundo e uma breve notícia de algumas cousas raras deles.*

cristão-novo pesam, com certeza, para aquilatar da qualidade do seu trabalho.[177] Que o seu trabalho tenha aproveitado ao poder e aos poderes também não parece questionável. Mais do que a suposição das fontes, prefiro a leitura imanente do texto, o seu hibridismo, atendo-me aos autores que Mestre António nomeia no seu trabalho. Comecemos pelo / fl. 35. /

Tratado 2°
Noticia da Província
de Armenia pello mesmo
Mestre Antonio Colorgião (sic)
Fisyquo
do Minho

O maravilhoso e o monstruoso estendem-se tanto à descrição da Arménia como à descrição do paraíso ou de animais (o Elefante) ou quimeras (o Unicórnio). Descreve-se como a Arménia tomou este nome de Arménio, filho de Jasão, Conde de Tessália com a qual depois do dilúvio ficou a Arca que Noé levou cem anos a acabar. Nessas duas Arménias, uma alta e outra baixa, encontram-se coisas maravilhosas e para nós monstruosas. No fl. 36 o nosso autor convoca Santo Isidoro que no Livro 15 das *Etimologias*[178] diz estar a máquina do mundo partida em três partes – Ásia, África e Europa. De facto, no *De Natura Rerum* lê-se: "*Regio autem terrea dividitur trifarie, e quipus una pars Europa, altera Asia, tertia Africa vocatur, Europam igitur ab Africa dividit mare ab extremis oceani finibus et Herculis columnis*"[179]. No verso do fl. 36 Mestre António volta ao dilúvio para justificar a divisão do mundo em três partes segundo os três filhos de Noé: ao primeiro filho coube a Ásia, a Jafet coube a Europa. África tomou este nome de Afer, filho de Abraão. Donde a denominação de Africos ou Africanos. No fl. 37 diz-se que a Europa se chama assim por causa de

177 Carlos Manuel Valentim, no seu trabalho "Uma corografia renascentista útil ao poder e aos poderes" refere as quatro cópias do manuscrito, três delas ainda inéditas.

178 *Etimologías,* versión castellana total, por vez primera e introducciones particulares de Don Luis Cortes y Góngora; introducción general e índices científicos do Prof. Santiago Montero Diaz, Madrid (s.n.) 1951, Talleres Gráficos Montana. Jacques Fontaine estudou profusamente a difusão do *De natura rerum* na Europa de Sisebut a Carlos Magno *in Isidoro de Seville Traité de Ia nature,* Bordeaux, Féret et Fils, 1960.

179 Isidoro de Seville, *Traité de la nature*, XLVIII, 2.

uma filha d'El Rei Agonor, da Líbia, que levou roubada, o Rei Júpiter de Creta, e por seu amor chamou a esta terceira parte do mundo Europa por ser este nome daquela senhora. Outra fonte cita o nosso autor, desta feita, Orósio, que escreve no seu quarto Livro que ainda que a Europa seja muito menor em quantidade do que a Ásia, – nem África que é igual delas, é ainda mais excelente em nobreza de povo e generosidade de pessoas. Cita-se igualmente Plínio que diz no seu terceiro Livro que a Europa cria gentes de maiores forças e de mais esforçados corações e de forma e rostos muito mais formosos do que a Ásia e a África.

Passemos ao / fl. 38 / Tratado 3°.e,
Noticia Breve ~ Do Paraizo Terreal ~
Segundo Valera.

Mestre António segue de perto várias fontes neste passo em que fala do Paraíso Terreal. Começa por citar Mosén Diego de Valera.[180] O Paraíso está, para o autor das *Epistolas y Otros Varios Tratados* no começo do Oriente. O nome é Grego, e interpreta-se como Orto de deleites no livro 16 das *Etimologías* de Isidoro. "Estão ali todos os géneros de árvores que há no mundo as quais não envelhecem, nem jamais perdem a folha; ali há toda a fruta dulcíssima para comer, e mui deleitosa de ver como parece no segundo capítulo do Génesis; ali está a Árvore da vida; ali não há frio nem quentura, mas perpétua temperança de ares; no meio dele está uma fonte donde procedem quatro Rios, a saber: Plisom, que também se chama Ganges; Giõ, que por outro nome se diz Nilo: Tigre, e Eufrates onde depois do primeiro Padre Adão nenhum homem pode chegar porque está junto do vivo fogo que sobe tão alto que parece chegar junto do Céu, segundo diz Isidoro no lugar acima alegado, onde trata das Regiões; ali estão Elias e Enoel, incorruptos e vivos". O Mestre das histórias – Valera – diz que ali, nenhuma cousa que viva seja pode morrer, nem, diz ele, haja nenhum por maravilha, como em Ibérnia saibamos haver uma Ilha, na qual os homens não podem morrer, mas é necessário quando vem em tanta velhice que se não podem mandar, sejam tirados daquela

180 Moisés Diego de Valera (1412-1488), *Epístolas de Mosén Diego de Valera* (recurso electrónico) reprodução de Ia ed. de Madrid, Miguel Ginesta, 1878. Cf. Clásicos Tavera, dir. José Andrès-Gallego. Textos Clásicos Sobre Los Reyes Católicos, Introducción y selección de Miguel Ángel Ladero Quesada.

Ilha para outra onde morrem. É tão alto este lugar onde o Paraíso está, segundo dizem alguns que casi (sic) parece igualar com o Céu Lunar. Outros dizem que naquela Fonte que o Paraíso está desce grande multidão de água com tão grande e impetuoso rugido que todos os que moram na Ilha que está junto daí nascem surdos, e daquela água se faz um grande Lago, e vai pelo centro da terra, e dele saem quatro fontes de que nascem os Rios acima ditos.

Passemos agora ao / fl. 40. / deparamos com o Tratado de algumas couzas e feras notaveis do Mundo

Não se vê, do ponto de vista discursivo, que relação existe entre o que vem no fólio anterior e este. Na tradição saussurreana, a identidade duma palavra é o seu valor, num feixe rizomático de reenvios. A etimologia é uma figura retórica. Fiar-se na etimologia é fiar-se numa "proposição de valor". Este tipo de textos corresponde bem àquilo que se chama a derivação narrativa, que é a possibilidade de parafrasear um lexema, segundo o princípio (paranomástico) de que "a palavra é parábola" e que cada palavra é um feixe de histórias em potência.[181] As "histórias" do Elefante, do Unicórnio, do Preste João são, afinal, derivações narrativas de palavras parabólicas. Deparamo-nos com nada menos do que o Elefante, que é, para Mestre António, o maior animal do mundo, e o que é mais "(...) destinto do homem e o que mais reconhe (sic) o benefício recebido". É o animal mais belicoso e mais ousado para as batalhas. Narra ele que "sobre cada Elefante armavam um castelo de madeira em que vão correndo com quarenta homens armados, os quais levam tão espantosa vista, e tão grande estrondo no correr, que não há cavalo, nem homem que contra eles ouse de pelejar, e quando o grande Alexandre entrou nas Índias para as conquistar, e soube que os moradores delas traziam uma grande multidão de Elefantes para a batalha, teve uma subtil (sic) astúcia [182] com que os venceu que fez fazer grandes Estátuas de arame, que eram cheias por dentro com fogo, levavam-nas diante de suas batalhas artificiosamente, e como os Elefantes com grão ímpeto chegassem a elas para as derrubar de tal maneira se queimaram que logo fugiram, e assim teve Alexandre victória dos Índios e Sotino diz que os Elefantes têm pouco menos siso, memória, e entendimento

181 Paolo Fabbri, *Segni del tempo. Un lessico politicamente scorretto*, Roma, Meltemi, 2004, p. 136.

182 Ms: "astucias".

como pessoas humanas (sic), e por isso tudo o que lhes ensinam aprendem, e fazem, e entendem a língua dos que os ensinam e amansam; dos que, escreve Beda, se tomam em duas maneiras: a primeira que levam duas moças virgens nuas à montanha onde eles moram as quais cantam o mais alto e o melhor que podem, e logo o maior Elefante, que no monte está, se vem para elas, e deleita-se com as ver, e lambe-lhe os peitos, e assim adormece, e estando assim dormindo uma delas com um cutelo o fere na barriga, onde tem o couro mui delgado, e a outra põe debaixo dele um bacio, com que recebe o sangue e o Elefante está assim atónito que não se move, nem sabe de si, e então chegam os que o hão-de tomar, e atam-no com grande astúcia, e assim o levam; a segunda que conheci da sua guarida serão (sic) as árvores onde se acostam, e com o grande peso deles caem as árvores sobre eles, e então chegam os que os hão-de tomar e dão-lhe muitas pancadas, e açoutes, e logo vem outros comer, mas o fazem fugir os primeiros e levantam o Elefante caído o qual reconhecendo o benefício recebido se vai com eles assim do mestiço como se sempre o criaram; o Elefante até os dez anos pode dobrar as mãos, e pés, e diante[183] todas as juntas se soldam de tal maneira que nem pode encurvar e nem deitar-se, e vive trezentos anos até que aí toda cresce, e nenhuma cousa faz dano sem mandado de seu senhor, ou fazendo-lhe mal, e quando se tem de ajuntar com a fêmea esconde-se no[184] mais espesso do monte, e se algum houve mata-o se o pode haver segundo diz Beda no Livro acima alegado".

Do Unicórnio

A antropomorfização dos animais ocorre nestes Tratados mais de uma vez. É o caso do unicórnio, do crocodilo ou das Harpias. O unicórnio é aqui o rinoceronte asiático que apresenta um forte corno na linha média e superior da cabeça. Para falar do Unicórnio, bastava ao nosso Mestre consultar Isidoro ou qualquer outra enciclopédia medieval. Isidoro escreve, no livro XII, II, 13 das suas *Etimologías* que o unicórnio tem tanta força que não pode ser capturado pelo poder dos caçadores.[185] E também ele, Isidoro, recorre aos que descrevem a natureza dos animais que lhe põem diante uma virgem menina que

183 No manuscrito, o autor engana-se e escreve, por duas vezes, "dyam".

184 Ms: "mo".

185 Brenda Laurel, designer e teórica (e teórico?) do hipertetxo, descreveu as "histórias interactivas" como "un ilusive unicorn we can imagine but have yet to capture".

descobre o seu seio à chegada do animal; este coloca ali a sua cabeça abandonando a sua ferocidade e assim adormece, podendo capturar-se como se fora inerme. Daí colheu a ideia de que "o Unicórnio é mui bravo, e cruel animal, pequeno em comparação do Elefante; porém se peleja com ele mata-o e quando o Unicórnio há-de pelejar aguça o corno em uma pedra, e tão astuto é e ligeiro que por nenhuma arte se pode tomar, salvo pondo-se na montanha, onde habita uma moça virgem nua, a qual como é vista dele, deixando toda sua ferocidade se vem para ela, e põe sua cabeça entre as tetas dela, e ali se adormece, e assim o matam os caçadores, ou o levam ligado com grandes prisões segundo diz Plinio, e Jacobo. De regresso está o topos da "virgem nua", também comum a outras histórias. O Elefante adormece entre as tetas de uma virgem nua. Do mesmo modo o Crocodilo, do Cocodrilo (sic) que por manha, também se põe a chorar para mais facilmente atrair a vítima". Quando fala das Fontes e das suas virtudes, benéficas para uns e maléficas para outros (Há outras Fontes que saram os olhos enfermos, e se algum ladrão é ali trazido, molhando os olhos com a água delas perde a vista e se não é culpado torna mui mais clara que antes), Mestre António usa de vários registos de veridicção; este, por exemplo: "se há homens que têm estas coisas por verdadeiras, não as tem ele por certas". Já não coloca problema em acreditar que "há uma Fonte na Etiópia junto dos Garamontes, tão fria de dia que com dificuldade se pode beber, e de noute tão quente que não pode tocar com a mão. Acreditar que há outra Fonte que qualquer ferida de qualquer membro cura lavando-a com água dela: outras Fontes há em Bócia que trazem à memória as cousas pasadas, outras que as fazem esquecer será mais problemático". No Tratado[186] de algumas Aves Raras assume aquilo que dizem alguns escritores das Aves Harpias "que se criam em um deserto junto do Mar Jónico as quais têm o rosto humano, e os corpos muito grandes, e sempre estão prestes para mal fazer, e quando podem haver algum homem logo o matam, e o comem, e depois de comido como vão beber alguma água clara, e ver seu rosto ser semelhante ao que matara tomam tanto pesar que choram sempre enquanto vivem, as quais tem tão agudo engenho que algumas vezes aconteceu criá-las em casa, e aprender perfeitamente a língua humana, e serem tão domésticas como outras aves". Menciona no / fl. 46. / outras Aves, que se acham junto do Nilo, "que se chamam Aves do Paraíso, não

186 Ms: "Trado".

porque se creia que vem do Paraíso, – mas porque jamais se pode achar seu ninho, nem tampouco seus filhos – as quais são de tantas cores que se não podem dizer são de tal natura que quando são presas gemem de tal maneira, como uma humana pessoa, e nunca cessam de gemer até cobrar liberdade, ou morrer".

E passamos ao I fl. 46. v. Tratado de algumas Serpentes Raras. que há no mundo.

"Há uma Serpente naquelas partes chamada Cerastes de maravilhosa grandura, que tem oito cornos na cabeça, é mui venenosa e peçonhenta, tem grande astúcia para matar as Aves, que se esconde debaixo da areia, e deixa os cornos de fora, e as Aves, que neles pousam subitamente morrem; os cornos desta serpente são de mui grande valor, porque tem tanta virtude, que onde quer que um pedaço deste corno estiver, não consente alguma peçonha, e por isso naquelas partes costumam fazer deles cabos, e tachas de cutelos, e facas para as mesas dos Grandes Senhores, porque tem por certo que trazem de cousa empeçonhenta da Mesa, logo aqueles cabos, e tachas suas. Há outra natura de Serpentes, as quais em mordendo adormecem, e assim dormindo sem nenhuma dor morrem aqueles que assim são mordidos: esta Serpente, segundo se escreve tomou Cleópatra, e dela se deixou morder no braço porque morresse morte quieta junto do sepulcro de Marco António seu Marido".

E depois das serpentes, as pedras: / fl. 48. / Tratado de algumas pedras raras e suas vertudes raras.

"Na Arcádia faz-se uma pedra chamada Albestão a qual se algum lume chega nunca se apaga, e segundo dizem alguns autores da qual afirmam que se com ela se confecciona uma candeia, com nenhum vento, nem tempestade se apaga e dizem ser mui raras e de muita estima e o devem ser se assim é. O coral tem virtude contra os trovões, relâmpagos (sic), e raios, e contra pedra; e contra toda tempestade". Isidoro, tratando do coral diz que "os magos afirman que o coral se opone aos rayos si hes que hay que creerles" (XVI, VIII, 1). A Cornerina tem virtude de estancar o sangue de ferida, e de narizes, e o que se chama "sangue chuivo de mulheres, e é de muito maior virtude, e valor se é esculpida, porque as esculpidas foram, as que os filhos de Israel por inspiração Divina no Deserto esculpiram; assim o achei. O Jaspe tem virtude contra a Hidropesia se for moído, e bebido com água, água de Fumelho ou Aipo, e aproveita muito as mulheres prenhas trazendo-o consigo que as faz seguras de não mover; donde quer que a Jaspe fogem os Demónios; dos Jaspes são diversas naturas; os melhores são os mais luzentes, de cor verde, que tenham peças vermelhas; muita virtude para uma pedra, mas assim o dizem auctores".[187] / fl. 49. v. / O Jacinto é contra a peste, e contra toda peçonha; é de cor de cera; dá graça a quem o traz consigo, acha-se em terras de Etiópia e também é pedra preciosa para sortigas e outras pesas[188].

E chegamos ao *Tratado de algumas ervas e suas virtudes.*

"A Arruda tem muitas virtudes segundo dizem a qual moída com Raiz de Peónia, e Castor, cozido todo em vinho provoca o sangue monstruoso da mulher, e faz lançar a Criatura, se acontece estar morta no ventre; isto mesmo obra o sumo da Arruda tomado pela boca; e qualquer inchaço quer de golpe, quer d'outra qualquer maneira em que se puser a Arruda pisada e incorporada em manteiga de vaca tira a dor e desfaz o inchaço, e bebida aproveita contra toda peçonha; queimada e moída, e envolta / fl. 50. v. / em açúcar tira a vermelhidão dos olhos; clarifica a vista; é contra todas as venenosas serpentes, e tanto que se um homem for coberto de Arruda verde, sem temor, pode chegar a matar o Basilisco, o cheiro da qual o mata.[189] A salva cozida em vinho é contra toda opilação e contra a perlesya (sic), segundo dizem autores de verdade".

O último fólio / fl. 51. I Tratado 4° trata daquilo que não era desconhecido de ninguém: a boa notícia das Índias e do Preste João. É sabido que o interesse dos papas pela geografia data de antes de

187 Isidoro escreve que "Algunos pretenden que el jaspe beneficia y auxilia a los que lo Ilevan, pero esto no es digno de fe, sino que es superstición" (XVI, VII, 8).

188 Isidoro: "El jacinto es una planta con flores purpúreas. Tomó su nombre de un noble nino quien fue hallado muerto en un bosque entre flores purpúreas. La muerte de set nino dio nombre a Ia planta. Tiene raiz y flores semejantes ai bulbo; impide que los ninos Ileguen a Ia pubertad" (XVII, IX, 15).

189 'Basilisco en griego se dice régulo em latín, porque es el rey de Ias serpientes; los que lo ven huyen, puesto que mata con su olfato; también mata ai hombre con sólo murarlo. Níngún ave puede volar más impunemente delante de I basilisco, sino que, por más lejos que esté, es barsada por su aliento y devorada. Sin ambargo, es vancido por Ias comadrejas, que los hombres colocan en Ias cuevas en Ias cuales se oculta el basilisco; éste, cuando Ias ve, huye, (pero) lo persiguen y le dan muerte" (XII, IV, 6-7).

1437. Numa Broc mostra que já em 1409 se faz a primeira tradução de Ptolomeo em latim, dedicada ao papa Alexandre V. No ano a seguir, Pierre D'Ailly na sua Imago *Mundi* evoca o problema do acesso às Índias pelo oeste. Sigamos o relato do nosso autor: "Pogio, Secretário do Papa Eugénio Quarto em a era de mil quatrocentos trinta e sete escreveu um Livro por seu mandado das cousas que nas Índias viu Nicolao Veneto, o qual esteve grande tempo nelas e nas postumeiras partes delas; porque grandes necesidades[190] passou e para o fazer sem perigo de morte houve de renegar da Nossa Santa Fé, e vindo demandar penitência ao Santo Padre, e absolver-se de tão grande pecado, em penitência o Santo Padre lhe mandou que em virtude de juramento dissesse a verdade de todalas cousas que nas Índias havia visto no qual Livro se acham as cousas acima escritas, e outras muitas, e o dito Nicolau Veneto afirmou havê-las todas visto e nesse mesmo tempo escreve Pogio que vieram Embaixadores ao Santo Padre Eugénio Quarto de Etiópia aos quais o Santo Padre perguntou se era verdade o que das Índias dizia Nicolao Veneto, e disseram que sim e que além do que ele dizia havia naquelas partes outras cousas de que mais se podia maravilhar que das por ele ditas diziam também aqueles Embaixadores que na Etiópia nunca jamais havia peste, nem outras enfermidades gerais, e que viviam os homens mui sãos e chegavam a longa velhice, e a comum idade dos mais eram cento e vinte cento e trinta anos, – e alguns chegavam a cento e cinquenta, e a duzentos anos, e por esta cousa aquela terra era maravilhosamente povoada, e cheia de infinitas gentes, e de mui grandes Cidades, e Vilas, e que havia entre eles um Rei Soberano que se chamava Rei dos Reis, e isto porque tem muitos Reis, que lhe são sujeitos; e que há grande diversidade de animais monstruosos, os nomes dos quais escreve Pogio no dito Livro; que há infinito ouro, e prata, e grande abundância de pérolas, e grande diversidade de pedras preciosas, as quais se acham, algumas vezes, cavando não com muito trabalho; e desta guisa, há uma montanha naquela Província mui alta, onde há aí tantas venenosas serpentes que nenhum homem pode ali entrar sem morrer; e para as ver, tem esta forma: que junto deste monte está outro tão alto como ele no qual nenhuma cousa venenosa se cria; e daquele, artificiosamente, lançam postas de carne no outro, e como

190 Ms. "necesidade".

os Abutres naturalmente tem virtude de[191] cheirar mais que nenhum outro animal, ao cheiro da carne vão ali, e, por temor das venenosas serpentes, tiram as postas da carne; apegadas nelas muitas pedras preciosas, especialmente diamantes, e algumas vezes os engolem, e os Caçadores vão buscar onde os Abutres se cercam, e ali acham as pedras dentro nos buchos; é terra que duas vezes no ano dá fruto, e, segundo diz Plínio, entre todas as Regiões do mundo é a mais fértil; nela há muitas aromáticas árvores, e cinamomo, pimenta, e canela, e todas as outras odoríferas gomas".

Não há dúvida de que a Etiópia é o grande horizonte de todas as expectativas, como a imagem mítica de Preste João no século XV. E isto bem antes do aparecimento da obra A *Etiópia Oriental* do dominicano João dos Santos (1607). Toda esta narrativa está, finalmente, ao serviço da narrativa bíblica como o seu referente, como a sua validação. Era preciso que o Rei dos Reis fosse, em última análise, Cristo. Para situar os Reis Magos dividiram-se as Índias em três partes. Nota o nosso autor que "são três Índias, nas quais com Etiópia reinou El Rei Asocro que foi Senhor de cento e vinte Reinos, na primeira Índia foi o Reino de Nubia, no qual ao tempo do nascimento de Nosso Redentor e Salvador Jesus Cristo reinou Melchior o qual ofereceu o ouro; este se chamou Rei de Arábia e de Núbia; Baltazar reinou na segunda Índia, e intitulou-se Rei de Ogdolia, e Sabá; este lhe ofereceu o incenso: Gaspar reinou na terceira Índia, e chamava-se Rei de Társis e da Insula Egrisola, onde hoje em dia está o corpo do Bem-aventurado São Tomé, e este lhe ofereceu a mirra; neste passo, escreve Fulgencio em um seu Sermão que a vontade de Nosso Redentor foi que estes três gloriosos Reis lhe oferecessem a dita oferta a demonstrar que nele era a Divina Majestade a quem pertencia o incenso por sacrifício, e o Real Poderio, e o Poder Real, a quem se devia a mirra para sepultura, segundo se mostra pela vida e obras destes Bem-aventurados Reis os quais consagrados em Arcebispos por mão do Bem-aventurado Apóstolo São Tomé, depois do seu martírio, juntos com os Reis a eles sujeitos, com todos os outros Prelados e Grande Senhores das Índias, acordarão de eleger um notável Barão, em memória do Apóstolo, a quem chamassem o Patriarca

191 Ms: palavra repetida.

Tomé que no espiritual os instruísse, e governasse, a quem como a Padre Santo obedecessem; e um morto, outro perpetuamente elegessem como neste presente tempo se faz; e porque os Bem-aventurados Reis não tinham filhos, nem nunca os houveram, antes se crê morrerem virgens; de consentimento de todos, geram outro mui nobre e virtuoso Barão que no temporal os regesse e governasse, e fosse Senhor de todos, e não tivesse nome de Rei, nem de Imperador, mas se chamasse Preste João Senhor das Índias, como se agora chama, a quem sempre o filho maior sucedesse, como parece, pelo Capítulo trinta do Livro da vida e obras destes Gloriosos Reis Magos; esta Região da Índia que grande diversidade de Províncias contém, é a maior do mundo, e foi assim chamada de um grande rio chamado Indo, que por ela corre, segundo diz Isidoro no quinto das Etimologias".

Influências

O magistério e a influência de Isidoro de Sevilha é enorme na alta Idade Média e chega até ao Renascimento.[192] Este "último Padre da Igreja", como lhe chamou P. Séjourné[193], integra no seu labor simultaneamente a Revelação, o magistério da Igreja e as artes liberais, e é essa síntese que lhe augura a influência que se lhe reconhece. Isidoro é desses autores nem sempre nomeados para que remete Mestre António. Mas é por demais notória a influência de Isidoro nas partes em que o nosso cirurgião fala das virtudes das Fontes. [194] Bastará ler o *Tratado da natureza* ou as *Etimologías* para reencontrarmos os mesmos objectos, as mesmas virtudes ligadas aos objectos – das ervas às pedras: do basilisco às fontes que dão alívio

192 Antonio Antelo Iglesias, Sobre el magisterio isidoriano en Ia Alta Edad Media: notas de historia literaria y cultural, Madrid, Instituto "Jerónimo Zurita", C.S.I.C., 1978. José Maria Fernando Catón, Las etimologías en Ia tradición manuscrita medieval estudiada por el Prof. Dr. Anspach, prólogo. Manuela C. Díaz y Diaz, Leon, Centro de Estudios e Investigación "San Isidoro". C.S.I.C., 1966. Carlos Canal, San Isidoro: Exposición de sus obras e indicaciones acerca de Ia influencia que han ejercido en Ia civilización espanola, Sevilla (s.n), 1897, Imp. De Ia Andalucia Moderna.

193 P. Séjourné, Le dernier Père de I'Église: Saint Isidore de Séville et son rôle dans I'histoire du Droit canonique, Paris, Editora?, 1929.

194 Irene Augusta Arias, António Tovar y Aníbal Ruiz Moreno, *La medicina en Ia Obra de San Isidoro*, Vol. XIV, tomo II, Buenos Aires, Publicaciones del Instituto de Historia de la Medicina, 1950.

aos doentes e cegueira aos ladrões. Que dispositivo veridictório rege este discurso? Como distinguir "autores de verdade" da superstição? Como distinguir a crença que colocam os gentios em algumas pedras preciosas – a celonite, por exemplo – da crença que os autores citados colocam nas pedras e as ervas? Tanto Mestre António recorre a autores reconhecidos – Plínio, Isidoro, Beda (que no primeiro quartel do século VIII faz a recomposição completa da obra do Sevilhano),– tanto remete para "autores de verdade" ou "segundo dizem alguns", ou ainda "segundo se escreve". Como se vê, o dispositivo da veridicção é bastante frágil. Por mais de uma vez Isidoro tem por supersticiosas algumas referências que cita. Mestre António só por uma vez discorda dos autores, como já notei acima. No resto, o reconhecimento das "auctoritates" faz-se sem qualquer crítica. A questão da referência é fundamental em qualquer discurso científico.

A Geografia de Ptolomeu, ou a Geografia de Estrabão, traduzida em latim em 1470, a História Natural de Plínio, o Velho com 38 edições entre 1469 e 1532, gozam de uma difusão por toda a Europa de então. Mas o espírito medieval persiste. G. Gusdorf escreve que "Cristóvão Colombo descobriu o Novo Mundo sem sair do Antigo"[195]. Sabe-se que um ano depois da primeira edição de Ptolomeu se imprime em Strasburg (1476) a mais célebre enciclopédia da Idade Média, o *Speculum* de Vincent de Beauvais que data do meio do século XIII. No *Speculum naturale* confluem os mais diversos autores: de Aristóteles a Plínio, a Séneca, Ptolomeu e ainda os enciclopedistas medievais: Isidoro de Sevilha ou Paulo Orósio. O século XV é o século das enciclopédias e das compilações. A geografia fantástica abunda como em demanda da localização do Paraíso terrestre e dos quatro rios que de lá correm. Um dos mitos mais persistentes é o do Preste João que a si próprio se chama monarca das Três Índias. Os conceitos viajam, mas os mitos também: o mito do Preste João desloca-se das profundezas da Ásia para os confins da África. Pierre d'Ailly compõe o seu Imago *Mundi,* (1440), o *Atlas Catalao* de 1375 contribuiu muito para a difusão desta geografia fantástica. O nosso autor, quando passa aos Tratados sobre as coisas raras deste mundo, estriba-se fundamentalmente em autores antigos:

195 G. Gusdorf, *La révolution galiléenne,* I, Paris, Payot, 1969, p. 85.

aí constam Orósio, Isidoro, Plínio[196]. Não falta a este relato a cor política que raro se dissimula. No *mapamundi* de Hamy de 1502 vemos no trono Preste João em África, o samurai nas Índias, o Grand Khan na China. P. Gossin lembra algo que todos sabemos. Os homens e mulheres das letras e das ciências da Renascença não fazem distinção entre elementos fictícios e elementos factuais.[197] Podemos falar de duas culturas: a cultura tradicional, simbólica, sem provas, e a cultura científica, com provas. É a maneira de distinguir a natureza da cultura. Por trás daquilo que os olhos veem estará sempre o véu das Escrituras como se a palavra divina supostamente se imprimisse no mundo e o imprimisse com soberana, ordenadora, infalível força.[198] Pesa mais a "auctoritas" dos antigos do que a geografia positiva. A verdade é mais de ordem filológica do que geográfica. Afinal, a geografia da Renascença não passa de uma ciência conjectural, que, "como as outras disciplinas da época, mergulha num mundo de "fantasia, de imprecisão, de incerteza".[199] Neste ambiente ainda tão pouco definido, como não haveria de medrar o espaço do maravilhoso e do imaginário? Não admira, pois, que gente tão bem armada para descrever o que realmente existe, se perca logo em elocubrações sobre objectos e terras que não existem. Numa Broc cita Lévy Strauss que, algo exageradamente nota: "Os Espanhóis não foram tanto conquistar nações novas como verificar antigas lendas: as profecias do Antigo Testamento, os mitos greco-latinos como a Atlântida e as Amazonas; a esta herança judeo-cristã acrescentavam-se as lendas medievais como o Império do Preste

196 Armando Cortesão, Paulo Orósio, Presbítero Bracarence, Criador do Estudo da Geografia e da História na Idade Média, Separata de Memórias da Academia das Ciências de Lisboa, Classe de Ciências, tomo X, Lisboa, Junta de Investigação do Ultramar, 1966, pp. 1-15, (IV Livro). Paulo Orósio é o primeiro historiador e geógrafo do Occidente cristão que, a pedido de S. Agostinho, escreveu uma história universal e geografia do mundo então conhecido. A "História contra os pagãos" é a sua obra mais importante. Luis Molina, "Orosio y los Geógrafos Hispanomusulmanes", Separata de La Revista AI-Qantara, Vol. V – Fasc. 1 y 2 Madrid 1984. Mário Martins, Correntes da Filosofia Religiosa em Braga dos séculos IV a VII, Porto, 1950. Isidoro de Sevilla, Etimologías, Madrid, Talleres Gráficos Montana, BAC, 1951.

197 Pamela Gossin, "Literature and the Modern Physical Sciences", in *The Cambridge History of Science*, vol. 5, (ed.) Mary Jo Nye, Cambridge University Press, 2003, p. 93.

198 António Vieira, *Improvisações sobre a ideia de Deus*, & etc. 2005, p. 32.

199 L. Febvre, *Le problème de l'incroyance au XVI e siècle*, Paris, Albin Michel, 2003, p. 367.

João e a contribuição indiana: o Eldorado, a Fonte de Juvencio".[200] É evidente que os Tratados que descrevem a geografia de entre Douro e Minho têm a sua coerência interna, a sua objectividade e uma operacionalidade incontestável. A questão começa quando Mestre António passa a descrever a História Geográfica de várias partes do mundo, e agudiza-se mais ainda quando nos dá notícia de algumas cousas raras dele. A penetração dos portugueses na Etiópia é contemporânea da do Congo e querida pelo rei D. João II. Em 1487, Pêro da Covilhã é encarregado de estudar os caminhos de acesso ao Oceano Índico através do Mar Vermelho. Covilhã chega à corte do Preste João em 1493 e por aí ficará até à sua morte (1520). Este misterioso reino dará origem a uma literatura abundante. A obra principal é *O Preste João das Índias*, de Francisco Álvares (1540), companheiro do embaixador Rodrigo de Lima.

Ciência e ficção

A literatura, e não só a ficção científica, têm contribuído para colocar as questões mais espinhosas com que o conhecimento científico se defronta. O homem sem *qualidades*, de R. Musil, por exemplo, que M. Cacciari analisou, ou R. Powers, o escritor americano que Latour traz à colação para discutir o poder dos fac-símiles. É como se houvesse dois mundos e duas culturas em que o *Umdualidade* entra em cena. Musil falará das duas árvores da vida para nomear dois tipos de sensação *(II De Ias* páginas póstumas, LCIII, pp. 602 ss.). A discussão entre literatura e ciência reflecte ainda a onda de influência gerada pela noção de "duas culturas".[201] Pamela Gossin lembra que os poetas românticos ingleses costumavam brindar contra a ciência enquanto estudavam a astronomia, a química e a fisiologia dos investigadores naturais ainda não "contadores". A religião permeava tudo. Ao tempo de António Cirurgião não era nem pensável nem possível a cisão entre imanência e transcendência. Ora, é a ciência que provoca o "desencantamento do mundo". E a nebulosa, nítida ou radical entre imanência e transcendência. R. Rorty resume assim a questão que opõe a religião e a ciência: "a batalha entre religião e

200 Numa Broc, *La Géographie de Ia Renaissance (1420-1620)*, Paris, Bibliothèque Nationale, 1980, p. 166.

201 C. P. Show, "The Two Cultures and the Scientific Revolution", *Encounter,* 12, n° 6 (195), 17-24 e 13, n° 1 (1959).

ciência que teve lugar nos séculos XVIII e XIX foi uma confrontação entre instituições que pretendiam a supremacia cultural. Foi bom para ambas, religião e ciência, que fosse a ciência quem ganhasse a batalha"[202]. O maior desafio com que teve de se confrontar a Igreja foi a pretensão da Ciência a reinar como única fonte de verdade. A Igreja acabou, afinal, por adoptar a pretensão de objectividade, desenvolvendo "toda uma doctrina dos *praeambula fidei* em relação cada vez mais estreita com uma metafísica de tipo objectivista"[203]. Para G. Vattimo esta relação reflecte a pretensão autoritária para predicar leis e princípios de carácter natural, válidos para todos, e não só para os crentes. Como se a mensagem evangélica assentasse em pretensões de objectividade. "O pensador crítico colocará na lista de objectos-encantados tudo aquilo em que ele não *acredita mais* – a religião, é claro, mas também a cultura popular, a moda, as superstições, a mídia, a ideologia, etc. – e, na lista dos objectos-causa, tudo aquilo em que *acredita convictamente* – a economia, a sociologia, a linguística, a genética, a geografia, as neurociências, a mecânica, etc."[204] O neohegelianismo de Robert Brandom, (uma síntese do pragmatismo e do idealismo) implica que não há nada que consista em captar o mundo ou o ser correctamente. O que conta está presente nos jogos de linguagem (da astronomia à biologia). O que mais importa é a coerência entre as crenças, e não a correspondência destas com um objecto. O pecado da Igreja foi ter convertido a ciência natural no paradigma da racionalìdade e da verdade que são assuntos de cooperação social e de dialogismo.

O que é um objecto?

A epistemologia clássica pressupõe que há de um lado o mundo das coisas, dos objectos da natureza e do outro o dos sujeitos e das representações. A epistemologia tenta resolver a questão que resta e que se pode colocar nestes termos: como obter a adequação entre estes dois mundos que previamente separamos, designando uma esfera que seria a do real e uma outra o seu pálido reflexo? Esta questão é para B. Latour uma questão mal posta. A natureza, os objectos, o real, nunca

---

202 *El futuro de la religión*, Santiago Zabala (compilador), Barcelona, Paidós, 2006, p. 61.

203 Ibidem, p. 72.

204 Bruno Latour, *Reflexão sobre o culto moderno dos deuses fe(i)tiches*, Local?, EDUSC, 2002, p. 35.

se manifestam enquanto tais, mas são sempre representados. Não há paisagem natural, diz Alain Roger (1997). A natureza está sempre já construída e informada pela cultura. Nunca vemos o real, a natureza ou as coisas em pessoa, mas sempre e unicamente aqueles que falam em seu nome, os seus porta-vozes, ou representantes. O microbiologista ou o microfísico que fala de bactérias ou partículas elementares não é diferente dos homens políticos que evocam o povo, o proletariado, os excluídos, os emigrantes ou os homossexuais. "Les blouses blanches ont inventé des appareils de phonation qui permettent aux non-humains de participer aux discussions des humains" (Latour: *Ibidem*: 104). A natureza só existe para nós e para a ciência que a representa. Se não há acesso directo às coisas, ao próprio real, há que assumir a natureza política da actividade científica. Como fazer para fazer falar por si próprios aqueles em nome dos quais se vai falar? Não admira, pois, que seja a Ciência ou a Igreja que pretendam falar em nome da natureza, das coisas ou do real para melhor o controlarem. "Scientia est potentia". Sempre se acreditou nisso. Por isso, nunca os deuses estiveram longe das máquinas. Não saúda a NASA cada aterragem nos céus ou cada regresso à terra de uma nave? O próprio Turing menciona o poder criativo de Deus quando fala do computador que inventou.

Todos os objectos nasceram coisas, todos os objectos de facto se tornam objectos preocupantes. Martin Heidegger fornece-nos a etimologia da palavra *coisa*. Em todas as línguas europeias, incluindo a russa, há uma grande ligação entre as palavras para coisa e uma assembleia quasi-judiciária. A Coisa é o Parlamento nos países escandinavos *(Althing)*. Uma coisa é, num sentido, um objecto exposto, e, num outro sentido, uma reunião. O mesmo termo designa "matters of fact" (questão de facto) e "matter of concern" (objectos de preocupação). Heidegger faz uma nítida distinção entre objectos, *Gegenstand*, e a Coisa celebrada. A jarra feita à mão pode ser uma coisa, enquanto uma lata de Coca feita industrialmente continua a ser um objecto. Este é abandonado ao controlo da ciência e da tecnologia, e só o primeiro, artesanal, pode reunir o seu conjunto de conexões. Os objectos de que se ocupam os filósofos nunca foram muito complicados. Os filósofos nunca lidaram com a espécie de seres com que lida a ciência. A dolomite é tão admiravelmente complexa e talhada que resiste a ser tratada como "a matter of fact." O erro de Heidegger não está em ter traído a jarra, mas em ter traçado uma dicotomia entre *Gegenstand* e Coisa. Um objecto começou a tornar-se uma coisa, uma questão de facto passou a ser considerada uma enorme preocupação. Se uma coisa é uma assembleia, como diz Heidegger. Temos uma imagem do objecto como algo especial, como uma coisa em frente a nós, *Gegenstand*, mas não estamos certos de que esta imagem seja a única que possamos construir com exactidão. (Cacciari, 2005: 70). Vemos as coisas como se estivéssemos dentro delas. Pura fantasia? pergunta Cacciari. Ou haverá uma unidade do sentir originária de onde surgiu o comportamento actual e que parece organizar-se sempre mediante separações e dualidades? (II, III, III). O ponto de vista de B. Latour é este: as coisas tornaram-se Coisas de novo, objectos que voltaram a entrar na arena, a Coisa, em que foram reunidos em ordem a existir mais tarde como estando à parte. Estamos a ver por um lado, um mundo de objectos, *Gegenstand*, expostos, que não dizem respeito a nenhuma espécie de parlamentos, fóruns, ágoras, congressos, cortes e, por outro lado, um conjunto de fóruns, *meeting places, halls* em que as pessoas discutem, estão a chegar a uma conclusão.

Coda

A lógica de Aristóteles (384 a.C.) foi a lógica que dominou o mundo até ao século XVII. As suas ideias acerca da ciência natural perduram ao longo da Idade Média e até à Renascença. O Deus de Aristóteles não modelou o Universo utilizando formas geométricas básicas como Platão supunha, ou números como Pitágoras imaginara. O mundo era governado por quatro espécies de causas: formal, material, eficiente e final. A *Ars Magna* de Ramon Lull (1232) propõe um método mecânico de exaustividade que permite todas as possibilidades de relações de um tópico. É uma motivação que nasce do desejo de afirmar as verdades da Cristandade e aquelas que não podem ser logicamente negadas pelos não Cristãos. Paracelso (1493) é um precursor da ciência moderna. Introduziu a análise química da urina e a teoria da digestão. Usou lódão e éter e o uso do mercúrio no tratamento da sífilis. O seu sistema corresponde àquilo a que se poderia chamar uma cosmologia orgânica. Aqui o homem é o microcosmo do macrocosmo. A ideia das "Assinaturas" goza então uma larga aceitação, bem como a ideia cíclica da natureza. Estamos no ponto de combinação da ciência nascente e da antiga alquimia.

O speculum mundi medieval tinha em atenção aspectos dos signos linguísticos, tais como as conotações alegóricas, as tradições culturais, as crenças contraditórias e os graus de conhecimento que tratado científico de hoje consentiria. Esse era o seu modelo pragmático. Havia, evidentemente, um grande chapéu que ligava cada uma das pontas deste tecido: a teologia. O divórcio entre religião e ciência é um facto recente (Vattimo e Rorty). Durante séculos, com os equívocos que provocou, a subordinação da ciência à religião manteve-se. Lendo o *Discours de métaphysique* de Leibniz (1686) deparamo-nos com a seguinte questão: como distinguir entre factos que podem ser descritos por uma lei e aqueles que existem sem lei, como factos irregulares? O homem simples e o cientista apreendem o mundo directamente através dos dados dos sentidos. Mas os constituintes deste mundo são também objectos científicos. Enquanto os objectos físicos são modelados com base em "sense data" e derivam as propriedades destes "sense data", a semelhança com os "sense data" dos objectos científicos é menos marcada. À medida que a ciência avança, diminui a semelhança, até ao momento em que aparece a onda das máquinas modernas e em que essa semelhança se desvanece de todo. A substituição de objectos científicos por objectos físicos é um processo gradual. Os objectos de que fala Mestre António pertencem mais à geografia fantástica das enciclopédias medievais do que à ciência nova. A sua visão do mundo não acreditava ainda na diferença entre factos e fetiches.

Tudo se narrativiza: a ciência, a religião e a arte porque tudo pretende chegar à totalidade da compreensão. Passamos de um extremo a outro. Latour tem procurado mostrar como "the lack of scientific certainty" é inerente à construção dos factos. Ainda vemos os manuais como um catecismo. A corografia de Mestre Cirurgião há-de parecer-nos funambulesca. Como se só a ciência dissesse a verdade e a sua verdade se impusesse. Esta ideia das investigações científicas é ainda uma ideia dominante. Ler o episódio da arca de Noé de forma racionalizante anula-o, muito simplesmente. O dogma da infalibilidade não é apenas reivindicação das igrejas. Como se a ciência tivesse caído do céu. E não houvesse nada nem antes nem depois. "É preciso retomar a definição do monstro, da barbárie, dos ídolos, do martelo e da ruptura", escreve Latour.[205] O medo dessas ontologias de geometria variável obrigam a redefinir o mundo das representações das coisas. "Não serão todos os dragões da nossa vida as belas jovens que pedem para ser socorridas?" (Rilke).

205 Bruno Latour, *op. cit.*, p. 63.

Maria Gabriela Llansol: coisas radicais, coisas de textos

"The modern world derives from a *mystical heresy*" (Jacques Maritain)[206].

"In a language north of the future" (Paul Celan).

"European humanism proved powerless in the face of bestiality. This bestiality sprang from within the very heartland of high culture" (George Steiner).

"Mas nunca o sentido progressivo se ocultou" (Maria Gabriela Llansol, *Amar um cão).*

"Contemporary thought has approached a limit beyond which a new epochal-religious unveiling of the word no longer seems possible...no new figure of the divine, no new historical destiny can lift itself out of language. At the point where it shows itself to be absolutely in the beginning, language also reveals its absolute anonymity. There is no name for the name, and there is no meta-language, not even in the form an insignificant voice. If God was the name of language, 'God is dead' can only mean that there is no longer a name for language. The fulfilled revelation of language is a word completely abandoned by God...Thus we finally find ourselves alone with our words; for the first time we are truly alone with language, abandoned without any final foundation...This veils that theology, ontology, and psychology cast over the human now fallen away..." (Giorgio Agamben).

1. Como traçar o retrato de alguém em quem está a acontecer "uma típica transição de biografia" (P 45)? Como captar um texto que está sujeito a um trabalho de permanente dissolução, um texto que "trabalha com energia" (OVDP, 87), construindo teias metamórficas que lhe retiram um sentido que não dá tréguas à mente, que ajuda a sair do mundo-coisa e a mergulhar no Alguém-mundo? Como abordar uma Obra que exige uma leitura dramática (tensional), não sequencial: "ler é ser chamado a um combate" (OVDP, 18)? Como conviver com o hibridismo genológico, a instabilidade discursiva, a "transparência" que marca estes textos ("o meu texto é completamente

206 *Three Reformers: Luther, Descartes, Rousseau*, 1929.

transparente") (LC, 57)? Como resolver o paradoxo de uma leitura assimétrica (vivencial, sensível) *vs* discurso lógico, linear, explicativo? Mais difícil ainda: como analisar uma escrita que se tornou "um duplo do viver" (FP, 73)? Enfim, que é preciso saber para entrar neste "mundo" de escrita que cria para si mesma uma comunidade de fala e um legente que não se confunde nem com o leitor de Eco, nem com o arquileitor de Rifaterre? Como trabalhar com o múltiplo?

2. Qual o lugar de Maria Gabriela Llansol na literatura portuguesa actual? Qual a novidade desta forma de escrita, que é também uma forma de vida? De que espécie são os seus livros: livros-imagem, imagem-figura-presença de "um princípio activo", livros-figura? Que tipo de leitores convoca: hóspedes *vs* estranhos (bárbaros)? E que lugar para o leitor comum? Como se devém legente: por graça, doação, incorporação? Por identificação histérica? Como convive o legente com o múltiplo: copiando ou transformando(-se)?

3. Talvez a principal novidade desta Obra assente nas intuições fulgurantes com que, fora do "atalho das representações" ou "fora da luz comum", nos *mostra* o Aberto e a Dobra do mundo, na *ordo amoris* com que o faz, movida pelo prazer de "ver almas crescendo".

"Que escrita quer? (...) parecia uma escrita preferível à que praticávamos.
Mais louca, mais desprevenida, menos preocupada com o sentido e
Mais
Centrada no movimento. Lembrava uma *mostra*" (OLC, 31).

Talvez no prazer do *jogo* – a sua escrita distribui imagens segundo o regime da presentificação, não da representação. Talvez na "sensualética" que propõe, ou na sua teoria do hibridismo e do vivo. Se a palavra é um "vivo", como amestrá-la, como trazê-la ao palco da representação? Nesta Obra os mundos estão sempre ligados por uma multiplicidade de formas vivas, (o Anjo – o Anjo mais sublime é o do Cão –, ou o sopro, ou o pobre). A sua novidade está no modo de uma escrita indicial, distributiva, não referencial, que pratica. O sentido não é uma atribuição, mas uma distribuição. Múltiplos, os índices em torno de um *Há* não formam uma literalidade, mas uma figuratividade, uma topologia; os índices são entidades discretas, mas a sua equivocidade não permite estabelecer entre si uma hierarquia, uma regência. Donde a impossibilidade de uma leitura total, de um resumo, de uma ideia. Tudo está a caminho do reencantamento.

4. A escrita de Maria Gabriela Llansol é, desde a trilogia *Geografia de rebeldes*, uma escrita do desassossego, não nos deixando cair no poço do óbvio e do uso. O gosto pela incerteza tem como consequência a possibilidade de ver as "cenas fulgor". É o incerto que é luminoso "e o texto escreve-me, pela mão da rapariga que temia a impostura, em busca da troca verdadeira" (OLC 121). Para abordar esta Obra o leitor deve abandonar os "lugares comuns da cultura", deve abandonar a ideia de narrativa e a ideia de clausura que lhe está associada, para entrar numa forma de escrita, que é uma arte de laboratório e de alquimia, sem os bordões e os códigos a que habitualmente recorre para entrar numa trama narrativa com princípio, meio e fim; o terreno agora é não vedado, a linearidade discursiva vem ferida de morte; quem entra neste terreno deve saber que a ideia de mutação invade a ideia de escrita marcada por mutações permanentes: "praticava novas mutações" (ARV, 58), devendo também saber que os livros se religam através de um encadeado de anéis, encadeado em que deambulam figuras e que aqui são nomes – João, Münzer, Ana de Peñalosa, Eckhart, Nietzsche, entre outros nomes, pisando de cada vez um chão minado pela desfiguração/reconfiguração, que é um dos processos mais recorrentes nesta escrita.

5. Esta escritora habituou-nos a um modo fragmentário de escrita, contra o momento textualista que dominava na escrita ficcional entre nós. A sua Obra entra inevitavelmente em conflito antes de mais com "a luz comum" com que se vê a arte em regime "humanista". Jacques Maritain herdou da escolástica, e de S. Tomás em particular, a sua teoria da arte. Na perspectiva escolástica há uma analogia singular entre as belas artes e a sabedoria, ambas ordenadas a um objecto que ultrapassa o homem e cuja amplitude não tem limites. Ambas são desinteressadas, desejadas por si mesmas[207]. Por isso se pode aplicar à arte o que S. Tomás diz da sabedoria quando a compara a um jogo: "É com razão que a contemplação da sabedoria é comparada ao jogo, por duas coisas que encontramos no jogo.

207 Jacques Maritain, Art et Scolastiqu, Louis Rouart et Fils, 1927, p. 55.

A primeira é que o jogo é deleitável, e há na contemplação da sabedoria o maior deleite, conforme de si mesma diz a Sabedoria no Eclesiástico: *o meu espírito é mais doce do que o mel.* A segunda é que as operações do jogo são ordenadas a outra coisa, mas são procuradas por si mesmas[208]. Na mundividência medieval as Belas Artes e a própria arte do poeta acontecem no interior de um regime ordenado para um mundo transcendental. O autotelismo da linguagem e da arte seriam então considerados uma forma de idolatria. "É um erro mortal esperar da poesia o alimento sobressubstancial do homem"[209]. Erro, diz Maritain, esperar da poesia a improvável solução do problema da sua vida. Rimbaud, apesar do que diz, *la charité est la clef*, acabou por ser a melhor personificação desse erro. Tal fundamentação deriva do princípio enunciado por S. Tomás: "Ex divina pulchritude esse omnium derivatur"[210]. Ou deste outro: "A poesia é teologia", como dizia Boccacio no seu comentário à *Divina Comédia.*

6. A importância de Baudelaire e de Rimbaud assenta no facto de terem feito com que a arte moderna ultrapassasse as fronteiras do espírito. Mas é também aí que para Maritain começa a batalha entre os bons e os maus anjos, e em que os anjos maus se disfarçam de mensageiros da luz. Nada melhor que converter o argumento do adversário em seu favor. No ensaio l'*École païenne,* Baudelaire escreve: "Le gout immmodéré de la forme pousse à des désordres monstrueux et inconnus. (...) Je comprends les fureurs des iconoclasts et des musulmans contre les images. J'admets tous les remords de saint Augustin sur le trop grand plaisir des yeux. Le danger est si grand que j'excuse la suppression de l'object. La creation d'une de ces deux suprématies engender la sottise, la dureté du Coeur et une immensité du Coeur et une immensité d'orgueil et d'egoïsme..."[211]. Aí está: quando o artista ou o poeta se desviam da transcendentalidade da arte ou da poesia, incorrem logo no risco do suicídio, da blasfémia ou da idolatria.

7. Baudelaire e Rimbaud inauguraram uma nova relação com a arte, naturalizando-a, de certa maneira. Llansol não escreve para

208 *Ibidem*, p. 161.
209 St. Tomas, *De Divinis Nominibus*, cap. IV, lec. 10.
210 De Divinis Nomibus, lect. 5.
211 Baudellaire, *L'Art Romantique*, Flammarionn, Paris, 1968.

responder ao "desencantamento" do pós-modernismo desconstrutivo – um mundo que teria perdido o sentido, nem a um naturalismo que se propõe como uma melhor alternativa à religião para a compreensão e avaliação da vida humana e da sociedade[212]. Esta escrita não é assombrada pelo demónio do "pós". O "vivo" não está antes nem depois, mas "entre". Se é possível reconhecer um fundo eudemonista na escrita de Maria Gabriela Llansol, também é preciso dizer que esta vive desligada tanto da escatologia da ruína como da escatologia da salvação. A prática do fragmento indicia a fractura com que convive a linguagem e que não reina apenas de ordem da linguagem[213]. Llansol não necessita, para criar o seu mundo textual, daquilo a que Whitehead chamava "materialismo científico = naturalism*sam*" que era a recusa das interrupções sobrenaturais nos normais processos causais do mundo. Apesar dos acenos que este naturalismo promete a uma "sensualética": "*sam*" está por *sensacionismo* (o primeiro acesso ao mundo é a experiência sensitiva), *ateísmo* (normalmente, a recusa de um criador sobrenatural), e *materialismo* (a matéria é desapossada de qualquer forma da experiência)[214]. Se há um naturalismo que convenha a esta

8. Obra talvez seja aquele que Griffin propõe: um naturalismo *ppp* (prehensive, panenteístic, panexperimentalist)[215]. O conhecimento do mundo através dos sentidos é um modo de percepção que deriva do conhecimento pré-conceptual do corpo. Qualquer entidade actual é um processo de unificação preensiva. No resto "The objects that seem to our sensory awareness to be devoid of experience are, according to this view, societies of actual entities with insufficient organizational complexity to be centers of experience, even though the entitities of which they are composed have suhuman experiences"[216]. Jade "partiu de Colares seguindo o itinerário da geografia do seu corpo", como responde a um "desejo de cão" "arrastado pelo cheiro humano"; o Anjo recebe todos os nomes da experiência: insegurança, protecção, falta, sublime, "Esse", que é um

---

212 Kai Nielsen, Naturalism and Religion, Amherst, N.Y. Prometheus, 1.

213 O fragmento tem de ser entendido aqui no sentido original de bocados, resto duma unidade perdida como em Isidoro XX, 2, 18, *quia: fragmenta dividitur, ut fracta*".

214 Cf. David Ray Griffin, Reenchatment without Supernaturalism: A Process Philosophy of Religion, Ithaca, NY and London, Cornell University Press, 2001.

215 Ibidem, p. 133.

216 Ibidem, p. 120.

pronome, não um nome, e que vive acompanhado da *cena fulgor*, e que dá vida aos mortos (*AC*, 46-8).

9. Llansol obriga a rever a catástrofe da simetria, levando-nos a contemplar aquilo que o seu gesto de escrever faz aparecer. O leitor, que tem de se transformar em legente, tem de apurar não apenas o olhar, mas o ouvido: para escutar essa espécie de *textualidade submersa* que atravessa a letra, não podendo fixar-se num ponto só da trama do texto que é, por definição, "lugar que viaja" (UFP: 144), nem no corpo do texto que é *ardente*, que permanentemente se bifurca. Para avançar, o texto precisa de um legente. Ora, que é um legente? O legente é, antes de mais, aquele que vê o texto como uma territorialidade perceptiva em movimento, é uma figura intermédia:

> Alguém que lê
> passou por mim, quando vinha a caminho, e disse-
> me,
> muito alegre, em voz alta;
> – Já estive consigo esta manhã.
> É o leitor?
> É o legente?
> É, decerto, a figura intermédia, pelo ler apaixonada.
>
> Imóvel, fico-vos a olhar, Teresa, ou Hadewijch,
> mas vós não vos inquietais,
> correis sobre o vivo – e arrastando o vivo que vos in-
> veste.
> Peixes, no rio do tempo.
> A figura intermédia, pelo ler saudada,
> é o vosso Joshua. (p. 147)

Um "legente", como um "amante", não se escolhe, acolhe-se, como se acolhe uma visitação, um rosto. O legente é filho da promessa de uma comunidade a vir de vivos, com cães e lobos à mistura, desligado antes de mais da cena da leitura. Como poderia um leitor apoderar-se da evidência que desaparece e de uma narrativa que permanentemente se des-noda? O legente é um cúmplice da singularidade que faz o texto, construído a partir de um ponto de vista singular. O livro é um sopro suspenso, como Jade sobre as bagas dos medronhos. O legente tem de adivinhar, de pressentir a presença ardente nas marcas que o texto deixa. O seu destino é tornar-se "textuante": a confidente Teresa "volta texto" (*A TJ:* 88). Em definitivo, o legente define-se como aquele que é capaz de construir silêncio à volta do texto. "Creio que é uma dádiva muito grande que se faz ao texto de um outro: construir-lhe silêncio à volta".

10. A ideia de labirinto serve para indicar de que modo a linguagem Llansol trabalha. Lembremos a definição wittgensteineana da linguagem "enquanto tal", como "labirinto de caminhos: você vem por um sítio e reconhece-se nele; vem ao mesmo sítio por outro lado e deixa de conhecer o seu caminho"[217]. A ideia de *jogo* e de *puzzle* que percorrem o *Parasceve* ou *Amar um cão* cabem perfeitamente nesta descrição da linguagem.

11. Se na simetria nada vemos, como ver então? "Para cima da fonte há outro livro – o senhor de Herbais –, que é o lugar ermo onde a figura do legente nasceu para acompanhar a singularidade desta escrita. Ele partilha comigo a dor do sentido que aparece, e se desvanece"[218]. Mas não é o legente definido como aquele que é capaz de construir silêncio a volta do texto? "Creio que é uma dádiva muito grande que se faz ao texto de um outro: construir-lhe silêncio a volta".

12. É importante pensar a metáfora da nação ou da cultura como um organismo. Há várias razões para considerar herética a autora de *Onde vais-drama poesia*. Antes de mais pela sua fuga ao cânon potenciométrico em que se move a quase totalidade da literatura portuguesa actual. Llansol é de facto "outsider", relativamente às principais correntes que marcam a nossa escrita. Por ser uma escrita nova, híbrida, pelo não uso que reivindica, pela recusa da utopia ("imaginários consoladores") – Até o lobo sabe que esta mulher "não fala do que é acidental" (P 37), pela linguagem não "escolar" que fala, pelo apocaliptismo feliz que anuncia. Basta reparar na gente com que caminha: Eckhart, Münzer, Peñalosa, João da Cruz – figuras – com gente comum também (*Parasceve*). O seu adversário é "a luz comum" e "a lei do hábito de servir" (*Amar um cão*, 45).

---

217 L. Wittgenstein, 1986, p. 203.

218 Prefácio de Maria Gabriela Llansol aos absolutamente sós, de Lúcia Castello Branco, Autêntica, Belo Horizonte, 2000.

13. *Saving the text* é o título de um dos livros de Geoffrey H. Hartman[219], em reacção ao livro de Jacques Derrida que inaugura uma forma de escrita hoje muito próxima da escrita electrónica, *Glas*. "Welcome to textuality", convida R. Scholes num dos seus cursos. A prática de Llansol afasta-se em muito do paradigma da textualidade canónica, desfeiteando a narratividade e os seus efeitos potenciométricos, o seu uso, o seu horizonte de expectativa; a textualidade é o veículo para o dom poético[220], a sua *khora* semiótica, que é um lugar ardente, propício à incandescência das figuras, ao luar libidinal e às cenas fulgor. Aquilo que Llansol não quer mesmo é salvar o texto (o sentido). Que textualidade então pratica?

"Mas que nos pode dar a *textualidade* que a narratividade já não nos dá (e, a bem dizer, nunca nos deu?).

A *textualidade* pode dar-nos acesso ao dom poético, de que o exemplo longínquo foi a prática mística. Porque, hoje, o problema não é fundar a liberdade, mas fazer de nós vivos no meio do vivo.

Sem o dom poético, a liberdade de consciência definhará. O dom poético é, para mim, a imaginação criadora própria do corpo de afectos, agindo sobre o território das forces virtuais, a que poderíamos chamar os *existentes-não-reais*"[221].

14. "O que se move esta escrita, escreve João Barrento, é o dar a ver no texto, sem metafísica, (sem transcendentalismo, digo eu), o metabolismo dos corpos animados pelo sopro, e o da própria escrita, animada pela energia das palavras que se soltaram do dicionário"[222]. O princípio que preside a esta escrita é o princípio de transformação: "nada foi, tudo está sendo" (*Finita*, 186). *Amar um cão* permite adivinhar o que seria um acto de ler compatível com a textualidade lansoniana. Nesta ordem de ler, "ler é nunca chegar ao fim de um livro respeitando-lhe a sequência coercitiva das frases, e das páginas. Uma frase, lida destacadamente, aproximada de outra que talvez já

---

219 J. Hopkins Univ. Press, 1981.

220 Lispoaleipzig 1: o encontro inesperado do diverso, p. 120.

221 George Steiner, "The Muses's Farwell", Salmagundi nos 135-136, Summer-Fall 2002, pp.148-156. Cf. Robert Boyers "A Refusal to Mourn the Fata from the Muses", Ibidem, pp. 157-166.

222 João Barrento, "O imemoriável da alegria. Memória e ruah em Parasceve, de Maria Gabriela Llansol", p. 16 (inédito).

lhe correspondesse em silêncio, é *uma alma crescendo*" (*Lectura cum legentibus crescit*, não dizia Gregório Magno?).

15. *Escrever, mais do rarefazer os referentes, recorrendo às palavras que anunciam a realidade, é sobretudo encontrar um ritmo, subjectivo e material, imprevisível e irreversível – a organização duma forma, duma força ou do movimento, e não mais a alternância, a repetição, a simetria, a métrica. Ao contrário da hermenêutica e da semiótica, a literatura trabalha para* iludir, *para tornar ilisível o acontecimento, para desrealizar o real: não é esse o destino de toda a literatura? Restituir às coisas a sua "coisalidade", o seu além-alguém. Os objectos são coisas que afectam os sentidos e se oferecem ao olhar como "vivos"*[223]. *A memória, a atenção e a expectativa são os modos segundo os quais um* objecto *se apresenta à consciência. Mas o que é uma coisa? O que é uma cena fulgor? (FP 132). Pergunte-se a Jade que se encontrou no centro de uma* cena fulgor. *Pergunte-se a essa coisa-latência do não-formado que é a "criança-ruha", essa presença sem corpo que a mulher deseja. Mas a Coisa é sobretudo a impossibilidade de "aparecer", quando as Coisas são Alguéns: lugar da metamorfose. A "coisalidade" em Heidegger deixa sempre um resto, um "x". J. Barrento fala da "outridade incognoscível da Coisa", o inapreensível da coisa-em-si. (*Parasceve: *lobo-libido, criança-ruah e a mulher textuante)*[224].

16. *Não há na Obra lansoniana nenhuma proposta de universalismo: a mulher é absolutamente local: (*Parasceve: *146). Também não há nenhuma proposta de humanismo. O lobo de* Parasceve *é um "animal da incógnita", um "indivíduo do mundo verde" (P 34). Não encontramos nenhuma proposta de realismo, é a "coisalidade" que entra em cena, não as coisas, através do trabalho dissolvente do texto. O excesso (de luz, de vibração) apaga as diferenças, anula os limites e os tempos para os reconfigurar. Não descortinamos qualquer proposta de narrativa (a prática do fragmento é que domina). Também nenhuma*

---

223 A ideia dum objecto que não é compreendido pela linguagem é substituída pela ideia que o objecto é aquilo que o discurso efectua: "all objects... are made by the the interpretative of strategies we set in motion" (Fish 1980, 331). A semiosis é o processo pela qual a interpretação constrói uma realidade; um objecto (definido quer como conjunto de crenças, como facto ou significação) chega depois deste processo.

224 João Barrento, art. cit., p. 13

proposta de utopia: os lugares no texto lansoniano não são loci amoeni *(embora, desde o* Livro das Comunidades *todas as figuras andem a procura da alegria)*[225].

17. Toda esta Obra se constrói segundo um modelo textual e figural estranho à ficcionalidade[226], à narratividade, o modo de ser na Comunidade é o Há em Lévinas[227], e ao "humanismo" metafísico. O Homem não figura nesta Obra: "homem não há", lê-se em *A Restante Vida.* O "humano" a casa da Comunidade é "casa dos pobres da história", entre a barbárie e as luzes da razão, um objecto de desejo. A questão que emerge nesta Obra não é: "o que é o humano?", mas sim "como continuar o humano?"(LL1, 120). Ou: como devir humano, no sentido de devir singular.

18. Está latente nesta Obra um certo anarquismo (místico): "Sejamos singulares e totalmente desprovidos de importância"; "há uma vida recôndita de enigmas, incompatível com uma reunião de pessoas submetidas à lei comum" (RV, 64, 67). Perpassa também por aqui um tom apocalíptico, secularizado, é um facto, mas que nada tem de aterrador. Escrevi já que "aquilo que é apocalíptico é o confronto permanente do homem e da mulher, da verdade e da mentira, da vida e da morte – é a que melhor convém a uma Geografia de rebeldes"[228]. O ritmo que vibra entre a "mulher" e a "criança" traz a marca do messianismo jubiloso, à mistura com a animalidade do "lobo" e a "humanidade" do ruha.

"Procuro outro lugar à mesa, o lugar ao lado do outro que me estimule e cause medo dizendo, por exemplo, aos que dormem tranquilamente a comer o amor: 'a abóbada celeste acaba de ruir'" *(Amar um cão, 44).*

---

225 Falei em "A mulher sentada sobre o dicionário" de uma certa forma de a-cronia que coloca a obra de MGL fora do espaço das utopias, mesmo se a conjectura de *Livro das Comunidades* seja eudemonista.

226 Quando me pergunta se escrevo ficção, tenho vontade de rir, Ficção? Personagens que acordam dormem, comem? Não, não tenho nada a ver com isso. Para mim não há metáforas. Uma coisa é ou não é. Não existe o como se. O que escrevo é uma só narrativa que vou partindo aos bocados.

227 E. Lévinas, Ética e Infinito, Lisboa, 1988.

228 José Augusto Mourão, Posfácio A Restante Vida, Relógio d'Água, 2001, p. 127.

19. De acordo, "a crítica ideológica e moralista, obcecada com o sentido e o conteúdo, obcecada com a finalidade política do discurso, nunca tem em conta a escrita, o acto de escrever, a forma poética, irónica, alusiva da linguagem, do jogo com o sentido"[229]. De acordo: a resolução do sentido está na materialidade formal da expressão, o que conta é a ilusão viva do sentido. A língua é feliz, o sentido é triste. MGL é mestra no uso radical da linguagem, no modo como a retira do seu uso, da sua função social, do moralismo e do dualismo sujeito-objecto, Eu-natureza, que a reduz:

"Para o texto que escrevo (a natureza) é o terceiro sexo. A mudança de olhar abre um campo vastíssimo ao vivo. De quem é esta gota de água? (...) O que, por agora, importa, é que somos três, e que a introdução do ímpar veio quebrar o confronto dual em que estamos, neste momento, envolvidos" (OVDP, 215-16).

20. A "máquina" lansoniana entrou em colisão com a "máquina antropológica" que empenou há muito. Nos seus livros mais recentes e em várias páginas de OVDP esboça-se claramente uma "a-teologia do vivo", como lhe chama, com propriedade, João Barrento[230]: "fiquei a saber que o dom poético é a língua tocada pela expansão do universo,// que este caminha para o vivo,//e que o meu vivo é apenas uma forma dos vivos que, de facto, existem" (p. 21); "as palavras são vivos// e não instrumentos,// movimentos de poder e de vibração que transformam as coisas em formas, rodeadas de pontos mortos" (p. 82).

21. No semestre de inverno de 1929-1930, Martin Heidegger intitulou o seu curso na universidade de Fribourg *Les concepts fondamentaux de la métaphysique. Monde-Finitude-Solitude.* Trata-se para Heidegger de situar a estrutura fundamental do *Dasein* relativamente à "pobreza em mundo" (*Weltarmut*) do animal e o homem "formador de mundo" (*werrbildend*). Como entender a abertura que caracteriza o homem relativamente ao entre-aberto em que vive o animal?[231].

229 Jeans Baudrillard, La pensée radicale, sens & tonka, 2001, p. 22.
230 João Barrento, "A Voz dos Tempos e o Silêncio do Tempo. O projecto inacabado da História n' O Livro das Comunidades", (no prelo).
231 Giorgio Agamben, op. cit., p. 75ss.

22. O aberto, o mundo, não são algo ao lado da vida animal. O conflito político decisivo, escreve Agamben, é, na nossa cultura, o conflito entre a animalidade e a humanidade do homem[232]. O mais radical desta escrita é que não pactua com a versão tecnológica do pós-humano[233]. A revolução começou há muito mais tempo: no Jardim da Estrela onde Jade acaba de nascer, ou que nem sequer encarnou, ou que pede para aprender a ler através do falar ininterrupto, em Parasceve, o livro por excelência das metamorfoses.

"Não lhe digo que é impossível estabelecer uma relação entre nós dois porque eu não sou cão; e ele diz que me tem confundido com o arvoredo, a mim, no intervalo do afecto entre os perigos do *poço* e os prazeres do *jogo* (*Amar um cão*, 42).

23. "Un discours se fonde...dans la mesure – relative – ou il organise la place pour ce qui lui echappe", escreve Baudry[234]. O Real não pode reduzir-se a um problema familiar formulado em termos semióticos, metafísicos ou linguísticos. O anel entre o Real, o simbólico e o imaginário é que produz um objecto, em termos lacanianos um *objecto a*. E aquilo que escapa ao Real é simultaneamente um objecto e uma letra: algo resiste na ordem da linguagem a mostrar-se tal qual é. Mas não balouça o prazer da escrita entre os perigos do poço e os prazeres do jogo? (*AC: 42*). A escrita da (des)possessão trabalha com brechas, com brancos no papel, com silêncios e traços que lembram a figura do "pobre", que é bem a figura do mutante, do pré-homem. Não há lugar para o arcaísmo e a nostalgia, figuras estéreis nesta Obra de "vivos" e mutantes. As Musas não estão de facto de volta. Escreve G. Steiner, um nostálgico: "Only post-inhuman Europe could have produced Sartre's terrible epitaph: *le sale espoir*. Or Heidegger's rejection of any primacy of the human person. Or Foucault's abolition of the subject"[235]. Llansol abandonou há muito o reino da "pessoa humana" e do sujeito e da religião, escrevendo já no regime em que nem Cristo nem Dionísio reinam. Para ela, como para Beckett, só a linguagem pode aceder ao vivo, como o mais elementar

232 Giorgio Agamben, L'ouvert, De l'homme et de l'animal, Rivages, 2002, p. 120.

233 Francis Fukuyama, Our Posthuman Future: Consequences of the Biotechnological Revolution, Ferar, Strauss & Giroux, 2002.

234 François Baudry, "Le noeud borrobéen et l'objet a", in Lacan avec les philosophes -Paris, Albin Michel, 1991, p. 183.

235 Ibidem, p. 155.

que o liga, recusando a adâmica nomeação das coisas, a nostalgia da palavra perdida. É assim que nomeia para Jade a tília...o rosmaninho. No eclipse da literatura, se algo ainda resiste é o que ficou de um acto, de um "agir" "sem porquê". Esta é uma escrita do "livre espírito" e do aberto que marcou os dissidentes de toda a espécie (beguinas e lollards, poetas malditos e "intensos"): Não será de resto a única que convém à linguagem do animal, da criança, da mulher?

Bibliografia

Obras de Maria Gabriela Llansol citadas:

Parasceve. Puzzles e Ironias, Lisboa, Relógio D'Água, 2001.

Um Falcão no Punho. Diário I. Lisboa, Rolim, 1985 (2ª ed.: Lisboa, Relógio D'Água, 1998).

Onde Vais, Drama-Poesia? Lisboa, Relógio D'Água, 2000.

O Livro das Comunidades, Porto, Afrontamento, 1977 (2ª ed.: Lisboa, Relógio D'Água, 1999).

A Restante Vida, Porto, Afrontamento, 1983 (2ª ed.: Lisboa, Relógio D'Água, 1999).

Ardente Texto Joshua, Lisboa, Relógio D'Água, 1999.

Amar um Cão, Colares, Colares Editora (Incuído nem Cantileno, 2000).

Bibliografia passiva

D. R. Griffin, *Reenchantment without supernaturalism: A Process Philosophy of Religion*, Ithaca, N. Y. L: Cornell Univ. Press, 2001.

"Naturalism and religion", in *Theological Studies*, v. 63, n. 3, Setembro 2002, p. 640-1

Silvina Rodrigues Lopes, *Teoria da des-possessão*, Lisboa, Black-Son, 1988.

Martin Heidegger, *The Fundamental concepts of metaphysics: world, finitude, solitude*, Bloomington, Indiana University Press, c1995.

Martin Heidegger, What is a thing? Lanham (Md.), University of America, 1985, c1967.

Douglas Coupland, *Microcerfs*, Londres, Flamingo, 1966.

Lúcia Castelo Branco, *os absolutamente sós*, Autêntico, Belo Horizonte, 2000.

Jacques Maritain, *Art et Scolastique*, Louis Rouart et Fils, Paris, 1920.

Jean Baudrillard, *La pensée radicale*, sens & tonka, 2001.

A escrita electrónica: o *Poemário* de Rui Torres

Resumo

O principal problema do diálogo com os computadores deve-se à diferença entre linguagens formais, que regem o comportamento das máquinas, e as línguas naturais que os humanos utilizam na sua vida de todos os dias. Um vocabulário inteiramente novo de formas e métodos emerge do mais inovador campo magnético que é o campo das redes. As novas tecnologias favorecem o desenvolvimento de uma escrita poética hipermediática, "verbi-voco-visual" (Joyce) que impõem um novo estilo de escrita, uma arquitectura de informação audiovisual em modo hipertextual e a emergência de um novo tipo de leitor. Escrever na era da Internet traz consigo a desaparição da figura do Autor, o fim do Estilo, a virtualização do Real, a interacção. Proponho-me apresentar-vos o projecto de telepoesia de Rui Torres, o *Poemário*, colocando algumas questões que este projecto suscita.

"Le réel est toujours l'objet d'une fiction, c'est-à-dire d'une construction de l'espace où se nouent le visible, le dicible et le faisable. C'est la fiction dominante, la fiction consensuelle, qui dénie son caractère de fiction en se faisant passer pour le réel lui-même et en traçant une ligne de partage simple entre le domaine de ce réel et celui des representations et des apparences, des opinions et des utopies" (J. Rancière, 2008: 84).

«It is the nature of electric technologies, unlike the preceding ages, to hybridize incessantly and generate ever new extensions and extrapolations of themselves. (...) We are on the threshold of rediscovering the common language of the arts and sciences,a language lost during the specialismo just past» (Eric McLuhan, 1998 : 185-6).

« O que me parece é que todos os textos têm um propulsionador, a que não gosto de chamar autor, mas têm alguém que os propulsiona, não são simplesmente escritos, não tombam do céu» (Maria Gabriela Llansol : 2009 : 74).

O *Poemário* de Rui Torres faz parte daquelas obras que, de forma inédita, deslocam as linhas de partilha entre os regimes de apresentação sensível e as formas de expressão com que comummente a nossa tradição literária lida. É, nesta perspectiva, um trabalho crítico, político, no sentido em que desloca as linhas de separação no interior do tecido consensual do real, misturando as linhas de separação que configuram o campo consensual do dado, fracturando e multiplicando o real que se ficcionaliza sob um modo polémico. É, pois, uma prática da *dissensão,* a entender como o conflito de vários regimes de sensorialidade e um gesto que bem pode situar-se na afirmação de Mallarmé: "La Destruction fut ma Béatrice"[236]. Não fosse a estratégia própria da poesia dissolver a palavra ordinária, através da repetição fónica, a pausa, as variações rítmicas, as dobras. No resto, a arte e a política dão-se aqui as mãos, não começasse a política no intervalo em que acontece uma ruptura na distribuição dos espaços e das competências. É assim que a arte e a experiência estética se definem como experiências de dissensão, performances, em oposição à adaptação mimética ou ética das produções artísticas com fins sociais. A eficácia de uma dissensão avalia-se pela sua capacidade de dissociação de um determinado corpo de experiência. Não é o próprio do trabalho da política inventar assuntos novos e introduzir objectos novos com uma outra percepção dos dados comuns, como sugere J. Rancière?[237]. Há muito que os teóricos pós-estruturais tinham previsto a libertação total das restrições textuais impostas pelo meio da escrita. As novas formas de "close listenings" permitem-nos hoje percepcionar a linguagem também como performance, operação, interacção.[238] A fronteira entre "língua" e "fala" como se esbate, abolindo-se a "língua" (a *arché* da palavra literária) para dar lugar a outra forma de *aedo* (que, por sua vez, se transformou em executor e autor). A natureza descentrada dos textos electrónicos convida o leitor a tomar parte no processo literário. As ideias e teorias foram, entretanto, transpostas, traduzidas, transformadas em obras concretas. É o que entre nós, entre outros (Pedro Barbosa, em primeiríssimo lugar) Rui Torres tem conseguido fazer com muito saber e arte.

O projecto de escrita de Rui Torres, *Poemário,* funciona como um programa de combinatória textual através do qual se podem criar poemas combinatórios e generativos, programados de modo a permitir ao leitor alterar dinamicamente, em tempo real, os

236 Stéphane Mallarmé, "Carta a Eugène Lefébure" de 27 de maio de 1867, in Oeuvres complètes, vol. I, Paris, Gallimard, 1998, p. 717.

237 Jacques Rancière, Le spectateur émancipé, Paris, La fabrique, 2008, p. 84.

238 Charles Bernstein, *Close Listening: Poetry and the Performed Word,* 2009.

paradigmas que alimentam a sintaxe original.[239] Depois de programado o poema, o leitor pode gerar variações textuais e publicá-las automaticamente num blogue.[240] É daí que parte a nossa investigação no presente trabalho. Neste blogue constam várias ligações para leituras de poesia combinatória, desde *Amor de Clarice v.2*, a *Poemas no meio do caminho* e *Húmus – poema contínuo*. Interessam-nos aqui os *Poemas no meio do caminho*,[241] texto no qual o leitor pode intervir, construindo variações segundo procedimentos combinatórios. Os *Poemas no meio do caminho* têm uma versão vertical e uma versão horizontal, dentro de uma plataforma de vídeo-jogo na qual o autor tem desenvolvido algumas experiências. Para além da descrição do projecto, vêm instruções de leitura, que o autor distribui por três momentos:

1. Ler / Ouvir / Combinar. Ao clicar nas palavras, o leitor pode combiná-las a partir de listas criadas para o efeito;
2. Interagir / Descobrir / Percorrer. O leitor pode rodar o panorama, navegando numa estrutura tridimensional que serve de estrutura e plataforma de leitura;
3. Contribuir / partilhar / conservar. Além de alterar o poema, o leitor pode guardar as suas versões/leituras num blogue referido.

A descrição do projecto *Poemas no meio do caminho* contempla "poemas combinatórios e generativos, programados de modo a permitir ao leitor alterar dinamicamente, em tempo de execução, os paradigmas que alimentam a sintaxe original; som gerado aleatoriamente a partir de bases de dados previamente gravadas, com vozes e texturas sonoras; além de alterar o poema, o leitor pode guardar as suas versões/leituras num weblogue disponível na Internet; duas versões disponíveis (versão horizontal e versão vertical) dão aos leitores

239 Disponível em http://www.telepoesis.net/galeria-poemas/pplayer.php. Concepção de Rui Torres e programação em Actionscript de Nuno F. Ferreira.

240 Disponível em http://telepoesis.net/poemario. Concepção de Rui Torres e programação em perl e PHP de Nuno F. Ferreira, a partir do WordPress.

241 Disponível em http://telepoesis.net/caminho/index.html. Programação literária e textos de Rui Torres, com a colaboração de Nuno M. Cardoso (voz), Luis Aly (som), Ana Carvalho (vídeo) e Luís Carlos Petry (imagem). Este trabalho recebeu o 4t Premi Internacional "Ciutat de Vinaròs" de Literatura Digital (ex-aequo com Caitlin Fischer) de 2008.

a possibilidade de navegar entre distintas tipologias de página: em modo de panorama ou em modo de página html. A versão horizontal (panorama, disponível em http://telepoesis.net/caminho/caminho1.html) inclui vídeo, permite ao leitor alterar as palavras e enviar para weblogue; a versão vertical (html, disponível em http://telepoesis.net/caminho/caminho0.html) permite ao leitor alterar as palavras, alterar as listas e enviar para weblogue".

Poder *vs* autoridade

O que esta experiência de poesia generativa, combinatória e animada por computador põe em questão é, entre outras coisas, o modelo pedagógico da eficácia da arte que sofreu um ataque frontal desde os anos 1760 – a *Lettre sur les spectacles* de Rousseau que visa à pretensa lição de moral do *Misanthrope* de Molière. Contra o regime da mediação representativa, Rui Torres propõe a eficácia da suspensão de qualquer relação directa entre a produção das formas da arte e a produção de um efeito determinado sobre um determinado público.[242] O cenário desta proposta de criação digital não é já o da estética do génio, que deixou traços na concepção hermenêutica de Schleiermacher. Nesse quadro, a estética do génio postula que o acto crítico do intérprete e o acto do criador são demasiado diferentes para poderem ser confundidos. Numa palavra, aquilo que o génio cria inconscientemente deve o intérprete conscientemente reconstruí-lo. Ora, a relação que se procura no *Poemário* entre o "criador", melhor, o "conceptor" e o "leitor" ou "intérprete" é outra. Com riscos, evidentemente. Há-de haver, indubitavelmente uma inadequação entre o acto de recepção e o acto original de enunciação. O leitor não está nunca "à altura" do "autor" ou do "conceptor" de uma obra. Platão ainda tem razão quando escreve no *Ião:* "Vós (os intérpretes) sois portanto intérpretes de intérpretes" (*Ion* 535ª). É verdade que o "culto dos santos" como dizia Baudelaire, contribuiu para a clivagem entre o artista e o público. Tal culto justificava o poder do senhor sobre o escravo, do sábio sobre o ignorante, do rico sobre o pobre. A desconstrução foi decisiva para nos libertar do canto das sereias de uma hermenêutica que prometia um sentido autorizado e revelado de maneira definitiva. A estética que aqui se torna operante é feita de acções, complexos de acções, reacções. Solicita respostas, passagens, vazios, impermanências. E aqui começa a vacilar a própria noção de autor.

242 J. Rancière, *op. cit.*, p. 64.

Mas que é um autor? Que autoridade lhe outorgar? Do latim *augeo*, "*auctor*" é o nome de agente de *augeo*, normalmente traduzido por "fazer crescer, aumentar". *Auctor* é aquele que promove, que toma a iniciativa, que é o primeiro a produzir uma actividade, que funda, que garante, autor. A *Auctoritas* ocupa o centro do pensamento europeu da criação e de tudo o que toca ao poder inaugural de um sujeito que tem o "poder dos começos" (H. Arendt). *Auctoritas* é o acto de produção ou a qualidade que reveste o alto magistrado, ou a validade de um testemunho ou o poder de iniciativa"[243]. A análise da *auctoritas* (*exousia*) e do *auctor* que faz Marie José Mondzain é esclarecedora: "Pour nous 'augmenter' équivaut à accroître, rendre plus grand quelque chose qui existe déjà. Là est la différence, anaperçue, avec augeo (...) (...) Par là, l'abstrait *auctoritas* recouvre sa pleine valeur: c'est l'acte de production ou la qualité que revêt le haut magistrat, ou la validité d'un témoignage ou le pouvoir d'initiative"[244]. Esta concepção supõe que "Des valeurs obscures et puissants demeurent dans cette auctoritas, ce don reservé à peu d'hommes de faire surgir quelque chose et – à la lettre – de produire à l'existence"[245]. A autora que estou a citar, vê esse "poder dos começos" na palavra *exousia*, traduzido por "possibilidade" ou "capacidade de fazer", "licença", excesso (*ex cedere*). O excesso condenado por Platão ameaça as promessas soberanas da *mimesis*. Daí o perigo que o filósofo denuncia.

Como reconhecemos uma autoridade? E de onde vem a força da autoridade? A autoridade é a possibilidade que tem um agente de agir sobre os outros sem que estes reajam sobre ele. A renúncia é consciente e voluntária: porque é que a reconhecemos? A autoridade exerce-se sobre sujeitos capazes de lhe desobedecer e só existe se é reconhecida. O reconhecimento da autoridade assenta na partilha de uma liberdade que, por um lado age e, por outro aceita obedecer. Supõe dois sujeitos iguais em dignidade e em liberdade. O reconhecimento duma autoridade é um gesto invisível que coloca o sujeito no olhar do outro. Os seguidores das religiões de revelação pretendem fazer ressoar o monólogo de Deus num ouvido humano, de tal forma que o homem que escuta deve ser um simples receptor, sem que o seu Eu entre em

243 Emile Benveniste, Le vocabulaire des institutions européennes, Paris, Minuit, 1969, t. 2, chap. 6, p. 148-150.

244 Emile Benveniste, *op. cit.*, p. 148-150.

245 Marie José Mondzain, *Homo spectator*, Paris, Bayard, 2007, p. 150.

jogo – e sem adquirir uma parte pessoal dos direitos de autor.[246] O poder pode não ser humano, enquanto a autoridade parece ligada necessariamente à condição humana do sujeito, de quem o exerce ou sobre quem se exerce. Não podemos falar de servidão voluntária de um animal. O poder é dissimétrico e assenta na interdependência do dominante e do dominado. Podemos transpor a dialéctica em que assentam as relações de poder para a relação autor/leitor, agora em meio digital? Artur Matuck dá emergência de novas formas autorais, dos papéis que humanos e máquinas deverão desempenhar num futuro imediato seja em interacção, colaboração ou competição, incluindo possíveis processos de autoria híbrida engendrados pela colaboração interespecífica e interdisciplinar entre agentes humanos e maquínicos[247]. No fundo, o meta-autor é o "curador", o "performer", o "designer", oculto ou manifesto, à procura de actualizadores. O processo de criação conhece então dois momentos: um primeiro momento, chamado meta-texto que tem a função de orientar os processos generativos, um segundo momento em que o autor produz o trabalho segundo directrizes previstas no meta-texto. Aos actualizadores cabe reelaborar o metatexto, realimentando-o. Como se estivéssemos num museu e, diante de um diagrama em que se desenha o todo do percurso, cada visitante optasse por preencher o território que a sua opção pessoal lhe dita.

Antigravitação

O *Poemário* supõe um dispositivo de base a partir do qual o leitor pode interagir. Supõe, evidentemente, uma recolocação do espectador ou do leitor. O "efeito Duchamp", a "Land Art" trazem consigo um espectador/leitor cada vez mais implicado nas obras. "Está não só implicado na obra, como se torna ele próprio uma dimensão da obra, que era o que pretendia Duchamp", diz-nos Christine Buci-Glucksmann em entrevista recente[248]. À primeira vista, um dispositivo é uma máquina que produz subjectivação. Estará esta forma de escrita, enquanto dispositivo, ao abrigo daquilo a que G. Agamben chama processos de des-subjectivação e à ideologia da facticidade? A ideologia da comunicação diz uma coisa elementar: informação,

246 Peter Sloterdijk, *La Folie de Dieu*, Libella, Maren Sell, 2008, p. 118.

247 "Oficina: os processo de criação meta-autorais" (Universidade de Aveiro, 2009).

248 "Diálogo sobre as imagens cristalinas e o pensamento na arte", Entrevista de Jorge Leandro Rosa, in *Nada*, nº 13, 2009, p. 68.

mensagem, interacção, o que significa o fim de uma lógica natural da subjectividade, da troca e da alteridade. A boa informação passa pela transparência digital do saber. Por outro lado, a ideia de participação e de animação visa a fazer-agir. A participação não é uma acção pura e simples, como o daria a entender uma teoria da comunicação *standard,* mas é uma acção comandada por um dispositivo. A acção a realizar é aquela que resulta de uma interacção concertada em que o controlo e o *feed back* estão presentes. Aquilo que caracteriza uma operação é que ela é, como Baudrillard acentuou, ao contrário da acção, controlada, submetida de um modo ou de outro ao controlo no seu próprio operar. A operação não pode desenvolver-se livremente: ela é forçosamente interacção, interface. Uma outra questão aparece: não implicará esta forma de escrita um processo de desmaterialização? Não há dúvida que os desenvolvimentos mais recentes em arte estão ligados à procura quase exponencial do desenvolvimento tecno-científico. O processo da modernidade pode descrever-se à maneira de Peter Sloterdijk como *antigravitação*[249]. Ora, o processo de desmaterialização da riqueza tem como consequência a perda das crenças e dos ideais antigos. Lyotard viu claramente esse processo na exposição *Les immatériaux.* A tecnologia não é a causa do declínio da figura moderna, é um dos seus sinais, como é a melancolia diante da perda da dominação do mundo. Para ele, tratava-se de um interrogação geral sobre aquilo que restava do real (mas também do presente, ou do autor e do destinatário para a experiência de escrita) quando há "filtros" que se interpõem entre os objectos e o sujeito. O material é simultaneamente o suporte da mensagem e aquilo que assegura a captação, a transferência e a captura da mensagem. A matéria da mensagem é o seu referente, e a matriz é o código da mensagem. Daí que, para certos quadrantes, a nova besta seja a produção imaterial. A multiplicação dos códigos traz consigo uma desmaterialização do conjunto dos detentores dos diversos processos: do suporte, dos intervenientes, da mensagem. A realidade agora é que o médium é o fazedor e não, como pretendia McLuhan, que o *medium* produz a mensagem[250]. Representam as novas tecnologias a desmaterialização ou o contrário? Kerckhove coloca esta questão: "Est-ce que l'éléctricité

249 Peter Sloterdijk, *Écumes*, Paris, Maren Sell, 2005, p. 605.

250 J. Hillis Miller,*The Medium is the Maker. Browning, Freud, Derrida and the New Telepatatic Ecotechnonolies*, critical inventions, Sussex Academic Press, 2009.

n'est pas en train d'éviscérer notre intériorité, a-t-on le moyen de la proteger?"[251]. Bruno Latour pensa que o interesse na Internet está em rematerializar, isto é, em voltar a mostrar como esta história da subjectividade estava ligada a técnicas. Como se deduz, é uma opinião contrária àquilo, pensa Kerkchove. A electricidade recarga em materialidade efeitos que eram até aqui efeitos espirituais, é portanto o contrário de uma evisceração, é uma elevação do espiritual ao material. Falar de "carne" tornou-se problemático desde Deleuze que contesta esse conceito, na acepção de Merleau-Ponty e que nos fazia pensar numa "interioridade" da encarnação. Vale a pena citar C. Buci-Glucksmann: "No corpo existem virtualidades que se aproximam do virtual, enquanto acção e reacção, a potência do corpo, a sua transformação, que vão para além da carne"[252]. O desenvolvimento da interiorização faz-se através das técnicas. A Internet, então, rematerializa. Por outro lado, é reconhecido que os novos *media* promovem a sinestesia, mais do que os antigos. Os *media* interactivos fornecem sinestesia à desencarnação e mantêm a promessa de uma nova convergência das artes. Cada nova tecnologia traz consigo nova intensidade do conhecimento e uma nova forma de arte, como afirma Eric McLuhan: "Os *media* de comunicação interactivos, além de servirem para fornecer uma sinestesia para o desencarnado, contêm a promessa de uma nova convergência das artes. Cada nova tecnologia traz consigo uma nova intensidade de consciencialização e percepção. Cada nova tecnologia significa, portanto, uma nova forma de cultura e também uma nova forma de arte" (Eric McLuhan, 1998, p. 185-6). Walter Ong dizia que os *media* electrónicos nos davam uma sensorialidade secundária – é um olho amplificado, um ouvido amplificado à escala do planeta. Teríamos, assim, uma distância desmultiplicada, mas secundária, metade conectada e metade desconectada.

As coisas recebem um envoltório, valores, propriedade actanciais, uma moral. É o envoltório do objecto que faz dele uma figura e lhe dá um cunho, uma marca – traços da *praxis enunciativa.* A memória dos discursos (seja a heráldica ou outra disciplina) manifesta uma cadeia e uma sobreposição de "marcações" – é esse o princípio sintáctico de modificação durável das entidades semióticas através das interacções anteriores. Em último caso, aqui como no texto escrito, aquilo que

251 Bruno Latour, op. cit. p. 287.

252 Catherine Buci-Glucksmann, entrevista citada, p. 70.

há a analisar é o suporte material. Reconhece-se um corpo pelo seu envoltório (estrutura material), o seu movimento (energia). "C'est son support qui donne sa valeur à l' écrit. Hommage rendu à la matière par laquelle le texte devient visible, et dont on connaît beaucoup d'autres examples dans la culture japonaise, mais qui témoigne aussi, de façon secrète et indirecte, de ses liens demeurés constants avec l'invisible"[253].

Que sujeito?

A suspeita permanece: estarão os dispositivos digitais a produzir sujeitos, ou pelo contrário, a produzir processos de dessubjectivação? Entendo, na sequela de G. Agamben, por "sujeito" aquilo que resulta da relação, e, por assim dizer, do corpo a corpo entre os seres vivos e os dispositivos[254]. Isto significa que "Ao desenvolvimento infinito dos dispositivos do nosso tempo corresponde um desenvolvimento também infinito dos processos de subjectivação", que não significa a desaparição da categoria da subjectividade, mas a sua disseminação. Que sujeito emerge das narrativas interactivas? É preciso que todos os signos sejam os do desejo e que façam sinal ao sujeito que é convidado a satisfazê-los. Como o desejo ignora os signos, será preciso compor uma sinalética de estímulos, uma semiótica emocional por onde um dado sujeito (espectador, decifrador, colaborador) navegue. O espectador canónico foi educado como um condutor numa auto-estrada, de quem se exigem bons reflexos, induzidos pela língua dos sinais, e imperativos vitais de ausência de colisão. De que estratégias enunciativas dispõe hoje o meta-autor que assina uma ciber-obra? Que lugar prevê para a emergência do sujeito? Este texto coloca essa questão no interior do ciberdrama de Pedro Barbosa, *Alletsator*. De que modo esta obra, através de simulações interactivas geradas por computador, redefine a experiência que o sujeito faz da leitura (navegação) desta obra?

Sabe-se que a noção de autor individual e a preocupação de atribuição pessoal das obras (escritas ou picturais, em particular) ganha importância na era da imprensa. A clausura suposta desta época alimenta no espírito de muitos comentadores a hipótese de uma negação do papel (se não da existência) de um autor individualizável. A nostalgia da época medieval sem assinatura nem apropriação pessoal (com o exemplo recorrente da construção das

253 Anne Marie Christin, *Poétique du blanc*, Paris, Vrin, 2009, p. 37.

254 Giorgio Agamben, *Qu'este-ce qu'un dispositif?* Paris, Rivages, 2007, p. 32.

catedrais) não está muito distante. Na filosofia contemporânea, a lógica da enunciação impessoal é convocada (prolongando de uma certa maneira as suas raízes no estruturalismo. Disso testemunham as célebres «formações discursivas» de Foucault, as construções lacanianas que separam (com as cadeias de significantes) sujeito e pessoa, os agenciamentos colectivos deleuzianos (forças ou fluxos que atravessam os sujeitos). É assim que Deleuze afirma:« L'énoncé est le produit d'un agencement, toujours collectif... L'auteur est un sujet d'énonciation, mais pas l'écrivain qui n'est pas un auteur. L'écrivain invente des agencements à partir des agencements qui l'ont inventé il fait passer une multiplicité dans une autre». ([DEL 96], p. 653). O sujeito individual é então considerado como um estrato num contínuo que vai do megapsiquismo colectivo às forças intrapessoais, vectores eventuais dos prazeres e dos sofrimentos dos órgãos. Numa palavra, o olhar incide ao mesmo tempo aquém e além da forma pessoal. A obra de Maria Gabriela Llansol, por exemplo, vai contra uma certa ideologia dominante da criação como produto do sujeito individual e da sua subjectividade. Uma velha tradição romântica que esta Obra nitidamente quebra. "Neste aspecto, o texto é o lugar onde aparece o eu sem subjectividade. Isso diz-se no começo de *Onde vais, drama-poesia*, e em alguns diários"[255].

O conceito de agenciamento colectivo de enunciação de Guattari-Deleuze permite sair da lógica do significante. O sujeito deixa de ser um indivíduo isolado com os seus significantes, para fazer parte de um agenciamento em que (é) interagido com um meio e um grupo que produzem um agenciamento colectivo de enunciação em evolução permanente. Importa saber que a função da linguagem não é nem informativa, nem comunicativa; que não remete nem para uma informação significante, nem para uma comunicação intersubjectiva. "De nada serviria abstrair uma significância fora da informação, ou uma subjectividade fora da comunicação. Porque é o processo de subjectivação e o movimento de significância que remetem para regimes de signos ou agenciamentos colectivos. Para Deleuze há um «primado de um agenciamento maquínico dos corpos sobre os instrumentos e os bens, primado de um agenciamento colectivo de enunciação sobre a língua e as palavras». O carácter colectivo do agenciamento de enunciação corresponde a um "agenciamento maquínico": não é produzido

255 João Barrento, in *O que é uma figura?* Mariposa Azul, 2009, p. 80.

por, mas é por natureza *para* uma colectividade (daí o aceno a Paul Klee, que Deleuze cita, a "um povo que falta"). É neste ponto que o desejo é o verdadeiro potencial revolucionário. «Porque uma verdadeira máquina abstracta se relaciona com o conjunto de um agenciamento: ela define-se como o diagrama deste agenciamento. Não é da ordem da linguagem, mas diagramática, sobrelinear. O conteúdo não é um significado, nem a expressão de um significante, mas ambos são as variáveis do agenciamento». (...)«A unidade real mínima não é a palavra, nem a ideia ou o conceito, nem o significante, mas o agenciamento. É sempre um agenciamento que produz os enunciados. Os enunciados não têm como causa um sujeito que agiria como sujeito de enunciação do mesmo modo que não se referem a sujeitos como sujeitos de enunciado. O enunciado é o produto de um agenciamento sempre colectivo que põe em jogo em nós e fora de nós populações, multiplicidades, tentações, devires, afectos, acontecimentos».[256]

Arte e ponto de vista

Pode dizer-se que a arte se tornou um *ponto de vista*. Jacques Fontanille desenvolve esta noção de *ponto de vista*, de tal maneira que não apenas o enunciador possa elaborar um ponto de vista, mas o receptor igualmente, do mesmo modo que o próprio texto ou a imagem que dele se tem. Fontanille retém dois papéis essenciais, dois actantes: o sujeito e o objecto, um processo de selecção e de orientação das estruturas semânticas, uma componente espacial facultativa, mas dominante, que se encarrega figurativamente da interacção entre os dois actantes, uma componente perceptiva visual ou uma componente intelectual e afectiva. Uma das principais ideias avançadas por este semiólogo é a do ponto de vista e da interacção. A existência duma componente interactiva no *ponto de vista* é evidente: o sujeito regula-se sobre o objecto, o objecto está mais ou menos bem colocado relativamente ao sujeito. E desde que aparece a ideia de interacção, a noção de objecto torna-se um problema: donde a afirmação do autor querendo que num ponto de vista, não há um pólo inerte (objecto) e um pólo dinâmico (o sujeito), mas dois pólos interactivos. Donde as diferentes passagens de objecto a sujeito que propõe o autor:

– a transformação do objecto cognitivo em informador: o objecto constrange;

256 Giles Deleuze e Félix Guattari, *Mille Plateaux*, Paris, Minuit, 1980.

– o observador tem de adoptar uma certa posição, um certo olhar, e este olhar constrangedor, que pressupõe uma manipulação, pressupõe finalmente a actividade e a competência dum informador.

– a transformação da personagem objecto de saber em sujeito observador: "Quando a deslocação dum observador numa paisagem não afecta a homogeneidade do informador, este passa por um sujeito constante e organizador, enquanto o observador, nas suas posições sucessivas é uma máquina registadora submetida às condições do outro; inversamente, se o informador deflagra nos seus múltiplos aspectos, o observador afirma-se como sujeito". A conversão de actantes, que geram as zonas de interacção, com a consequência seguinte: a dimensão cognitiva é sintacticamente organizada pela aparição e desaparição destas interacções, através da construção e da desconstrução dos hiper-saberes que pertencem à competência dos sujeitos. Em resumo, Fontanille chega assim a propor uma representação do discurso, pelo menos, a partir da sua dimensão cognitiva, como uma sucessão de *pontos de vista* separados por soluções de continuidade, em que se constituem "precipitados" interactivos. E estas considerações são retomadas noutros termos por Brown et Yule (1984, 114) et por Vignaux (1988, 35).

Coda

Dizíamos que a arte é sobretudo *um ponto de vista* sobre coisas ou acontecimentos. "Uma bela greve é também uma obra de arte", escrevia Mikel Dufrenne[257]. A arte tem um poder de alteração, um poder de nos "introduzir naquilo que não pertence ao mundo do quotidiano", dotada de um poder específico de *refiguração* (Paul Ricœur) da experiência quotidiana, na medida em que propõe "uma nova leitura do ser"[258]. A principal função da arte é a de "tornar a estranheza mais estranha, através de determinados aspectos"[259]. O modelo arqui-ético que norteou a modernidade entendia a arte como forma de vida. O que permaneceu desse ideal foi o modelo de arte que se deve suprimir a si mesma, do teatro que deve subverter a sua lógica transformando o espectador em actor, da performance que faz sair a arte do museu fazendo dela um gesto de rua. O *Poemário* de Rui Torres tem uma finalidade política clara: subverter a máquina do *entertainment.*

257 Mikel Dufrenne, *Art et politique,* Paris, "10/18", 1974, p. 242.

258 George Steiner, *Réelles presences. Les arts du sens*, Paris, Gallimard, 1991, p. 234.

259 George Steiner, *op. cit.*, p. 171.

A sua estratégia passa por aquilo a que se pode chamar uma estética relacional: o trabalho da arte, na sua forma nova, ultrapassa a antiga produção de objectos a ver e a comentar. Ele propõe formas activas de comunidade. Aquilo que o teatro do texto esconde – o seu dispositivo tecnológico, o seu código – pode ser partilhado, em grau menor, é certo, por quem queira participar do jogo da escrita. Uma questão se levanta aqui: pode fazer-se a crítica de um jogo? O modelo da comunicação de Jakobson é demasiado linguocêntrico. Segundo Jakobson, o *emissor*, tendo em conta o contexto, e utilizando o código (a língua), formula a *mensagem* (o texto) que, ao existir o contacto, transmite ao *receptor*. Mesmo do ponto de vista da comunicação pré-linguística este esquema se deve considerar insuficiente. A estética da recepção, pensada em termos de acolhimento e hospitalidade quebrava a carapaça da possessão de si, arrastando consigo um eclipse provisório do eu. Movendo-se substancialmente no quadro da fenomenologia do encontro, apelando também para uma "ética da recepção" que se interroga sobre "as categorias morais pertinentes para os nossos encontros com o poema, o quadro ou a composição musical"[260]. I. V. Knorozov demonstrou, a partir de exemplos da comunicação no mundo animal, que ao lado do emissor e do receptor, adquire um significado fundamental o terceiro participante da situação comunicativa a que ele chama o *interceptor*. É este papel que mais destaca nos sistemas electrónicos de comunicação. Michael Fried, no campo da fotografia, fala de *absorption* – por oposição, utilizando os termos emprestados de Diderot, a uma "theatrical art", e à arte voltada explicitamente para o espectador[261]. Na sua obra *Art and Objecthood,* Fried critica aquilo a que chama a "theatricality" da arte Minimalista. Introduz então o termo oposto "absorption" no seu livro de 1980: *Absorption and theatricality: painting and beholder in the age of Diderot.*

A prática de escrita do *Poemário* como de outras práticas afins no universo digital não deixa de levantar questões. Com esta prática deixou de haver intervalos, já não somos actores, mas produtores de sentido, de movimento, de trabalho. Deixou de haver o entre, o *ma*, o sopro, o vento, o alusivo, que constitui o nervo da cultura chinesa e japonesa e se desenvolveu na estética e na ética das relações

260 *Ibidem*, p. 178.

261 Theodora Visher and Heidi Naef (2005) "Jeff Wall: Catalogue raisonné". [Catalogue of all works] 1978-2004. Bâle: Schaulager.

humanas. Onde coloca o vazio no texto electrónico? Há na praxis enunciativa da escrita electrónica um claro propósito de profanação, *i.e.*, uma restituição ao livre uso daquilo que, durante séculos, era considerado domínio sagrado do Autor. Claro que a conquista pela arte da sua autonomia é profana no seu princípio. Quando a arte vivia sob o regime do serviço, a sua função era redobrar valores existenciais, religiosos ou políticos, e nesse regime as suas obras eram sacralizadas, por contiguidade com o uso hierofânico, ético, mágico ou outro. Quando Jean-François Lyotard é convidado a abrir a exposição "Les Immatériaux", que de facto se realizou a 28 de Março de 1985, no Centro George Pompidou, já um longo trabalho teórico o precedia. Por que falar de "Les immatériaux"? Lyotard dizia então, "je ne connais rien aux matériaux...nouveaux ça ne veut rien dire... création c'est de la théologie ou de l'esthétique romantique, c'est_à. dire des choses que précisément il faut mettrre en question". Para este filósofo, as novas tecnologias são "substituts d'opérations mentales et non plus physiques" que obrigavam a reavaliações e redefinições pelo aparecimento dos novos materiais que de facto são Imaterais, a maior parte produzidos pelas tecnociências informáticas ou electrónicas. A concepção do "homem" entendido como espírito e vontade, consciência e liberdade era agora abalada pela emergência dos Imateriais (materiais compostos por elementos discretos, ondas sonoras, ondas luminosas, corpúsculos, etc.). O modelo da linguagem substituía o da matéria. Estes elementos já não têm "substância" estável, movem-se numa estrutura instável de interacções:"de l'esprit à la matière, la relation n'est plus d'un sujet intelligent et volontaire à un objet inerte. Ils sont cousins dans la famille des Immatériaux"[262]. Abraham Moles afirma que "a obra de arte é um erro (leia-se: *superfétation* = redundância, coisa que se acrescenta inutilmente a uma outra) da sociedade contemporânea[263]. Por mais cooperantes que possam tornar-se os novos instrumentos digitais, haverá sempre obra a partir do momento em que o objecto será visado como *fabricat*. Bruno Latour sublinha algo de substancial nesta matéria: "To design is never to create *ex nihilo*"[264]. Há de facto um abismo imenso entre criar e desenhar. "God

262 Seminaire – Immatériaux-ENSAD-30 de Março de 2005, p. 4.

263 Abraham Moles, *Art et ordinateur*, Paris, Tournai, 1971.

264 *Bruno Latour, "A Cautious Prometheus? A Few Steps Toward a Philosophy of Design (with Special Attention to Peter Sloterdijk)", p. 5, www.bruno-latour.fr*

the designer is really a redesigner of something else that was already there – and this is even truer for His Son as well as for the Spirit, who both are sent to redeem what has been botched in the first place"[265]. O que provavelmente pode acontecer é que a execução venha a ser reduzida a uma *escolha*. Nunca há apenas factos, com os factos há também problemas. Será muito difícil evitar a questão, não apenas de ordem estética: "isto está bem ou mal desenhado"? Com a escrita electrónica, passamos do espectador – não lugar em que inscreve o sujeito que vê, ao sujeito que vê e interfere. Ter-se-á pedido, nesta passagem a alma do espectador (*infans*)? O problema dos dispositivos não se reduz ao seu bom ou mau uso. O desenvolvimento das novas tecnologias veio introduzir uma nova epistemologia da arte que produz necessariamente novos efeitos de conhecimento. O facto é que passamos de uma cultura da estabilidade para uma cultura dos fluidos e para uma "estética do efémero" não melancólica, um espaço crítico que pensa visibilidades, como o exprime C. Buci-Gluscksmann. "Passagens da arte" inevitáveis em que se ensaia a entrada em cena de um novo tipo de leitor. Resistiremos ainda muito tempo a esta estética?

265 *Ibidem*, p. 5.

Bibliografia

Abraham Moles, *Art et ordinateur*, Paris, Tournai, 1971

Anne Marie Christin, *Poétique du blanc*, Paris, Vrin, 2009.

Bruno Latour, "A Cautious Prometheus? A Few Steps Toward a Philosophy of Design (with Special Attention to Peter Sloterdijk)", p. 5, www.bruno-latour.fr

Charles Bernstein, *Close Listening: Poetry and the Performed Word*, 2009.

Emile Benveniste, *Le vocabulaire des institutions européennes*, Paris, Minuit, 1969, t. 2.

George Steiner, *Réelles presences. Les arts du sens*, Paris, Gallimard, 1991

Giles Deleuze e Félix Guattari, *Mille Plateaux*, Paris, Minuit, 1980.

Giorgio Agamben, *Qu'este-ce qu'un dispositif?* Paris, Rivages, 2007.

Jacques Rancière, *Le spectateur émancipé*, Paris, La fabrique, 2008.

J. Hillis Miller,*The Medium is the Maker. Browning, Freud, Derrida and the New Telepatatic Ecotechnonolies*, critical inventions, Sussex Academic Press, 2009.

Marie José Mondzain, *Homo spectator*, Paris, Bayard, 2007.

Mikel Dufrenne, *Art et politique*, Paris, "10/18", 1974.

Peter Sloterdijk, *La Folie de Dieu*, Libella, Maren Sell, 2008.

Peter Sloterdijk, *Écumes*, Paris, Maren Sell, 2005.

Stéphane Mallarmé, "Carta a Eugène Lefébure" de 27 de maio de 1867 in *Oeuvres complètes*, vol. I, Paris, Gallimard, 1998.

Theodora Visher and Heidi Naef (2005) "Jeff Wall: Catalogue raisonné". [Catalogue of all works] 1978-2004. Bâle: Schaulager.

Ciência e religião: encontros e desencontros

"Entre la Foi ou la Théologie et la Philosophie il n'y a nul commerce, nulle parenté; nul peut l'ignorer qui connait le but et le fondement de ceux deux disciplines, lesquels sont entièrement différents. Le but de la Philosophie est uniquement la vérité; celui de la Foi (...) uniquement l'obéissance et la piété" (Spinoza, *Traité théologico-politique*, chap. XIV).

"Não quero sentar-me numa comissão de ética ao lado de um teólogo, de um psicanalista, de um filósofo especializado em tecnociência e de um médico, mandarim cientista e moralizador. Quero tornar-me capaz, e incitar a fazer outro tanto, de intervir nesta história, sem ressuscitar o passado em que dominavam outras maiorias morais"...Os cientistas, naturalmente, não são os únicos representantes das coisas" (Isabelle Stengers).

"Os humanos, quando confrontados com a autoridade científica, têm tendência para perder tudo o que têm de recalcitrante, comportando-se como objectos obedientes" (Bruno Latour).

A religião é a relação do homem com o sagrado que se traduz, como religião subjectiva, na veneração e na adoração e que se incarna, como religião objectiva, na confissão, na palavra, nos actos (gestos, danças, abluções, unções, bênçãos, sacrifícios) no direito e na moral. A religião, que não é uma alegoria fantástica da sociedade, nem visa a explicar a forma da sociedade, é, no seu fundo, a resposta do homem a esta manifestação. A religião tem os seus actores, e a ciência também. A ciência tem uma dimensão social forte e uma autonomia incontestável. A medicina em particular tem como objectivo curar. Ora, não é a cura (de almas) a principal tarefa da religião? O confronto da religião com a ciência data do século XVII e arrasta-se até hoje. A verdade que persegue uma não coincide com a verdade que persegue a outra. O argumento "em nome da ciência" encontra-se em qualquer lado, mas continua a mudar de significado. Como conviver com estes dois domínios que são pertença do humano, de maneira não conflitual? Não será ruinosa uma ciência sem consciência? Como praticar o "princípio de irredução"? (I. Stengers).

Se algo prova bem que o homem é um ser essencialmente social, ou, como dizia Aristóteles, um animal político, é que ele tenha feito da *religião* uma das instituições mais perviventes da humanidade. As religiões da humanidade, tanto as grandes religiões universais como as religiões confinadas nos limites de uma civilização determinada (*v.g.* a religião greco-romana) e as religiões dos povos ditos primitivos contêm em núcleo comum que se manifesta através de *mitos* e de formas culturais fundamentais. É na união universal entre religião e *cultura*, entre religião e governo da sociedade que a religião se torna realmente presente e tangível, e é nessa conjunção que a cultura e a ordem social adquirem uma força que se impõe ao homem. Não se conhece religião sem instituições (rituais, sacramentais, simbólicas, canónicas). A presença da religião e das instituições na construção das primeiras formas de civilização conhecidas, e em geral, na história de todas as culturas do mundo, é incontestável. A história das religiões comporta dois aspectos essenciais: as religiões enquanto *démarche* significada por ritos e por celebrações; o sentimento religioso analisado por numerosos autores como aquilo que constitui o *homo religiosus* compreendido através das suas manifestações[266]. De facto, e de modo geral, atribui-se uma real universalidade à ideia do *homo religiosus* e ao carácter unívoco da sua experiência: a experiência do *sagrado*. A teoria evolucionista na ciência das religiões, que se colocava na hipótese de uma evolução ascendente que ia do animismo ao monoteísmo, não conseguiu impor-se. As várias religiões partilham, por toda a parte, a *crença* na alma, a crença nos espíritos, a personificação da natureza, o animismo, a crença numa força misteriosa, o culto dos antigos, o politeísmo. Para além da religião *subjectiva*, que tem a sua fonte na receptividade transcendental e na abertura ao Outro, o *culto*, enquanto forma *objectiva* (da oração, dos gestos, dos actos) vem contrabalançar a tendência que tem o sentimento religioso para se dissolver no inapreensível, suscitando no homem uma relação justa com Deus. É, porém, enquanto fundamento da ordem jurídica e política e da cultura que a religião se torna ambígua. Não há ordem jurídica nem forma de governo que não procure fundar a sua legitimidade na religião. Por outro lado, a religião está intrinsecamente orientada para a criação de culturas (arte, poesia, música, filosofia) e para as diferentes formas de vida social.

266 D. Hervieu-Léger, *La religion pour mémoire*, Cerf, Paris 1993. A. Vergote, *Religion, Foi, Incroyance. Étude psychologique*, P. Mardaga, Liège, 1993.

Existe hoje entre os teólogos e os especialistas da religião um consenso para designar a finalidade e o fundamento da religião pelo termo *salvação*. "A religião é feita para curar os homens, isto é, para que eles não se apercebam do que não vai bem"[267]. Ao lado das religiões de evasão e de salvação, abertas ao transcendente ou ao *misticismo*, houve sempre outras formas de agrupamentos religiosos que respondiam a preocupações terrestres de higiene, de saúde, de equilíbrio ou de curas. Os santuários do Egipto antigo, como os de Denderah, Dehir el-Bahari, Memphis eram lugares de peregrinação, dotados de instalações sanitárias, à semelhança dos *asclêpieions* de Epidauro e de Cós[268]. A vida coabita com a violência do desejo – o que os mitos, as religiões, Nietzsche, Freud, Girard e outros nos mostraram[269]. As religiões constituiram-se como "catarses" ou "purificações" das variantes do "mal" que são os diferentes destinos do ódio. Com efeito, o homem religioso é interpelado, ao longo da história, a purificar-se das suas manchas (que são diversas "matérias" no limite do "limpo" e do "estranho" e que remetem em última instância para o corpo maternal e para o sangue nas religiões ditas primitivas) para se purificar das abominações alimentares (no budismo, e de outro modo no judaísmo e no Islão), e a purificar-se dos seus ódios assassinos, sacrificiais ou fraticidas[270]. Uma perspectiva meramente externa (que visa a *explicar* a religião) não vê aquilo que visa à consciência religiosa. Com efeito, a religião não visa a explicar a forma da sociedade, nem a crença é o único modo de explicar a religião. A religião tem sido vista como o "ópio", o "gemido dos oprimidos", um instrumento de estabilização social (E. Durkheim, Max Weber) ou uma forma de dominar a contingência (H. Lübe). Para lá da salvação, porém, será necessário falar dum bem que é outra coisa que salvar e ser salvo (Platão), um bem que faz mais do que fazer bem, falando do sagrado, sem confundir a religião e a ética[271].

267 Jacques Lacan, Le Triomphe de la Religion, Paris, Seuil, 2005, p. 87.

268 R. Peel, Spiritual Healing in a scientific age, San Francisco, Harper and Row, 1987.

269 S. Freud, Le malaise dans la culture (1930), tr. Fr. Pierre Cotet, René Lainé, Johanna Stute – Cadiot, in Oeuvres complètes, volume XVIII, PUF, 1994.

270 J. Kristeva, La haine et le pardon, Paris, Fayard, 2005, 369.

271 E.Lévinas, Éthique et Infini, Dialogues avec Philippe Némi, Paris, Fayard, 1982; Of God Who Comes to Mind, Stanford University Press, 1998. Soren Kierkegaard, Concluding Unscientigfic Postcript to Philosophical Fragments, eds. Howard V. Hong e Edna H. Hong, Princepton University Press, 1992.

Permanece o diferendo, acerca duas fontes etimológicas possíveis da palavra – a) *religio*: *relegere*, de *legere* "colher, reunir": tradição ciceroniana que transparece no pensamento de W. Otto, Benveniste; b) *religare*, de *ligare* ("ligar, religar"): tradição que nos chega de Lactâncio, Tertuliano ou Pauly-Wissowa, entre outros[272]. O fenómeno religioso e a experiência do *sagrado*, a relação entre religião e sociedade, a comparação genética, a história, a fenomenologia e a hermenêutica são temas abordados por autores que se tornaram clássicos (R. Otto, E. Durkheim, M.Mauss, Max Weber, G. Dumézil, M. Eliade)[273]. Mas nem a etimologia, nem as diversas abordagens bastam para dar uma definição adequada da religião. No dizer de J. Kristeva, «O éter da religião terá sempre sido receptivo a uma certa virtualidade espectral»[274]. Talvez venha daí a dificuldade de uma definição adequada deste termo, ou mesmo de uma possível tipologia. A oposição religiões *primitivas* ou religiões *naturais* vs religiões de *civilização*, é uma oposição que assenta num pressuposto evolucionista hoje ultrapassado. Pode sustentar-se uma outra oposição: religiões *nacionais* ou *étnicas* vs religiões *universais* (budismo, cristianismo, islamismo). Pode-se defender uma terceira oposição: religiões *tradicionais* vs religiões com um *fundador*, ou ainda religiões *cósmicas* vs religiões *históricas*. E ainda uma quarta oposição: religiões *proféticas* vs religiões *místicas*. Ou, à maneira de P. Ricœur: religiões *pagãs*, que relevam do registo da *manifestação*, vs religiões que relevam do registo da *proclamação*[275]. O cristianismo, como forma escatológica da religião, seria claramente uma religião de proclamação. Fazendo aparecer o carácter provisório da piedade individual e de toda a forma cultual objectiva, o cristianismo, não resgatando o homem *da* religião, sempre pôs em questão todas as tentativas para deformar a religião, de modo a não ver nela mais do que uma afirmação de si do indivíduo, ou um simples

272 E. Benveniste, Le vocabulaire des institutions indo-européennes, Paris, Minuit, 1969, II, 265-278.

273 G. Dumézil, Mythe et épopée, 3 vol., Paris, Gallimard, 1968-1973. G. Mathon, G.-H. Baudry, E. Thiery, Catholicisme Hier Aujourd'hui Demain, tomo XII, Paris, 1990. M. Eliade, Histoire des croyances et dês idées religieuses, 3 vol., Paris, Payot 1976-1983. J. Ries ed. L'expression du sacré dans les grandes religions, 3 vol., Louvain-la Neuve, 1,2,3, 1978-1983. E. Durkheim, Les Formes élémentaires de la vie religieuse, 1912.

274 J. Kristeva, op. cit., p. 36.

275 P. Ricœur, "Révélation et proclamation", in Le Sacré, Paris, 1974.

garante da ordem da sociedade. Uma religião é assim um aparelho instituído por dogmas ou artigos de fé determinados e indissociáveis de um *socius* histórico (Igreja, clero, autoridade socialmente legitimada, povo, partilha de um idioma, comunidade de fiéis comprometidos na mesma fé e na mesma história). A institucionalização (da religião) culmina, em matéria de comportamento, com todos os ritos, e, em matéria de se vestir, com o uniforme (hábitos das ordens religiosas). Ao espalhar-se no mundo mediterrânico, o código constituído pelos conceitos doutrinais do cristianismo subdivide-se numa série de dialectos: arianismo, pelagianismo, nestorianismo, etc. Tomás de Aquino (Cf. *Suma teol.*, II-II, q. 94, a. 1; ad 1) distingue claramente a *religião* da *fé*: a religião designa práticas cultuais, como a oração, os sacrifícios, as oferendas, etc. A religião é a manifestação da fé (*protestatio*) em sinais exteriores.

Não basta uma definição substantiva da religião que tem o seu centro, como R. Otto sustentava, na experiência religiosa como experiência do sagrado[276]. Uma religião é também uma maneira de se vestir, de se lavar, de se casar, de se cuidar e de pôr a mesa – uma religião comporta uma dietética, ritos, festas, procissões, peregrinações, ex-votos. A palavra latina *religio* é retomada pelos cristãos para definir o cristianismo como a *vera religio*, em oposição às falsas religiões. Os filósofos têm outra definição: "A religião é a resposta"[277]. Não há resposta sem princípio de responsabilidade: é preciso responder ao outro, diante do outro e de si. E não há responsabilidade sem juramento, sem *sacramentum*. Porém, não há filosofia da religião na Europa antes do século XVII (K. Feiereis). Até lá, a filosofia confundia-se com a teologia, isto é, uma teoria de Deus (dos deuses, do divino), fosse segundo o modo da recusa (em nome da liberdade e da autonomia humanas), da crítica ou da afirmação (teologia natural, *deísmo*). As *Luzes*, que nunca falam de luz, mas de *Aufklärung*, vão deixar de se concentrar na deidade, no Ser, no Um, para se concentrarem no homem na medida em que ele se refere à deidade. Os intelectuais começam a falar do poder da imaginação humana (Schiller, Shelley), ao tempo em que a caridade cristã se transforma em Liberdade, Igualdade, Fraternidade[278]. Ao longo do século XIX detectamos posições

276 R. Otto, Le Sacré, Paris, 1949.

277 J. Derrida, Foi et Savoir, Points, Paris, Seuil, 1996.

278 Richard Rorty/Gianni Vattimo, *El futuro de la religión, Solidariedad, caridad, ironia*, Paidós Studio 165, 2006.

por ou contra a religião, mas agora sob um ponto de vista empírico-científico nas suas dimensões históricas, sociológicas, psicológicas, fenomenológicas. É neste contexto que nascem as ciências religiosas. Uma forma particular desta abordagem é a filosofia da religião que retoma todos os pontos de vista anteriores. Se numa primeira fase desenvolve teses positivistas sobre a ausência de sentido dos enunciados religiosos, numa segunda fase atém-se a clarificar metodicamente os pressupostos, verificabilidade, racionalidade, justificação teórica e prática (L. Wittgenstein, A. Flew-A. MacIntyre, I. U. Dalferth).

O *Homo sapiens*, a espécie a que todos pertencemos, é produto do acaso de milhões de anos de evolução, ou é uma criatura de Deus, cujo aparecimento é relatado no livro do Génesis? Passados 150 anos sobre a apresentação da teoria da evolução, cresce o número dos que preferem a narrativa do Génesis. Apesar de a teoria da evolução se ter transformado numa pedra basilar do cânone da ciência e da cultura, continua a ser contestada por uma parte importante da população, incluindo o Islão[279]. Stephen Jay Gould dizia que a resistência do chamado "criacionismo" era uma controvérsia localizada e americana, como o Tio Sam ou a tarte de maçã. Há em Seattle o Instituto Discovery, defensor da "concepção inteligente" (uma versão *light* do criacionismo): o Universo é demasiado complexo para não ter um criador inteligente. O Conselho da Europa emitiu uma declaração em Outubro de 2007 com este título: "Os Perigos do Criacionismo na Educação". Como se vê, o movimento criacionista tem um poder político real. "Julgada a partir do modelo teórico-experimental, pode perguntar-se se a biologia darwiniana será deveras uma ciência". A questão é levantada por uma filósofa das ciências, Isabelle Stengers. O "adaptacionismo panglossiano" (Gould) diz que "Tudo é pelo melhor no melhor do mundo". Todo o rasgo do vivente deve ser ou foi útil, pois a sua utilidade é que explica a selecção, dizem os

279 Na Turquia, Adnam Oktar dirige uma Fundação para a Investigação Científica que defende as ideias criacionistas – cf http://www.harunyahya.com). O qualificativo de criacionismo designa os diversos movimentos, cristãos, judeus ou muçulmanos que rejeitam qualquer ideia de evolução no seio da natureza ou, pelo menos, se opõem às ideias e às teorias desenvolvidas por Charles Darwin e seus sucessores para explicar a evolução; a forma mais actual é a da *intelligence design* (desígnio superior). Ver Jacques Arnould, *Dieu versus Darwin. Les créationnistes vont-ils triompher de la science?*, Paris, Albin Michel, 2007.

neodarwinistas. Pelos vistos, os criacionistas americanos não se enganaram quando a atacaram e não à astronomia, como fez a Igreja no tempo de Galileu. "Não se revelaram, porventura, vazios de poder explicativo *a priori*, os grandes conceitos aparentemente explicativos – adaptação, sobrevivência do mais apto, etc. – simples palavras que interveem para comentar uma história já depois de reconstituída?"[280]. A principal inovação de Darwin foi, sem dúvida, sustenta a autora que estou a seguir, a invenção da história do ser vivo enquanto história *lenta*, "deriva", dizia, porquanto desprovido do motor que teria constituído uma capacidade intrínseca de adaptação própria da vida ou a hereditariedade dos caracteres adquiridos proposta por Lamarck. Os instrumentos do naturalista dão-nos a possibilidade de reunir *indícios* que o guiarão na tentativa de reconstituir uma situação concreta, de identificar relações e não representar o fenómeno como função munida de variáveis independentes[281]. As ciências da prova não são as ciências do indício. A incerteza é o húmus das ciências de campo. O que um campo permite afirmar pode ser contradito por outro, sem que um dos dois testemunhos seja falso. Afinal, os "evolucionistas" ainda não conseguem narrar-nos como se criou o olho; mas conseguiram fazer a história dos seres vivos de um modo que reinventa o olhar que sobre eles lançamos"[282].

O aniversário dos 200 anos do nascimento de Charles Darwin fez aparecer na opinião pública uma polémica entre criacionismo e evolucionismo, vistos muitas vezes como opostos e excludentes, quando não é assim, afirma o arcebispo de São Paulo.«A criação não exclui a evolução, nem o contrário», destaca o cardeal, em artigo publicado na edição desta semana do jornal arquidiocesano «O São Paulo» (18 de fevereiro de 2009) (ZENIT.org). Segundo o arcebispo, «a evolução é um facto evidente e não pode ser posta em dúvida; porém, se ela explica como as coisas se diferenciam e mudam, por diversos factores, ela, contudo, não explica a origem absoluta dessas coisas». «É um facto que somente evolui e se transforma aquilo que já existe. Donde, ou de quem cada ser recebeu a existência e a ordem interna para ser aquilo que é, e não outra coisa?» «Do nada? – prossegue Dom

280 Isabelle Stengers, *As Políticas da razão. Dimensão social e autonomia da ciência*, Lisboa, Edições 70, 2000, p. 16.

281 *Ibidem*, p. 161.

282 *Ibidem*, p. 163.

Odilo –. Do nada, nada surge, a não ser que algum agente "crie", isto é, dê origem, tire do nada e faça existir algo. O acaso poderia ser este factor determinante? Como seria inteligente este acaso! A teoria do acaso é absurda. É melhor crer em Deus criador, isso não é absurdo». O arcebispo, que certamente não leu J. Monod, afirma que a evolução «explica "como" as coisas chegaram a ser aquilo que são, mas não explica o facto mesmo da existência das coisas, nem sua ordem interna e seu significado»[283]. De acordo com Dom Odilo, também a hipótese da "explosão inicial" (Big bang), para explicar a origem do universo, «poderia ser apenas uma explicação parcial». «É preciso explicar como passou a existir anteriormente um "algo", que pudesse explodir; e explicar também a existência de uma lógica maravilhosa na origem do universo, que foi capaz de organizá-lo e de torná-lo a maravilha que ele é, em vez de ser o caos infinito e permanente». Decididamente – prossegue o cardeal Scherer –, a evolução «também não explica a própria existência do universo». «Mas ela, como a ciência no seu todo, procura explicar "como" as coisas existem, são feitas, funcionam e interagem. E nisso não precisam estar contra a fé em Deus; nem precisa a fé em Deus negar a ciência. O verdadeiro cientista também pode ser profundamente religioso», afirma. Dom Odilo explica que neste debate ressurge a questão antiga da relação entre fé e razão, entre ciência e religião. «Trata-se de duas formas diversas de aproximação da realidade: a razão requer argumentos controlados por ela e convincentes para ela mesma; daí decorre o conhecimento científico moderno, que submete tudo ao seu método próprio e verifica a possibilidade de comprovar, com instrumentos que lhe são próprios, as afirmações sobre as realidades deste mundo». «Aquilo que o método científico não verifica e comprova, também não pode ser afirmado pela ciência; mas seria falso concluir logo:

283 É verdade que J. Monod (1970) leva o reducionismo ao extremo: o programa genético é a verdade do vivente: o essencial é a semelhança entre uma bactéria, um elefante e um homem. Jean-Pierre Changeux não padece menos de reducionismo: "nada mais se opõe, sob o aspecto teórico, a que os comportamentos dos homens sejam descritos em termos de actividades neuronais" (1983: 150). Mas também se pode pensar que "O reducionismo não é um pecado de que os cientistas tenham que se redimir, mas um sonho tão inatingível como estar vivo e *não* ter corpo. Nem sequer o hospital consegue reduzir o paciente a um 'mero objecto'" (cf. B. Latour, "Como falar do corpo? A dimensão normativa dos estudos sobre a ciência", in *Objectos Impuros: Experiências em Estudos sobre a Ciência* org. João Arriscado Nunes e Ricardo Roque, 2008, Edições Afrontamento, p. 59.

portanto não existe. De sua parte, o conhecimento pela fé faz afirmações baseando-se na revelação divina e vai além daquilo que a ciência pode controlar. A fé não é contra a ciência, mas vai além da ciência». «Não é preciso abandonar a fé em Deus criador para aceitar o facto da evolução, que faz parte da sabedoria criadora de Deus; é um dinamismo interno nas coisas, que faz com que o mundo não seja estático e morto, mas cheio de vitalidade, esperança e futuro», afirma o arcebispo. O astrofísico Trinh Xuan Thuan, autor do *Dictionnaire amoureux du ciel et des étoiles* (2009) não é tão peremptório: "Dizer que o universo tende para a consciência desde a origem releva de uma posição metafísica forte. É uma aposta"[284].

A criação

Vale a pena citar Hannah Arendt pelo que de profético, bem antes do aparecimento da nanotecnologia, ela viu o que se avizinhava: a rebelião humana contra o dado: "O artifício humano do mundo separa a existência humana de qualquer meio puramente animal, mas a própria vida está fora deste mundo artificial, e através da vida o homem continua ligado a todos os outros organismos vivos. De há algum tempo a esta parte que um grande número de pesquisas científicas se esforça por tornar a própria vida 'artificial' e cortar o último laço que ainda liga o homem aos filhos da natureza. (...) Este homem futuro que os sábios produzirão, dizem-nos, dentro de mais de um século, parece refém da revolta contra a existência humana tal como ela é dada, presente vindo de parte nenhuma (laicamente falando) e que ele quer por assim dizer trocar contra uma obra das suas próprias mãos"[285]. A ideologia trans-humanista está aí. Para o monismo materialista, o espírito e a matéria são a mesma coisa. A ciência oscila entre duas atitudes: de um lado, um orgulho desmedido; do outro, para fazer calar os críticos, uma humildade aparente. A hipótese "Deus" é, neste contexto, inútil. O crente apenas pode afirmar o papel cósmico e recapitulador de Cristo. O pensamento teilhardiano corre o risco de procurar introduzir uma lei de convergência e de ortogénese, que o paradigma darwiniano recusa[286].

---

284 Trinh Xuan Thuan, "L´univers: du Big Bang au ´réglage fin'", in *Le Monde des religions*, janvier-février, 2010.

285 Hannah Arendt, *Condição Humana*, 1958: 8-9.

286 George B. Murray, "Teilhard and Orthogenetic Evolution", *Harvard Theological Review*, 60, 1967, p. 281-295.

A expressão "Creio em Deus, criador do céu e da terra" é, antes de mais, um acto discursivo, evocando uma origem que tem a força de uma promessa e que tem um alcance trinitário. A criação bíblica é um acto de palavra, de aliança, não uma determinação. A linguagem que diz o começo releva da dominante simbólica. O espaço dos possíveis que cabe à humanidade é o de um antropocentrismo prático, não o de um criador. Darwin abalou para sempre a ideia de ordem e de medida com que lidavam os teólogos, envoltos em visões físicas e metafísicas fixistas. O acaso entrou não apenas em biologia, mas também na filosofia do ser vivo[287]. Os princípios da teologia natural têm pela frente os difíceis problemas da contingência, da selecção e da finalidade. Mas Deus não pode ser nem confundido com o criado ou com leis deterministas nem separado delas: a criação é uma relação de origem entre Deus e as suas criaturas, relação de aliança marcada pela liberdade. Na teologia cristã Deus criou livremente o mundo e por amor (autocomunicação do bem): *creatio ex amore Dei.* Amor extático que o leva a sair de si mesmo e a criar. A teologia do "processo" rejeita a ideia da criação *ex nihilo* porque se afirma a partir do caos (eterno como Deus)[288]. Central no NT é a aclamação de Jesus como *cosmocrator: (*Fil 2,6-11; Is 45, 23; Col 1, 15-20; Rm 1, 3-4). Cristo é agente da criação em termos de *ta panta.* Ele é o *arché*, o *pleroma* – fórmula helenística judaico/cristã – e a reconciliação de todas as coisas (*ta panta*). A criação consiste na transformação do caos em cosmos. O livro do Génesis não conhece ainda a ideia de criação no sentido estrito, *i.e.*, criação *ex nihilo.* O conceito *ex nihilo* contradiz claramente a lei da conservação da massa e energia: é impossível criar algo do nada. Dizer que Deus criou num só dia o céu contraria os números da ciência que falam de 15 biliões de anos. A escuridão não é uma substância, mas uma ausência de luz. A expressão hebraica *tohû-wabohû* é proverbial para exprimir a confusão e a desolação (Is 34, 11; Je 4m 23). *Tohû* designa o deserto sem caminho, inabitável, enquanto *bohû* marca o vazio, evocando o caos. Repare-se que o caos tem o mesmo nome em Gn 1,2 e no *Enuma Elich.* De facto, o nome hebraico *teom*/abismo (Gn 1,2) é o correspondente exacto, etimológico e semântico, do nome acádico Tiamat. Os mitos da criação figuravam um desejo: que a ordem do mundo e criação sejam sinónimos.

287 Jacques Arnould, "La conspiration du hasard et des contraintes", *La Recherche*, 296, 1997, p. 100-104.

288 A. N. Whitehead, *Process and Reality*, NY, 1979.

É verdade que o mito do "combate primordial" serviu para legitimar a monarquia judaica, encarada como a garante da permanência e da estabilidade do mundo natural e social. Mas não é o caso em Gn 1, 1-2,4ª. "A monarquia já não existia provavelmente quando esse texto foi escrito. Se ainda existia, os autores de Gn 1,1-2,4ª não fazem caso dela. Põem a humanidade no lugar da monarquia, promovendo a reis e rainhas todos os seres humanos"[289].

A cultura é uma invenção do homem para curar o medo diante do aspecto primário da vida, aquilo a que Ortega chama a selva em que reina Pã. O homem inventou os seus mitos, o seu mundo de formas para tentar preservar a unidade do que está em baixo e do que está em cima, aquilo a que Raimundo Lúlio chama o "omnia in unum". Já os pré-socráticos elaboram a primeira teologia racional, assimilando Deus com a Causa primeira, Causa entendida ainda como Causa material: a Água de Tales, o Fogo-Logos de Heráclito, o Ar de Anaximandro e de Diógenes de Apolónia (cf. *As Nuvens* de Aristófanes). No século V a teologia é já uma ciência, como se pode ver em Platão e particularmente no *Timeu* ou nas *Leis* (1. X). Esta teologia vem ligada a um sistema astronómico e a uma doutrina do movimento: a demonstração da existência de Deus é um exercício da razão pura que pode e deve transformar-se em piedade, mas que, em si mesma, é da ordem da ciência e não da religião. Já se disse que a religião era uma ilusão, uma ficção que salva. Recentemente, Dawkins, o biólogo que escreveu "O gene egoísta" ou "O relojoeiro cego", escreveu "The God delusion" que é uma defesa do ateísmo. Um desastre, porque presta um mau serviço à reflexão sobre a lugar da religião na sociedade contemporânea e à reflexão sobre a legitimidade epistémica e ética das crenças religiosas. Há fundamentalmente duas visões da ciência: uma visão cientista e uma visão pragmática. A ciência é cientificamente justificável, mas moralmente neutra, por isso a qualidade da ciência nada diz da sua qualidade moral. A ciência tem um pressuposto moral favorável porque ela é a verdade e que a verdade é melhor que o obscurantismo. O que divide os que acreditam no céu e os que não acreditam nele. Claro que podemos separar o sagrado do profano e restituir as coisas ao profano. O "sagrado" subtrai-se ao uso que

289 Francolino Gonçalves, *art. cit.*, p. 39.

fazemos das coisas, quando compramos, vendemos, emprestamos, damos, pomos ao serviço de. Aquilo que é "consagrado" está fora do direito humano. Já aquilo que é profano é algo que foi restituído "ao livre jogo dos homens" (Agamben). Até pode acontecer que as escolas religiosas sejam intoleráveis porque produzem estranheza e ódios religiosos. Perguntar o que distingue a crença em Deus da crença nos OVNIS é não saber que a crença e o saber não são a mesma coisa. Mas nada justifica hoje o encarniçamento de um resto que se diz ateu (M. Onfray). Perguntaram a R. Girard como se pode acreditar na ciência e em Deus ao mesmo tempo. Ele respondeu assim: "Acreditar em Deus não implica rejeitar a objectividade. A minha crença em Deus faz de mim um crente na objectividade de mundo. O que quero dizer é que no que toca às questões ditas importantes, opero ainda no quadro duma epistemologia tomista, que considera as coisas como reais e vê Deus como o garante desta realidade. Eu vejo as obras literárias como reflexões sobre as verdadeiras relações que têm curso na sociedade, e utilizei-as como instrumentos de observação científicos"[290]. Afinal, o domínio do saber científico não elimina os velhos mitos que nos contam o começo das coisas e dos seres. "O mito da ciência existe na medida em que os meios de comunicação anunciam sempre uma nova descoberta que não existia para excitar e ter as pessoas entretidas. Eu diria que pelo contrário, vivemos numa época em que se está voltando a formas de superstição muito fortes, porém sem segurança científica, ou a crenças de tipo supersticioso... A verdade, penso que as pessoas acreditam mais no padre Pio do que na ciência. Essa é a realidade"[291]. O "desencantamento" do mundo, a desaparição da apreensão mágica do mundo releva, paradoxalmente, escreve J. P. Depuis, da crença e do acto de fé[292].

Nota-se, porém, que o pensamento religioso de Israel, mesmo comportando vestígios de cosmovisões vizinhas, se desvia do seu imanentismo de base, tido como idolátrico. O Deus de Israel não tem um rosto do mundo, embora Deus só seja Deus na relação com o criado (M. Eckhart), o Deus de Israel é, "não um rosto do mundo, mas o mundo como rosto" (Remi Brague). A posição de

290 René Girard, *Les Origines de la Culture*, Desclée de Brouwer, 2004, p. 200.

291 Umberto Eco, "Contra las supersticiones", entrevista de Jordi Doce, in *Minerva*, nº 12, Madrid, 2009, p. 9.

292 Jean-Pierre Depuy, *La marque du sacré*, Paris, carnetsnord 2008, p. 73.

Leão XIII, na *Providentissimus Deus* (1894) é a mesma que assumirá João Paulo II: verdade escriturística e verdade científica não podem contradizer-se; se a Bíblia parece contradita pela ciência, é porque foi mal interpretada; não é ela que é posta em causa, mas uma das suas interpretações. Por trás desta questão estão Tomás de Aquino e Averróis. De resto, João Paulo II na *Fides et Ratio* lamenta as interferências das autoridades religiosas no curso do desenvolvimento do conhecimento científico.

Para lá da linguagem da situação objectiva, que permite a comunicação das opiniões, existe uma *língua-sujeito* (língua da situação subjectiva) que permite a inscrição duma verdade. A língua matematizada da ciência não é a língua das opiniões, mesmo que seja das opiniões sobre a ciência. A língua duma declaração de amor pode ter uma aparência banal, o que não impede que o seu *poder* na situação está inteiramente subtraído ao uso comum das mesmas palavras. Mas o que é determinante aqui é que o poder duma verdade face às opiniões é de forçar as nomeações pragmáticas (a linguagem da situação objectiva) a inflectir-se e a deformar-se no contacto com a língua-sujeito (língua do militante, do investigador, do artista, do apaixonado). É apenas isso que muda os códigos estabelecidos da comunicação, sob o efeito duma verdade. Em questão está o *modo* (estético) e o *método* (lógico), o sentimento e os princípios com que os co-sujeitos têm de conviver. A via mística representa um ateísmo absolutamente mais radical do que aquele que destrói a imagem de Deus como ente (supremo, perfeito, omnipotente, etc.). Aliás, em teologia negativa, Deus só se diz na língua que está para além da "palavra". A palavra da cruz é o seu mais alto símbolo. A "palavra" só é dita para indicar o "trânsito" através da palavra: afirma-se Deus para dizer o indizível. Na vida há uma espécie de dobra que faz com que cada elemento tenha o seu contrário. Que cada ser visível possua a sua margem invisível. Que a alegria coteje a tristeza. A afirmação "Deus morreu" tem um sentido que se justifica: morreu o deus à medida do homem, como ente entre os outros; este Deus morreu porque nunca existiu, não passando de uma vã ficção. Quando este ídolo se desmascara, vemos o homem afastar-se do Deus que falaciosamente fabricara, para se re-formar ao Deus que é o único verdadeiro Deus. O Grego pensou os seus deuses, imortais-mortais, a partir da Beleza da natureza. O sagrado não se refere à natureza, mas ao caos. Ora o caos é o sagrado, é o atributo dos ventos, dos cavalos, dos homens e das cidades, mas também das coisas tomadas no seu *acmé*, no instante culminante da sua potência. O peixe que se debate fora da água na extremidade da linha é sagrado (Ilíada XVI, 407). O raio é sagrado. Não é assim que o semita pensa o santo. Isaías fala do Santo, e diante do Santo invade-nos o terror e o temor que paralisam. O numinoso aterroriza. Para Kierkegaard o religioso nasce numa aproximação demoníaca. Tanto o religioso como o demoníaco nos situam face a face com o tremendo. Este autor aborda o domínio religioso *sensu eminentiori* em *Temor e Tremor* (1843), colocando em paralelo a figura de Abraão e a do cavaleiro da fé, examinando no mesmo lance a figura de Tritão. Tritão surge dos fundos abissais porque a tentação demoníaca é encenada na tradição ocidental por relatos perigosos de exploração marítima e por vezes de expedição na montanha. É de resto no cenário do mar, que a Bíblia tem por perigoso e tenebroso, que Jesus aparece como aquele a quem até o mar obedece. O sagrado é o que vem, o hino, o envio. O sagrado é omnipresença e, ao mesmo tempo, o fundo abissal (*Un-grund)*, o silêncio irrepresentável. O sagrado de Heidegger corresponde à *superessentialis divinitas* de Eckhart, expressão que indica o Aberto que se mostra no próprio instante em que se retira e que, retirando-se, se revela. Como se o pensamento se abandonasse às coisas para se abrir ao mistério – o centro da casa, o centro do lugar que habitamos, os lares que o protegem. Do mistério o melhor é não dizer nada (*myeo* indica o acto de fechar, de manter fechado e aplica-se sobretudo ao olhar: míope é aquele que tem os olhos fechados. *Mustes* é aquele que fecha os "olhos do corpo" para se concentrar na procura do fundo da sua alma). O abandono é uma libertação da representação, para o mistério dum tal Começo: uma revogação da vontade, para insistir na expectativa do abandono. Querer o não querer é uma aporia típica do "pobre" eckhartiano. É o nada que é esperado porque o nada é o Aberto. É o vazio (*kenos*): o que dá lugar. A "quieta" dinâmica do abandono faria sinal ao nada do Começo. O "nu verdadeiro" tem o nada diante de si. O étimo de *caos* remete para o ser aberto (*hio*, *hisco*): o poeta (o crente, o monge) é aquele que sabe manter-se aberto ao Aberto.

O declínio do religioso

O religioso declina desde há séculos: este declínio não é a morte de Deus anunciada por Nietzsche (que fala sobretudo de uma refundação religiosa da sociedade)[293], mas também não se identifica com aquilo de que fala Régis Debray nem com a sua ideia do "regresso do religioso", que reveste por vezes formas abastardadas (seitas) ou integristas (que encorajam, em nome do ideal, uma explosão da pulsão de morte)[294]. Este declínio é mais rápido e pronunciado no Ocidente cristão, na própria América do que noutros sítios. Nem o fundamentalismo americano nem o *fundamentalismo* islâmico vão contrariar este declínio. A religião popular, conotada com crenças e práticas qualificadas de "supersticiosas", ou mágicas, marginalizadas ou combatidas pelo poder eclesial, permitiu pôr em causa a imagem de uma religião cristã uniforme e logocêntrica[295]. Falar hoje de "virtude da religião" é utilizar uma expressão que deixou de ter sentido na linguagem comum, sobretudo porque decorre, ou da apresentação clássica da moral católica, ou porque designa o *estado de vida* do monge e do religioso. Também não podemos hoje falar unicamente da religião – que durante muito tempo se confundiu com a religião católica – mesmo se Lacan diz que a verdadeira religião é a romana, mas das religiões em geral[296]. E. Troelstsch (1865-1923) sugere a ideia duma relativização cultural das religiões, segundo as "particularidades individuais das diferentes esferas culturais e raciais" e a "especificidade das suas estruturas religiosas integrantes". O encontro com as tradições religiosas de outras culturas, no quadro duma plataforma ecuménica alargada devia permitir a emergência de uma outra perspectiva, com consequências inevitáveis sobre o plano teológico. O diálogo *inter-religioso* decorre do volte face que a Igreja católica assume desde o Concílio Vaticano II (1962-1965) e depois na declaração *Nostra aetate* sobre as suas relações com as religiões não cristãs. O que se procura agora nas diferentes religiões é a resposta aos enigmas escondidos da condição humana. Os homens não testemunham apenas da sua abertura à última realidade que é Deus: a sua atitude

---

293 F. Nietzsche, *Le gai savoir*, trad. de P. Klossowski, in *Oeuvres philosophiques completes*, vol. V, Paris, Gallimard, 1982, p. 150.

294 R. Debray, *Le Feu sacré, Fonctions du religieux*, folio essais Paris, Gallimard, 2003.

295 F.-A. Isambert, 1982. Jean-Yves Lacoste (dir.) *Dictionnaire critique de Théologie*, Paris, PUF, 1998.

296 Jacques Lacan, *Le Triomphe de la Religion*, Paris, Seuil, 2005, p. 87.

religiosa traduz uma certa percepção da pujança escondida que governa a sua vida, por mais desconcertantes que sejam as derivas desse novo mal-estar na nossa civilização que são os regressos da necessidade de acreditar. Desde o começo tudo o que é religião consiste em dar sentido àquilo que eram outrora coisas naturais[297]. Muito tempo se acusou o religioso de encantar magicamente o mundo e os supersticiosos; teremos, doravante, de pedir tanto à história das religiões, como à história das ciências, técnicas de exorcismo que só o "regresso do religioso" promete[298]? Não há religiões imóveis. As religiões ganham novas formas, deslocam-se, degradam-se[299]. Resistem (ao positivismo e ao pragmatismo) não ao mimetismo da comunicação e à retórica. Faz parte da sua plasticidade, digamos da sua economia da encarnação. As religiões não são imunes à sedução e aos efeitos dos *media*. O efeito da religião nos *media* não é diferente afinal do efeito da imagem: ou a ruína da materialidade e o triunfo do platonismo, ou o triunfo da encarnação e o encaminhamento para a expressão da carne habitada pela palavra que nós somos. A religião nos *media* já não é apenas a religião difundida através da imprensa, paroquial, controlada na fonte, em que o que mais conta são os conteúdos (a mensagem); também não é apenas a religião difundida pela rádio ou pela TV, apoiada em suportes eléctricos, linear, sujeita a uma direcção de informação e a um propósito informativo. As religiões formam-se num campo constituído pelo processo psíquico bipolar ou nuclear da meditação que purifica e da simbolização que permite a comunicação. São por isso obrigadas a negociar, dizia Derrida, "o paradoxo de uma nova aliança, entre o teletecnocientífico e as duas fontes da religião (o indemne, *heilig, holy*, por um lado, a fé ou a crença, o fiduciário, por outro")[300]. Não podemos separar o discurso eulógico com que cada grupo conforta o seu narcisismo, da publicidade ou da pastoral. A distinção do cristianismo neste campo, e relativamente

297 J. Lacan, *op. cit.* p. 80.

298 M. Serres, *Les messages à distance*, Montréal, Fides, 1994, p. 33. M. Taylor, *A Postmodern A/theology*, Chicago, London, University og Chicago Press, 1984; Hohn D. Caputo, On *Religion*, London, New York, 2001; Slavoj Zizek, *The Fragile Absolute: Or Why Is the Chistian Legacy Worth Fighiting For?*, London, New York, Verso, 2000.

299 Jean-Luc Nancy, *La Déclosion (Déconstruction du christianisme, I)*, Paris, Galilée, 2005.

300 Jacques Derrida, *Foi et savoir. Les deux sources de la 'religion' aux limites de la simple raison*, in *La religion* (J. Derrida e G. Vattimo) (dir.), Paris, Seuil, 1996, p. 76.

a outras religiões, é que é a única religião que transmite um acontecimento sagrado, uma eucaristia, uma exposição do Santíssimo, ao vivo[301]. O cristianismo é a única religião que cultiva a telepresença. Na mesma onda, o evangelismo americano explora a histeria a imersão, a interactividade.

Coda

"O problema teológico-político, assim chamado por Spinoza, é o de saber se os homens podem viver em conjunto e resolver os seus problemas com toda a *autonomia*, isto é, fora de qualquer transcendência, religiosa ou outra"[302]. É possível uma ciência puramente imanente, atinente aos factos, indiferente aos valores?[303] Haverá entre dois modos distintos de conectar enunciados alguma mensurabilidade? Como desfeitear essa "comédia de erros" (Latour) com que se tem debatido a relação entre a religião e a ciência? Entre estes dois modos de enunciar o invisível permanece um diferendo antigo, uma divergência radical na apreciação do que é o ser verdadeiro do homem. É à ciência que devemos o obscurantismo da religião. A religião aceitou ser uma crença e falar de um referente à maneira das redes científicas, mesmo se este referente continuava a ser indeterminável. Em vez de continuar a ser católica, ao "fazer-se toda para todos", aceitou ser apenas romana. Há uma transcendência da ciência como há uma transcendência da religião; há uma referência da religião como há um trabalho da referência científica; há uma representação científica como há uma representação religiosa. Bruno Latour di-lo melhor do que nós: "Nem a religião nem a ciência estão muito interessadas no que é visível: é a ciência que apreende o longínquo e o distante; quanto à religião, ela nem mesmo tenta *apreender* alguma coisa"[304]. A religião não procura o além, mas sim representar a presença daquilo que é designado como a "palavra encarnada". Mas a ciência nada tem a ver com o visível, o tangível dos factos. Os mundos a que visa são invisíveis por serem demasiadamente pequenos, distantes, estranhos,

---

301 Jacques Derrida, *Religion and Media*, Stanford University Press, 2001.

302 Jean-Pierre Depuy, *op. cit.*, p. 74.

303 Bruno Latour, "What is the style of matters of concern? Two lectures in empirical philosophy Spinoza Lectures at the University of Amsterdan April and May 2005.

304 Bruno Latour, "Não congelarás a imagem ou: como não desentender o debate ciência-religião", in *Mana* 10 (2): 2004, p. 359.

contra-intuitivos. A verdade do cristianismo é irredutível à da ciência. A vida é um movimento caracterizado pelo Dom de si ou a "doação" que fica fora de qualquer objectivação. A ciência – e, em particular, a biologia – nada sabe desta doação. O cristão não é filho de uma biológica que não existe, mas apenas da vida fenomenológica absoluta que é a essência de Deus. É desta Vida invisível que o homem é o Filho. O cientista do físico Michael Polany aproxima-se de um perito, no sentido inglês de *connoisseur*, e a sua competência é inseparável de um empenhamento (*commitment*), que implica a inteligência, mas também os gestos, a percepção, a paixão e a crença (Polany, 1951). É contra J. D. Bernal, um cientista marxista, que Polany funda, no início da guerra uma "Society for Freedom in Science". A ciência não é imune a derivas de toda a espécie que decorrem de relações de força, de jogos de poder claramente sociais, de diferenças de recursos e de prestígio entre laboratórios em competição, das possibilidades de alianças com interesses "impuros", ideológicos, industriais, estatais, etc. As intromissões no domínio não científico de explicações científicas observa-se amiúde. A *Time* publicou um texto sobre *a biologia da crença (visão* 19 de fevereiro de 2009). "Se alguma vez rezou com tanta veemência que perdeu todo o sentido do mundo, isso aconteceu por causa do seu lóbulo parietal ter entrado em acção...o hipotálamo tem um papel a desempenhar, tal como os lóbulos frontais. Mas é o lóbulo parietal, uma massa central de tecido encarregada de processar as entradas sensoriais, que provoca o maior efeito transportador". Existem indícios científicos de que a fé pode realmente curar. Religião e ciência estão sempre em disputa, mas concordam casa vez mais numa coisa: a espiritualidade pode ser boa para a saúde. O efeito *placebo* é uma espécie de magia curativa. Se dermos a um doente um comprimido de açúcar, mas dissermos que é um analgésico, a dor pode realmente desaparecer. A medicina e a religião partilham pelo menos um traço: ambas podem ser vistas como reacção à perspectiva da morte. Mas enquanto a ciência nada diz sobre uma possível vida no além, as práticas religiosas são formuladas pela sua concepção desse território por descobrir. Sobretudo, "A religião e a ciência tratam diferentes preocupações", diz Richard Sloan, autor de *Blind faith: the unholy alliance of religion and medicine.* É verdade: as ciências, a nanotecnologia em particular, põem o homem em perigo. O movimento criacionista ilustra bem uma das facetas do tema "ciências e laicidade". Vê-se mal a pertinência do relatório pedido pelo Conselho da Europa a uma das comissões sobre os problemas das ciências e do seu ensino face à emergência dos movimentos criacionistas. Para que outra cruzada, depois daquela que os meus infelizes irmãos levaram a cabo no caso Galileu. O medo é abortivo. Um dogma é como um lampadário: no escuro, pode servir de ponto de referência para ir explorar as zonas mais obscuras; pode também permitir ao bêbado aguentar-se de pé agarrando-se a ele. As religiões fundam-se em dogmas e estão particularmente ameaçadas pelo dogmatismo. Também as ciências. "O cientista", escreve I. Stengers, "já não é, ao mesmo título que qualquer outro humano, o produto de uma história social, técnica, económica e política, mas tira activamente proveito dos recursos do ambiente com a finalidade de fazer prevalecer as próprias teses e *esconde* as próprias estratégias sob a máscara da objectividade...O cientista, aqui, em vez de se privar heroicamente de qualquer recurso à autoridade ou ao público, surge acompanhado por uma corte de aliados, de todos aqueles cujo interesse conseguiu criar uma diferença nas controversas que o opõe aos próprios rivais"[305]. Se a ciência é livre de valores, o que deduz do tema da "neutralidade axiológica" que Max Weber inscreve na conferência de 1917 ("O ofício e a vocação do sábio"), na "guerra dos deuses", a ciência nada tem a dizer e é o político que tem de decidir. Mas de facto a ciência decide, como o pode fazer um mecanismo colectivo e anónimo, um processo cego – que Heidegger resume no aforismo: "A ciência não pensa". O "princípio de irredução" é uma precaução e uma exigência, que I. Stengers enuncia como a passagem do "isto é isto" ao "isto não é mais do que isto" ou ao "é somente isto". Este princípio prescreve um distanciamento em relação à pretensão de saber e de julgar. Os religiosos e os cientistas correm o risco de se tornar sábios, não os cobrisse a aura e a autoridade que lhe creditam as nossas sociedades. O próprio do ser humano é escolher ser humano: "à lui de choisir entre le Royaume et les ténèbres"[306]. Que concluir? E se a ciência fosse uma teologia que se ignora?[307] "Não precisamos de comunicação, temos até demasiada, carecemos de criação. Precisamos

305 Isabelle Stengers, *op. cit.*, p. 159. *As Políticas da razão. Dimensão social e autonomia da ciência*, Lisboa, edições 70, 2000, p. 16.

306 Jacques Monod, *Le Hasard et la nécéssité. Essai sur la philosophie naturelle de la biologie moderne*, Paris, Seuil, 1970, p. 194-195.

307 Jean-Pierre Dupuy, op. cit., p. 71.

de resistência ao presente" (Deleuze, Guattari, 1989: 104). Precisamos de um "Parlamento das coisas" (B. Latour) em que J.P. Changeux ou D. Cohen possam representar as populações dos neurónios interconexos ou genoma humano, mas em que se sentem também os representantes da mística, do Inconsciente, das ciências "ambulantes" que não associam ciência e poder, dos processos heterogéneos, que não se confundem com a formação de guetos. Há o lobo destruidor, mas há outros lobos possíveis, implicados em outras histórias. Todo o discurso é de religação, razão, comunicação. A racionalidade tradicional que afecta a prática científica e não só, é essencialmente monológica, assente numa relação dialógica distorcida, "pseudo-simétrica" (Watzlawik e tal., 1972: 65ss). O discurso da ciência, porque dotado de protocolos de leitura específicos, corre o risco do monologismo, e que é uma doença da comunicação. No fundo, o monólogo é um diálogo não interactivo. Exige a presença de um enunciatário, mas invalida-o como *alter* ego da troca enunciativa. Ora, a "bondade" e a "justiça" da ciência devem ser permanentemente questionadas, e por uma razão simples: "A ciência está (desde há um século) tão perto de nós que nos esmaga. O que nós precisamos é da distância vital certa para conseguirmos novamente um afastamento que nos permita compreender o que se passa connosco, homens. Ninguém sabe isso hoje. Por isso, todos temos de perguntar e continuar a perguntar para o saber. Voltar a aprender a perguntar"[308]. Contra o parecer de Eça que dizia das Luzes e das plebes: "O grande erro da nossa civilização" teria consistido na "extrema democratização da Ciência", no "seu universal e ilimitado derramamento através das plebes"; a ciência deveria ser recolhida, como outrora, aos santuários"[309]. Nos tempos de Fradique, é já toda a ciência que, a não ser administrada por um sacro colégio, pode desencaminhar as plebes e arruinar a saúde moral das sociedades[310]. Científico significa dar voz àquilo que ainda não a tem. Nem a empatia nem a distância definem a ciência bem articulada. Toda a epistemologia é política. O mundo técnico unidimensional tenta impor-se como a única interpretação da realidade. Ora, com que direito pode

308 M. Heidegger, "A Pergunta sobre a Coisa", lição de 1935-36.

309 Eça de Queirós, *A correspondência de Fradique Mendes*, Porto, Lello & Irmão Editores, s/d, p. 57 e 58.

310 Américo A. Lindeza Diogo/Osvaldo M. Silvestre, *Les Tours du Monde de Fradique Mendes*. A Roda da História e a Volta da Manivela, Câmara Municipal de Sintra, 1993, p. 20.

uma forma de *doxa* reprimir uma outra? Como sensibilizar o auditório universal dos homens de boa vontade para a razão ou o interesse dominante, sem suspeitar da vontade de poder da parte dos Destinadores? Falta-nos a utopia da intersubjectividade "em que cada qual 'se pronuncia' sobre um quase-objeto que todos criaram, mas que é representado de modo legítimo somente pela associação díspar das práticas mediante as quais foi criado e que a todos religa" (Stengers, 2000: 185). Falta-nos um humanismo serenamente antropocêntrico, que qualifica o movimento que consiste em dilatar o homem até às dimensões do mundo e a concentrar o mundo até às dimensões do homem. E não é essa também a pretensão das ciências?

Os rostos do silêncio

(para uma semiótica do silêncio)

Resumo

"As maneiras de dar a volta às coisas são infinitas", dizia Pascal. Assim as modalidades do silêncio que nos aparecem como rostos a decifrar no interior de práticas enunciativas tão diversas como a oração, a meditação, a literatura e a música. Percorre-se aqui a forma que o silêncio reveste na literatura (M.G. Llansol, E. de Andrade, E. de Jesus, Celan) e no texto bíblico de Mc 14,3, partindo de um ponto de vista semiótico.

"Se o teu coração fala silêncio,
fala com a sua águia. E descodificamos a ausência porque é assim
o silêncio descodificado da morte leve
que leva à transparência a dor com que eu escrevia. Se os *passos de ouvir ler* ressuscitarem outros passos__________não esperes por mim"[311] (AA: 136).

"There is no such thing as silence. Something is always happening that makes a sound" (J. Cage).

"Tibi silentium laus" (Sl 65).

"E de súbito desaba o silêncio
É um silêncio sem ti.
Sem álamos sem luas

Só nas minhas mãos
Ouço a música das tuas

É o silêncio é por fim o silêncio
vai desabar" (Eugénio de Andrade).

O silêncio jaz, como os textos, arqui-orais, à espera que o acorde (o ressuscite) algum passante ou legente. Aparentemente, o silêncio não é um acto comunicativo: espera a sua vez, a sua fala, enquanto

311 Maria Gabriel Llansol, *Amigo e Amiga. Curso de silêncio*, Relógio D'Água, 2004.

memória figurativa do corpo e superfície de inscrição de emoções (luto, suspense, reprovação, anuência, desabamento, júbilo). Se me volto para alguém, se o interpelo, e esse alguém não se voltar para mim, não me responder, o seu silêncio tem em mim um efeito passional, intrigante, interpretável como recusa, desprezo, abandono. Se peço silêncio, interrompo a fala do outro; obrigar o outro a calar-se: "Cala-te!" é utilizar uma injunção fortemente modalizada: "eu quero" (que te cales), "tu deves" calar-te. O silêncio, na interacção social é a ausência de fala. Enquanto modo de representação, o silêncio prende o sujeito emissor ou receptor, criando uma relação nova com o espaço e o tempo em que evolui. O silêncio nesta área pode ser dividido em três categorias (Bruneau, 1973): mental, social, ou ambas, sendo definidas segundo o tempo, o contexto e a percepção. Há quem fale do silêncio surdo, isto é o silêncio que não sonoro, mas gestual, próprio dos surdos para quem fazer silêncio – ou calar-se – no mundo visual que é o seu, se mostra quando deixa de mexer as mãos com outros deixariam de abrir a boca (onde encontramos o corpo enunciante). Fisiologicamente, o silêncio é o resultado de hesitação, auto-correcção, ou de deliberada interrupção da fala com o fim de clarificação ou de processamento de ideias. Há silêncios curtos e silêncios longos, em intensão e em extensão. O silêncio interactivo manifesta-se nas funções interactivas, reactivas, ou de dar lugar à fala do outro. Mas há o silêncio incapacidade de responder, recusa, significante musical (suspiro, pausa), esvaimento da linguagem diante do inefável. E há o mutismo como perversão do desejo quando "le silence même de la vie est contamine et la source de la parole polluée", escreve D. Vasse[312].

Há o intervalo entre o apelo da voz que se faz ouvir no interior do corpo e a sua proferição sob forma de oração, de meditação, de "monólogo interior", de mutismo, de ressentimento. Uma mente silenciosa, liberta do ruído do pensamento é uma finalidade e um importante passo no desenvolvimento espiritual. Esse "inner silence" não é ausência de som; pelo contrário, é entendido como o pátio que permite o contacto com o divino, a realidade última, ou a verdade de cada um. Muitas tradições religiosas implicam a importância de estar quieto e mesmo no pensamento e no espírito em vista ao crescimento espiritual transformador. No Cristianismo existe o silêncio da oração contemplativa, ou de meditação cristã; no Islão, há a sabedoria

312 Denis Vasse, *La Vie et les vivants*, Paris, Seuil, 2001, p. 165.

dos escritos dos *Sufis* que insistem na importância de encontrar o silêncio dentro de si. No Budismo, o silêncio permite que a mente se torne silenciosa em função da iluminação espiritual. No Hinduismo, incluindo os ensinamentos do *Advaita Vedanta* e os passos do *yoga*, os mestres insistem na importância do silêncio pra o crescimento interior. Em algumas tradições do *Quakerismo* (ramo do Cristianismo), o silêncio é uma parte presente nos serviços da oração e um tempo que permite que o divino fale ao coração. Que é a meditação senão um "pensamento acompanhado por reflexão que procura com prudência a causa e a origem, o modo e a utilidade de cada coisa"?[313] A meditação que isola a alma da azáfama das actividades terrestres precisa do silêncio como a sua antecâmara, como condição da sua potenciação. O primeiro gesto do silêncio é a expulsão do mundo e do ruído, conforme está escrito: "O Senhor não está no ruído" (1 R 19,11). A casa é o *dentro*. O invólucro do silêncio como movimento imóvel. E é porque se associa o silêncio associa ao espírito que a matéria pode aparecer como obstáculo ou trampolim. Há o silêncio que acompanha a recitação e que opera uma ruptura no fio da práxis enunciativa – a oração, *v.g.*, ou a pausa numa partitura musical, ou ainda a interrupção da fala numa situação interlocutiva. Para o autor de *La voix nue* a leitura da *lectio divina* é uma "épreuve de nudité"[314].

Silêncio e presença

A verdadeira palavra, a palavra de vida, quando ressoa no coração do homem, abre a porta ao silêncio do reconhecimento mútuo: une na comunhão original os sujeitos que diferencia. O diálogo exige esse espaço branco, essa espécie de *epoché* ou parentetização, em que uma das partes se cala para dar lugar à outra parte na polifonia das vozes. A regra da *isostenia* grega é decisiva. A *isostenia* é a igualdade ou equilíbrio de forças: é o que nos permite bloquear reciprocamente para evitar a desmesura. A interpaciência é assim a virtude que melhor serve o silêncio e a fala. Se os signos mundanos são puro ruído, o silêncio é impossível, não há puro silêncio. Para Efrém de Nisibe, se o silêncio pode tornar-se um repouso, a língua pode tornar-se um advogado: "Obedece, língua minha: deixa de te fatigar! / e corre ao seu

---

313 Hugues de Saint-Victor, *L'Art de lire*, Didascalicon, Paris, Cerf, 1991, p. 142.

314 Jean-Louis Chrétien, "Se laisser lire avec autorité par les Saintes Écritures", in RSR, 92, 1 (2004), p. 123.

encontro (no silêncio, no repouso)/ (leitura incerta) / que te chamou afim de que tu te tornes, gratuitamente,/ o advogado que defende a mulher injuriada" (Hvirg 22,9). A palavra tempera o peso do silêncio e o silêncio protege da vociferação da palavra. O silêncio pregnante de fé leva ao louvor e a palavra da fé dá sentido ao silêncio[315]. O artista e o místico são os artesãos privilegiados dessa tarefa impossível, dando forma e lançando no mundo os signos da interioridade, da ordem íntima. Usam palavras e a isso chamam "monólogo interior" e criam cursos de silêncio para dar resposta ao silêncio.

O silêncio é uma estratégia de comunicação, um *fazer*, como se verá adiante no relato da mulher que se ajoelha aos pés de Jesus e lhe unge os pés, e que lemos como uma parábola no decurso de um discurso. O corpo fala, o silêncio é um gesto significante, afectivo. Há silêncios prenhes: Jonas, no ventre da baleia, é o símbolo de Cristo silencioso no seio da mãe e, ao mesmo tempo, a figura reduzida ao silêncio e que depois renasce, falando. Thomas Merton falava de vida religiosa como vida silenciosa. O que a vida religiosa exige é que se deixe instalar o silêncio para que Deus fale, que se entre no silêncio de si para aí ouvir a Palavra. Quando amamos alguém, procuramos a sua presença: basta então que aquele que procuramos esteja lá, mesmo que nenhuma palavra se troque: essa é a verdade do silêncio interior. Nesse silêncio escuta-se o que vive em nós, a palavra. O silêncio da presença faz apelo a um *presente* radicalmente outro. S. Agostinho coloca a questão de fundo: lembramo-nos do passado, antecipamos o futuro, mas o presente? E contudo, não podemos definir o passado e o futuro senão relativamente ao presente. O silêncio faz parte da observância regular recolhida da tradição por S. Domingos. Entre os elementos da vida regular e que constituem a vida dominicana, por exemplo, destaca-se o silêncio. No nº 46 do Livro das Constituições e Ordenações lê-se: "Os irmãos devem diligentemente guardar o silêncio, sobretudo nos lugares e tempos destinados à oração e ao estudo; é, com efeito a defesa de toda a observância e contribui sobremaneira para a vida religiosa interior, para a paz, para a oração, para o estudo da verdade e para a sinceridade da pregação". Mas logo o número seguinte diz. "O silêncio deve ser regulado com tal espírito de caridade que não impeça as comunicações frutuosas". Daqui se

315 Pierre Yousif, "Parole et Silence chez Saint Éphrem de Nisibe", in LMD, 226, 2001/2, 114.

depreende que, em termos de semiótica narrativa, o silêncio ocupa a função de coadjuvante relativamente a objectos-valor que são a oração e o estudo. Como um rumor longínquo, ou um gemido na noite escura, a oração parece-se com "o gemido da pomba" (Rm 8). Para Francisco de Sales "l'amour parle par les yeux, les soupirs, les contenances. Même le silence et la taciturnité lui tiennent lieu de parole"[316]. Na corrente quietista o silêncio não era ausência total de fala ou de ruído, mas um lugar onde se fala e se é escutado. O silêncio seria uma saturação da palavra, uma testemunha das manifestações figurativas do corpo. Nem a ciência da fábula, discurso instituído "en lieu de l'autre", "desígnio de escrever a voz", como dizia Certeau, e que visava a reduzir o outro ao mesmo, não esgota a palavra selvagem que ouve de que fica sempre um resto. "Ce qui passe en nous d'altéré et d'altérant a forme de silence et de commencement (*in-fans*)[317].

Para uma semiótica do silêncio

Que estatuto semiótico para o silêncio? De que modo analisar as relações palavra/silêncio e escrita/silêncio? Como podemos representá-lo no plano da enunciação e da interpretação? Porque não há silêncio sem interpretação. O sentido será sempre, em último caso, uma construção. A antropologia ensina que em filogénese não se encontra primeiro uma "qualidade semiótica pura", e que o "primeiro" de qualquer função semiótica é complexo, sincrético, impuro, e por natureza, relacional se não reticular[318]. O silêncio é um fenómeno complexo de sentido, a entender-se como um substracto que dá um "fundo" à forma do significante, e que se situa também do lado de um significado hipotético. O silêncio abduz-se, como qualquer fenómeno de sentido. Como apreendê-lo? Como uma linguagem sensível? Se tal for o caso, a significação deste modo sensorial não pode acontecer senão a partir das sensações "proprioceptivas", e nomeadamente as "moções" da carne e do corpo próprio[319]. O silêncio é uma operação semiótica que resulta do isomorfismo de um plano da expressão e de um plano do conteúdo. Se não há categorias semióticas que relevem *a*

316 Monique Brulin, "L'oralité liturgique comme question de théologie fondamentale" in LMD 226, 2001, p. 25.

317 Michel de Certeau, *La Faiblesse de croire*, Paris, Seuil, 1987, p. 294.

318 Jacques Fontanille, "Modes du sensible et syntaxe figurative", in NAS, 61-62-63, 1999, Pulim, Limoges, p. 14.

319 *Op. cit.*, p. 7.

priori da expressão ou do conteúdo, a relação entre exteroceptividade e interoceptividade tem de ser redefinida sempre que há uma nova enunciação: os efeitos de interioridade e de exterioridade dependem, segundo J. Fontanille, da posição que se dá o corpo-carne proprioceptivo no momento em que ele se coloca como instância enunciante[320]. Mesmo não inscrito, o silêncio faz sinal, assinala, sendo por isso uma construção, um facto de sentido: não inscrito, não dito, mas assinalado e significante. Que descodificamos. Podemos dizer que ele se escreve, se lê, se ouve. É, portanto um significante com textura e contexto próprios. O silêncio é percebido como *valor*, dado que *valor* preside à definição da significação. Por isso está sujeito à moralização, isto é, à sua apreciação ora como displicente ou agradável. Belicioso vs irénico, mútico vs falante. Como o contrário da fala ou da voz, ele é eloquente, gritante, intrigante. O ponto de vista topológico é o mais adequado para uma semiótica do silêncio dado que, como afirma Marie Auclair, "c'est d'abord comme lieu scripturaire que se silence agit et crée l'agir". Como agente e não objecto, discursivo, uma vez que deste silêncio "ne s'en écrivent que les retombées, les effets, c'est-à-dire du semblant qui passe nécessairement par l'écriture pour être signifié comme présence signifiante"[321].

Peirce distingue três modos de ser: as coisas são *primeiro* mera qualidade ou possibilidade, que se manifestam em *segundo lugar* como existentes brutos e se integram pela *terceira* instância na nossa "realidade" simbólica do enunciável. Há a possibilidade de que as coisas "estejam aí", antes de podermos enunciá-las. Onde estaria o silêncio entre os três modos de ser das coisas? O silêncio "está lá", não como um facto bruto, mas como uma possibilidade, uma qualidade sensível, sinestésica, proprioceptiva, síncrono com o fluxo do corpo e do espírito. A teoria enactiva que Francisco Varela estuda no campo das ciências cognitivas é um outro ponto de vista que convém para a abordagem do silêncio. Segundo esta teoria o nosso conhecimento do mundo não se limita a "representá-lo", mas afazê-lo emergir na medida que nos acoplamos com ele, facto de que resulta a diluição das fronteiras entre o objectivo e o subjectivo. O princípio da *enacção* assenta na solidariedade entre a sensação,

320 *Soma et Sema. Figures du corps*, Maisonneuve & Larose, 2007, p. 22.

321 Marie Auclair, "Ultima verba ou les silences du tropismie", *Protée*, le silence, vol. 28, nº2, automne 2000.

a percepção, a experiência e a acção. É assim que Varela define a prática da *atenção*, como presença do espírito (do si) à experiência e que dá acesso a uma emergência interactiva do si e do mundo[322]. Ora, o silêncio pode ser visto como uma forma de atenção e o corpo como um operador de semiose.

Como McLuhan ou Ong reiteram, a cristalização da oralidade com o surgimento da tecnologia de Gutenberg relegou para a inconsciência o som e a sinestesia que o acompanha, tornando a palavra num objecto visual estático. A inter-relação entre som (e a propriocepção que lhe é concomitante) e a palavra escrita tornou-se tão automática e mecanizada que transformou a impermanência e subtileza do verbo numa imagem imóvel: a leitura medieval em voz alta foi substituída por uma amplificação da visão num universo silencioso; e a própria inflexão, característica das culturas orais ou auditivas como meio de simultaneidade, foi eliminada a favor de uma "gramática visual posicional" (McLuhan, 1962). O silêncio é uma experiência interior, análoga à respiração: quando inspiramos, é o ar, matéria da exterioridade, que vem penetrar o nosso corpo até às entranhas. O sopro está associado à vida e à morte. Se morrer é perder o sopro, o silêncio espacializa-se entre o duplo movimento do inspirar e do expirar. Quando expiramos, é a própria matéria da nossa interioridade que parece derramar-se no espaço à volta. Podemos considerar, como J. Fontanille, que as sensações motoras internas da carne em movimento (e não do corpo próprio) sejam reconhecidas como um dos modos do sensível; este modo liga-se geralmente ao domínio dito sensório-motor, e então tratar-se-ia de *moções íntimas*. Como uma sensação da carne e do corpo em repouso? O silêncio não é apenas de ordem sensório-motora: o silêncio aparece como uma figura em acto, como um operador, no quadro de uma práxis anunciativa. É no silêncio que o corpo da palavra se expõe. Samuel Beckett consagrou uma peça muito curta – sem palavras – ao *sopro*: num "espace jonché de vagues détritus", eleva-se um "cri faible et bref" logo seguido por um "bruit d'inspirations avec lente montée de l'éclairage atteignant ensemble leur maximum au bout de dix secondes."[323].

322 Francisco Varela, Evan Thompson, Eleanor Rosch, *L'inscription corporelle de l'esprit, sciences cognitives et experience humaine*, Paris, Seuil, 1993.

323 S. Beckett, "Souffle", *Film*, suivi de: *Souffle*, Paris, Minuit, 1972, p. 33.

O silêncio da escrita

Eugénio de Andrade fala do silêncio a partir do outro (que deixou de falar), um silêncio chão, sem altura, e ao mesmo tempo um silêncio que deixou marcas sonoras (música) nas suas mãos. Um silêncio que, como um aluvião, desaba. Ruidosamente. Não é isso que a palavra grega *symptôma*, produção de uma intensidade ao cair, fala? Há silêncio na pintura (Malevitch)[324], há silêncio na música (temporal – uma pausa, um tempo), espacial (um branco, um vazio), assinalado por indicações cénicas, pontuações ou "des-pontuações" – é o acto de leitura que vai decidir da sua implantação e do sentido que daí emerge. O músico e compositor Antony Pites observou que o silêncio absoluto é virtualmente inatingível, e que o silêncio de que as pessoas normalmente falam se identifica com aquilo a que chamamos simples quietude. A música depende profundamente do silêncio, numa forma ou outra para distinguir outros períodos de som e permitir dinâmicas, melodias e ritmos para obter um maior impacto. Por exemplo a presença de "pausas" nas pautas denotam períodos de silêncio. Alguns compositores utilizam o silêncio na música levado ao extremo. *4'33* é uma obra musical experimental do compositor John Cage. Consiste apenas em quatro minutos e um pouco mais de meio de silêncio. Embora fosse executada primeiro em piano, a peça foi composta para nenhum instrumento ou instrumentos e está estruturada em três movimentos. A extensão de cada movimento não é fixada pelo compositor, nem a extensão total da peça. O título desta peça poderia reflectir os tempos escolhidos, e poderia por isso ser diferente em cada performance. A tradição da performance moderna de *4'33* é guardar a duração total fixada aquando da primeira performance[325]. Cage é sobretudo conhecido pela sua composição de 1952 4'33, uma das composições mais controversas do século XX. A performance de *4'33* pode ser percebida como incluindo os sons do meio ambiente

---

324 Em 1913, Kandinsky escreveu uma história de arte. Escrevia então: "Primeiro período. *Origem*: desejo de prática de fixar o elemento corporal efémero. Segundo período. *Desenvolvimento*: a pintura liberta-se progressivamente desse fim prático e o elemento *espiritual domina* progressivamente. Terceiro período. *Meta*: a pintura alcança o estádio mais elevado da *arte pura*, os vestígios do desejo prático foram eliminados por completo. Agora fala de espírito a espírito numa linguagem artística. Esse é o âmbito dos seres pictóricos (os sujeitos)". Trabalho, pois, de des-possessão.

325 John Cage, *Silence: lectures and Writings*, 1961, Wesleyan paperback, 1973.

que os ouvintes escutam enquanto a peça é executada mais do que os meros quatro minutos e trinta e três segundos de silêncio.

Maria Gabriela Llansol escreve o seu *Curso de silêncio* entre a voz (que se calou), o *mudo*, e a escrita (que se traça em silêncio) e que erige o Nómada em interlocutor. Como se fosse necessário encontrar uma língua do luto própria para dizer o luto da língua que neste passo se afunda. É uma escrita que responde à dor (do silêncio) e que testemunha de um in-conhecido que neste livro tem nomes: "júbilo de ser", "meteoro da infância": esgaravatarei, em toda a dimensão do meu caminho, o júbilo de ser completamente alegre; viverei o passeio que descrevo, nem antes nem depois; simultaneamente, e atingirei um objectivo único – qual não sei; mas o in/conhecido, a esta hora, vê por mim; e o meteoro da infância não desaparece" (AA, 24). "O que importa agora", escreve J. Barrento, "é a substância humana deste per-curso, a transmutação da dor e da perda em silêncio e escrita, em silêncio de escrita, e depois em formas diversas de silêncio"[326]. Llansol recusa a ficção: a ficção simula, é demasiado loquaz. "Ficcionar é repulsivo para o silêncio (AA, 26). O silêncio obedece a modos de intensidade, "variações incomunicáveis", neste livro de perda e de ressuscitação. "Seguiu-se um pós-silêncio, uma certeza com muitas variações incomunicáveis" (AA, p. 84). Sabe-se que o silêncio vem marcado por uma tensão impulsiva:

> "Uma única melodia respondia ao silêncio
> àquela espécie.
> que possuía uma imensa tensão impulsiva" (AA, p. 15).

O silêncio sobrevém como interrogação sem resposta: "Quem diria que são olhos dormentes? (AA 11) e que "A árvore do silêncio não era (eu sentia) o reverso da árvore da vida (AA: 15). Há neste Curso um processo de criação (generativo) do silêncio que podemos seguir por etapas: "Agora, era a produção da flor do silêncio; depois seria a maturação do seu fruto; depois a sua música; depois a sua cacofonia; depois, o seu conhecimento por via rápida; depois o seu desejo sexual, realçado em luar libidinal" (AA, 12). Entre o "agora" e os vários "depois", o silêncio é uma flor produzida que

326 João Barrento, *Na Dobra Do Mundo*, Mariposa Azual, 2008, p. 198.

amadurecerá fruto, música, cacofonia, conhecimento, desejo sexual. A resposta do texto ao silêncio é claramente anunciada como musical, uma fala sem voz. "A resposta do texto ao silêncio é musical e imagética"[327]. É de facto clara a relação da música ao silêncio neste livro. A pedra e o ar (o sopro) têm encontro marcado na imagem. Aí se encontram a graça do mais alto valor e um luto imenso, um gesto e uma suspensão do gesto, um desejo e uma renúncia, uma quase consolação e uma perda inconsolável. O silêncio aqui não é a presentificação pulsional da voz. Mas é do silêncio que fala sem voz que nasce o pedido: "dá-me de beber" e que graficamente se desenha como um longo travessão – a travessia da dor, a separação, o salto, a pausa musical.

Um outro autor, Eduíno de Jesus, fala dos "Silos do Silêncio"[328]. Que veicula esta metáfora: um contentor, um depósito, uma série de camadas sobrepostas, intercalares, feita de dobras, um espaço transitivo, inclinado, em que se guardam os seus diversos modos de ser, a memória feita silêncio? Alexis Nous convida a captar a diversidade dos silêncios que compõem a obra de Paul Celan (em particular *Entretien dans la montagne*). Este autor distingue duas espécies de silêncio. Um primeiro, que "pertence à natureza, salva da humanidade ou "desertada", e um segundo, que é apenas uma pausa, um intervalo entre as palavras, um vazio. Sabe-se que na língua alemã há três palavras para dizer silêncio: *Schweigen*, *Stummheit*, *Stille*. O primeiro, silêncio natural, corresponderia à ausência de fala ou do seu cessar no exercício concreto. A segunda, que releva mais do mutismo e que remeteria para uma "não fala, a sua recusa ou o seu contrário". A terceira tomaria "valor de silêncio no campo semântico da calma, do repouso, da imobilidade".

O perfume do não dito

A linguagem gestual permite acompanhar a comunicação daquilo que a fala não alcança a não ser intermitentemente, isto é, o silêncio. Ora, o silêncio, do ponto de vista retórico, pode ser um contexto de intensificação da mensagem sobretudo se ela intencionar um cariz mais afectivo. Diz-se de alguns silêncios serem eles eloquentes. Mais ainda quando um gesto os complementa ou mais

327 João Barrento, op. cit. p. 304.

328 Eduíno de Jesus, *Os Silos do Silêncio*, Lisboa: IN- Casa da Moeda, 2005.

completamente os exprime. Uma linguagem exclusivamente gestual, como a dos surdos-mudos, opera em silêncio nisso se diferenciando da fala que o rompe. Não totalmente, no entanto, uma vez que a fala é toda ela feita também de silêncios intercalares que é, aliás, o que lhe permite ser ouvida[329]. A questão mais relevante aqui é: como é que aquele que ouve pode beneficiar do "conhecimento" do silêncio e do corpo que é próprio ao surdo, de modo a nele aprender a parte pulsional do silêncio e da voz?

O tempo da recepção vive-se antes de mais no silêncio. Acolher o dom do amor do Outro passa pelo silêncio da escuta. Ou não fosse o silêncio o pai da palavra, como dizia Domingos de Gusmão. O místico Jean Tauler, evocando o *Dum medium silentium* da liturgia, escreve: "É no meio do silêncio, no momento em que todas as coisas mergulham no maior silêncio, em que o verdadeiro silêncio reina, que se ouve o Verbo, porque se queres que Deus fale, é preciso calares-te: para que ele entre, todas as coisas devem sair[330]. Receber a palavra não é receber uma mensagem a transmitir, é reconhecer esta palavra num corpo, como palavra da vida. É pelo corpo que passa a recepção: não há palavra sem interacção. Não há práxis enunciativa sem um corpo que responde a outro corpo. Mesmo que seja virtual: afinal, pensar, recordar, são operações virtuais, não há traços visíveis que as colham, ao contrário da escrita.

O texto de João diz-nos que o gesto de dom tecido na verdade do silêncio é um mais pregnante do que qualquer outro, calculista, dominador, masculino. Como anunciar aquele que nos tocou sem pronunciar uma palavra só? Estando Jesus em Betânia, à mesa, chegou uma certa mulher que trazia um frasco de alabastro, com perfume de nardo puro de alto preço; partindo o frasco, derramou o perfume sobre a cabeça de Jesus (Mc 14,3). Uma mulher coloca um gesto em silêncio: quebra um frasco de perfume e derrama-o na cabeça de Jesus. Gesto que os discípulos não entendem. Jesus assinala a distância entre o gesto e o efeito que criou quando lido e interpretado. As palavras dos discípulos não entendem a perda senão em termos de descodificação. Jesus dirá que ela "fez uma boa obra". Ela não perfuma o corpo morto, mas um corpo à mesa. "Em qualquer

329 in Tito Cunha, *entradas* Foz Côa. Ver Paolo fabbri, El Giro Semiótico, Barcelona, Gedisa, 1999, p. 74-75.

330 Jean Tauler, *Sermons*, Paris, 1991, p. 17.

parte do mundo onde for proclamado o Evangelho, há de contar-se também, em sua memória, o que ela fez" (Mc 14, 9). O seu gesto é transformado em palavra de anúncio. O perfume derramado transforma as aparências e aquilo que se diz delas, abrindo um outro espaço. O vaso quebrado assinala a dissociação entre as palavras e as coisas (as aparências) em que diz algo diferente da relação ao outro: este corpo vivo como "coisa" visível não deve ser tido por aquilo que parece ser, transporta um outro tempo e um outro espaço nele: "O filho do Homem será entregue, sofrerá, morrerá e ressuscitará ao terceiro dia". O frasco partido rasga as aparências e faz intervir uma palavra que vem de algures, do fundo das Escrituras. A unção pode ser vista como um gesto colocado sobre o corpo: um corpo morto pede que sobre ele se coloquem gestos de embalsamento. Este gesto é uma porta que abre para um corpo a vir, inscrevendo nas margens do visível o invisível da vida e da morte. O gesto da mulher adverte para a ilusão de poder absoluto sobre o mundo, sobre si e o outro. A palavra nasce do silêncio. O silêncio da mulher é um silêncio prenhe: o da palavra silenciosa, da palavra do corpo que fala. Esta mulher fala por gestos, não por palavras: prefigura o triunfo da morte. Pode este perfume útil para a conservação do corpo morto servir para a conservação da palavra? De que fala esta fractura do vaso senão do acto de proclamação e da economia dom do amor que só na brisa ligeira se percebe – que é discreto, silencioso – e nos leva a desconfiar da impostura da língua e dos grandes gestos. O dom da mulher passa por um perfume evanescente que passa numa brisa ligeira e é o seu gesto de derramar este perfume que Jesus associa ao anúncio do evangelho. Jesus, não fala, quando se ajoelha diante dos discípulos para lhes lavar os pés. O seu acto vale pela palavra: O seu acto faz corpo com a sua palavra ou a sua palavra faz corpo com o seu acto. O seu acto é palavra. Deus é perceptível como um perfume quando o confessamos e celebramos: *Respire in te paululum* (Conf. XIII). "Eis onde estás! Respiro um pouco em ti quando derramo sobre a minha alma num grito de alegria em que ressoam ares de festa celebrada" (Agostinho).

Coda

De acordo com as normas culturais, o silêncio pode ser interpretado como positivo ou negativo, por defeito ou por excesso. Enigmático é o rosto do silêncio que denuncia o exílio da palavra e do encontro. Os monges inventaram técnicas de suspensão, práticas de interrupção da fala. No meio Metodista Cristão, a organização da fé e do silêncio, bem como a reflexão durante os sermões deve ser apreciada pela congregação, enquanto numa igreja Baptista do Sul, o silêncio pode significar desagrado relativamente àquilo que está a ser dito, ou talvez desconexão da comunidade congregada. Diz-se que só temos uma experiência completa do silêncio na morte. O silêncio completo é quando não se sente o mínimo ruído. Nos laboratórios, os animais submetidos a uma total falta de ruído mostram sinais de mudanças de comportamento e de agressão. Na religião ortodoxa o culto do silêncio tem um lugar de destaque. A excelência espiritual do hesicasta é silenciosa e contemplativa. A evidência do divino vivo, tal um oceano de luz, é doçura e dá-se em raciocínio, mas ao coração e à sensação: o "tudo sentir em Deus" de Isaac o Sírio torna-se o culto da "sensação de Deus" que recusa as palavras e se afasta da lógica da teologia. A *apofase* é o cúmulo desta teologia negativa que nega a limitação conceptual de Deus: nem valor, nem conceito, nem representação, Deus é o inacessível, o mistério sem fundo[331].

A autobiografia obriga a terminar o silêncio afim de enunciar a verdade do sujeito. E é o silêncio que condena a falar – ou a escrever – incansavelmente. Como dado linguístico tem, na tradição oral, por exemplo, valor de escansão. Encontramo-lo nas escritas dramáticas contemporâneas, e o silêncio aqui não é temático nem psicológico (Racine, Tchékov), mas "estrutural". Concluamos: o silêncio é impossível, mas necessário: "Notre 'grand art' d'êtres parlantes serait alors d'accentuer les blancs, les silences, les syncopes, les souffles qui nous interrompent comme autant de reserves pour l'image oubliée"[332]. Através do trabalho da ausência, do luto, do vazio, sempre pulsional, não é o silêncio a manifestação de um indizível?

331 Júlia Kristeva, *La haine et le pardon*, Paris, Fayard, 2005, p. 75.

332 G. Didi-Huberman, *Gestes d'Air et de pierre*, Minuit, 2005, p. 43.

A tecnognose: do universo ao multiverso

"The world, unfortunately, is real" (Borges).

"A violent order is disorder; and a great disorder is an order. These two things are one" (Wallace Stevens).

"L'homme est né mauvais. La fuite de ses créatures le corromp définitivement" (Bruno Latour).

"Les époques techniques conditionnent des époques du sensible noétique" (Bernard Stiegler).

Michel Tardieu regista oito utilizações da palavra "gnóstico": *epistemológica* (noética, teoria do conhecimento). *Óbvia* (gnose herética que se desenvolve entre os séculos I - V no Oriente – Síria, Arábia, Egipto, Mesopotâmia e no Ocidente – Itália, vale do Ródano, e que integra correntes cristãs antilegalistas em nome de um saber interpretativo de origem platónica, contra quem escrevem Orígenes, Irineu, Porfírio); *heresiológica* (catálogos de heresias dos Padres da Igreja a partir do século II: judeo-cristãos, ebionitas, exegetas: Marcião, Lucinano de Antioquia, Simão de Samaria, docetas, encratistas montanistas); *clementina* (Clemente de Alexandria (150-215) que Máximo o confessor retoma no séc. VI – é o cristão cujo ideal de perfeição se deixa transformar pelo conhecimento); *evagriana* (Evagro: 345-399); *esotérica* (a partir do séc. XVI vêm à tona documentos antigos de novos conhecidos e doutrinas novas sem base histórica: kabala, iluminismo, hermetismo, alquimia, astrologia, franco-maçonaria); *sincretista* (começo do séc. XX – escola comparatista alemã) e *psicológica* (expressão duma experiência humana da alienação no sentido fenomenológico: o homem descobre que é estranho a este mundo e que o seu lugar original (Deus?) está numa estranheza radical – hermetismo, Filão, apocalíptica judaica)[333]. Onde situar a gnose que invadiu a ficção científica, o cinema, o teatro, a ciberarte, a Rede? Que fantasmas assomam à janela dos nossos computadores? Que fantasmas povoam os novos ambientes virtuais?

---

333 Michel Tardieu/Jean-Daniel Dubois, *Introduction à la littérature Gnostique* cerf, 1986.

O fantasma do telos

A cultura ocidental pode definir-se como cultura da telecomunicação, fascinada pela vertigem do "tele", e da aproximação ao longínquo[334]*.* *O* telos *(o longe) exerce sempre sobre o imaginário humano um verdadeiro fascínio. As mitologias, as visões, as utopias não fizeram senão projectar na distância o que nos separa do "deserto do real". Quando a ausência, quando a distância é suprimida entramos no ecrã: "Par l'abolition de la distance, du "pathos de la distance", tout devient indécidable, escreve Baudrillard*[335]*. A cultura ocidental constituiu-se em sistema de defesa contra as técnicas*[336]*, ignorando que há na realidade técnica uma realidade humana e que, em última análise, a técnica foi sempre a plasticidade perene do humano, a sua ex-naturação. A atracção do "telos" ajuda-nos a compreender aquilo que prometem, na esteira do evolucionismo científico, o tecno-paraíso, o re-design da experiência na ficção ou na bio-arte. O desenvolvimento das tecnologias do virtual estão a acelerar um processo de des-territorialização, deslocamento, des-realização e des-incarnação, efeitos que constituem segundo Bernhard Steigler "o último estádio para a unificação do planeta"*[337]*. Interessa-nos neste contexto a questão que coloca Brian Rotman: "What sort of spectral presence or electronic ghost might contemporary digital and posdigital* media *be nudging into existence?"*[338] *Podemos falar de "ghost effets", presentes na matemática (infinito) nos* media *(a começar na escrita e a acabar no telégrafo ou na Rede), ou na sociologia (o rei medieval tinha dois corpos, um privado e humano, outro um corpo divino, segundo E. Kantorowicz). Que é, então, um fantasma? O espírito desencarnado de uma pessoa morta, uma alma do outro mundo? Peçamos de empréstimo a definição que nos dá Mark Turner: "A concept for which there is no referent, no evidence, anywere, any place, any time in the entire sweep of human experience, yet one that is vital in many cultures and perhaps in very culture since the Upper Paleolithic Age. Apparently, there is a powerful impulse within human imagination that*

334 Peter Sloterdijk, *Règles pour le parc humain*, Minuit, 1999, p. 7.

335 Jean Baudrillard, *Écran total*, Paris, Galilée, 1997, p. 199.

336 Gilbert Simondon, *Du mode d'existence des objets techniques*, Paris, Aubier, 1969, p. 9.

337 Bernard Stiegler, "Hypostase, Phantasmes, Desincarnations", *Penser les reseaux*, Ed. Daniel Parrochin, Seyssel, Cham Vallon, 2001, p. 136-48.

338 Brian Rotman, "Ghost effects", in *Differences. Indexicality: Trace and Sign, A Journal of Feminist Cultural Studies*, vol. 18, nº 1, Spring 2007, p. 75.

flows inevitable to this unwarranted fiction"[339]. *Michel Serres, bem antes que o numérico nos invadisse, divisava o concerto dos anjos nas nossas comunicações, os aviões que cruzam o mundo, as redes de computadores e mesmo as frases mais banais*[340]. *É um facto que os meios de comunicação desestabilizam as relações do espaço e do tempo para produzir formas virtuais sobre que actuam. Os conceitos de* telepresença *e* telepatia *vêm associados na mesma área de família: a intrusão do longe no perto. A telepresença é uma nova experiência de comunicação e colaboração à distância, simulando uma comunicação presencial. Disponibilizar áudio e vídeo de alta definição que operam em tempo real faz com a sua elevada qualidade e simplicidade de utilização tornem a telepresença a solução ideal para colaboração empresarial. Hubert Dreyfus, em "Telepresença desincorporada e a distância da realidade" fala-nos dos entusiastas que jubilam porque, graças ao progresso alcançando pela telepresença, estamos já a caminho de deixar os nossos corpos e de nos tornar omnipresentes e, no final das contas, imortais. Atracção fatal, torpor, telepatia? Nicholas Royle observa que a telepatia está "estreitamente ligada ao chamado declínio da Cristandade na cultura da Europa e do Norte da América: uma crença na telepatia, no final do século XIX, aparece por vezes como tendo fornecido uma forma de substituto para uma crença em Deus" (Royle, 1995, 72). Porém, a telepatia é um fenómeno que a racionalidade não controla. Freud, na sua carta a Jones descreve a sua crença na telepatia como uma "queda em pecado". Pecado contra a ciência positiva que perseguia? É essa atracção que o Apocalipse desde sempre manifestou e que o ciberespaço hoje protagoniza. Não admira que no século XX encontremos um regime de telecomunicações estreitamente associado com aquilo a que se chamou "o regresso do Religioso". De facto, nenhuma religião pode fazer nada sem os* media, *desde a chamada de Abraão e os mandamentos escritos na pedra ou as cartas de Paulo, até à presença espectral da trans-substanciação e ao fantasma e o alto-falante que chama os fiéis para a oração no mundo islâmico (Derrida, 2001, 56-94). Outra realidade virtual: em 1999, o físico americano Philip Rosedale, que tinha apenas um escritório montado em cima de uma garagem, alimentava o sonho de construir um mundo com possibilidades ilimitadas. Hoje, há quem lhe chame VG, sigla em inglês*

339 Citado por Brian Rotman, *op. cit.*, p. 58.

340 Michel Serres, *La legend des anges*, Paris, Flammarion, 1993. *Les messages à distance*, Éditions Fides, Montréal, 1994.

para Virtual God, ou Deus Virtual. É hoje o dono do universo infinito – O SECOND LIFE. – O Second Life *(também abreviado por* SL) *é um ambiente virtual e humano. Foi criado em 1999 e desenvolvido em 2003 e é mantido pela empresa Linden Lab. Dependendo do tipo de uso, pode ser encarado como um tridimensional que simula em alguns aspectos a vida real e social do jogo, um mero simulador, um comércio virtual ou uma rede social. Hoje há milhões de seres humanos que "habitam" no* SL *grande parte da sua vida. Não há dúvida de que o mundo virtual fascina e inquieta muito mais do que o mundo átono em que vivemos. E fascina sobretudo pela ideia que veicula de controlar plenamente o mundo através da numerização da imagem em movimento. Inquieta pela ideia de que também transporta do "acidente total" (Paul Virilio) e pela tirania da imediatidade (Bernard Stiegler) que concita. Deixou de ser possível opor o virtual ao actual, como outrora se opunha a alma ao corpo. "The virtual illuminates the actual, but it is nothing without the actual's support"*[341]. Matrix *(1999) ilustra bem a força da atracção por um novo mundo que Larry e Andy Wachowski inventaram para deleite dos matrixmaníacos.*

O ciberespaço

O ciberespaço é uma forma de espacialidade, não de conteúdo. O seu estatuto é o do *avatar* (descida do deus Vichnou à terra)[342]. A forma material da cultura da virtualidade real, diz Castells, é uma nova articulação da nossa experiência do espaço e do tempo. O "space of flows" está a deslocar o familiar "space of places" (2000b, 407-59), enquanto um "timeless time" aniquila o tradicional ciclo do tempo. O espaço organiza o tempo na sociedade em rede. Lev Manovich analisa como a lógica espacial dos dados de base têm substituído a lógica temporal da novelística e do cinema narrativo[343]. O espaço numérico é a metáfora de um outro espaço situado por trás do horizonte do ver. Nem a distância, nem a medida, infinito e incomensurável não são

341 Steven Shaviro, *connected or what it means to live in the network society*, Univ. of Minnesota Press, 2003, p. 113.

342 *Avatars* é um serviço do Yahoo! que permite ao usuário criar uma figura que ele mesmo pode personalizar e utilizar quando estiver interagindo com seus amigos online. Ao mudar o corte de cabelo, as roupas, os acessórios e o cenário, pode criar sua própria e única personalidade.

343 Lev Manovich, *The Language of New Media*, Cambridge, MIT Press, 2001, p. 218-43.

conceitos válidos para o ciberespaço. É evidente: num espaço em que o fito visado é imediatamente tocado, não há qualquer necessidade de representar a distância que separa a procura da sua satisfação. Não se trata já de distância, mas de ligações quase instantâneas entre códigos. Com o ciberespaço desaparece o espaço e o tempo. A velocidade do transporte que liga instantaneamente dois pontos na rede anula o tempo do percurso. A experiência espacializou-se, pondo-a em crise, algo que as expressões desrealização, hiper-realidade, artificialidade ou simulação traduzem. Novas identidades (assinaturas, intervenções digitais, netiquetas, morfismos), novas comunidades virtuais se definem agora num espaço a que alguns (Peter Anders) chamam *cíbrido*, uma forma híbrida entre o físico e o electrónico. Há uma real afinidade entre *medium* e espaço, entre o crescimento das mediações e a problemática da espacialidade. Para McLuhan cada *medium* tem "propriedades particulares e incide sobre os nossos sentidos (...) de modo também particular, sendo no seu conjunto uma variedade de formas espaciais"[344]. "Não surpreende, por isso, que a teoria dos *media* seja hoje pródiga em alusões ao espaço em alguns dos seus conceitos centrais: *espaço virtual, ciberespaço, espaço dos fluxos, rizomatização do espaço, desterritorialização, deslocalização e nomadização;* e também na descrição dos nossos gestos – *navegar* nas redes de informação, *visitar* espaços virtuais, *entrar e sair* de bases de dados"[345]. A simulação numérica e a realidade virtual permitem criar "experiências de pensamento". Com as realidades "mistas" e "aumentadas" podemos sobrepor o real e o virtual e combinar diferentes tipos de iconicidade, esquematismo, modelização. Podemos criar imagens "à vivre", imagens "habitáveis" (Ph. Quéau). O virtual é uma questão imemorial...esteve sempre presente no limiar das formas culturais... o virtual está associado ao domínio da soberania da presença...pertence à via nua de que falou Agamben: "a vida exposta à morte e insacrificável do *homo sacer*[346]". F. Kitler fala de uma "virtualização da óptica" – a era algorítmica da imagem corresponde à ultrapassagem das leis da óptica pela "pura lógica algébrica". O virtual, que é um

344 Darren Tofts e Murray McKeich, Memory traces. A pre-history of Cybersapce (G+ B Arts International e Interface Books, 1998, p. 76.

345 Teresa Cruz in Teresa Cruz e José Pinto (org.) *As Artes tecnológicas e a rede internet em Portugal*, Lisboa, Veja, 2009, p. 84.

346 Jorge Leandro Rosa, *A impossível experiência final da modernidade. Prolegómenos a uma teoria do virtual*, FCG/MCES, 2005, p. 32.

suporte, representa uma viragem do dispositivo moderno, ou do *Gestell*. Não gera um "mundo novo", mas favorece uma cultura da irrupção do novo no mundo. William Gibson escreve que o ciberespaço é o espaço onde vivemos desde o final da segunda guerra[347]. O nosso espaço é ao mesmo tempo um espaço de fluxos e um espaço de lugares. A cibercultura funda-se em grande parte neste sentimento de pertença à comunidade mundial dos "internautas". Há formas de presenças "virtuais" que se desenvolvem como as "nano-presenças", as presenças "distribuídas", vigilantes que se imiscuem no mais profundo dos nossos órgãos e na nossa vida social ou íntima. Revolução radical para o individualismo ocidental que entretanto soube guardar a lembrança da "comunhão dos santos". O ciberespaço é uma figura terminal – uma Matriz – que promete muito: abolir as distâncias, os limites, a fenda que separa o real do virtual, dominar o espaço, converter um espaço controlado. No mundo virtual o corpo não é uma prisão ou um túmulo. *Matrix* faz parte daquilo a que H. Jenkins chama "transmedia storytelling" – uma nova estética que emergiu em resposta à convergência dos *media* e que é uma arte de fazer mundos para consumidores ávidos de experiências novas. *Matrix* corresponde ao género de objectos que são simultaneamente objectos de diversão, próprios da era da convergência dos *media,* e objectos de desejo, próprios da era da inteligência colectiva. O cinema encontrou aí um ambiente propício para nidificar. Imaginamos a realidade virtual como sinónimo de desencarnação. William Gibson, numa página de *Neuromancer*, o livro canónico da literatura de ciência ficção descreve como o seu protagonista, Case, "lived for the bodiless exultation of cyberspace". Case tem "a certain relaxed contempt for the flesh. The body was meat". Case "fell into the prison of His own flesh". Gibson não está só nesta ideia. Platão e os Gnósticos identificam a existência decaída com o ter caído na armadilha da carne. Versões modernas do "contempt for the flesh". O que tem a ver com o modo como a dualidade do espírito e do corpo está ligado com outra dualidade, o virtual e o real. Para os Gregos e Romanos o espírito é real, e materialidade é o termo virtual. "Our world of matter and bodies is the realm of simulacra". Para os Gnósticos, as simulações são degradadas e deceptivas precisamente porque são físicas. Porém até as escolas naturalistas da filosofia antiga definem a virtualidade em termos físicos.

347 Wired 2/24/07 – *Spook Country.*

Lucrécio olha os simulacros como "subtle, fluid, and tenuous elements" que "detach themselves from the surface of things (skins, tunics, or wrappings, envelopes or barkes")[348]. Estes simulacros podem ser menos sólidos do que os corpos, mas saem ainda inteiramente entidades materiais. Em *Neuromancer*, pelo contrário, a matéria e o corpo são vistos como actuais, e a RV é vista como um escape da carne. Hoje pensamos os simulacros como constructos mentais imateriais, algo que para os antigos seria incompreensível. Analogamente à crença de Gibson, *The visible man project*[349] mostra-nos um prisioneiro, condenado à morte no Texas, congelado e depois decepado, a fim de vir a ser um esfolado vivo numérico que podemos consultar pela Internet. Antes, o Adão numérico chamava-se Joseph Jernigan. O director da prisão comentou o acontecimento assim: "Nós apenas nos servimos da parte boa do seu corpo. Só utilizamos o seu corpo para ajudar as pessoas. O seu espírito, as suas ideias, a sua alma e tudo o que ele foi, tudo isso não era senão o mal em estado puro"[350]. A hipótese do Génio do Mal de Descartes marca a primeira ocasião no pensamento ocidental em que a decepção demoníaca está associada à ausência de matéria em vez da sua presença. Nas redes numéricas, e em particular na Internet, o corpo é ainda a ligação essencial que a obra dos artistas mantém na sua relação com o mundo sensível. O numérico não abandonou qualidades sensíveis, obrigou antes a pensar, enquanto espaço de criação à distância, o conceito de corpo, que está aí ao mesmo tempo ausente a presente. Falar de "carne" tornou-se problemático desde Deleuze que contesta esse conceito, na acepção de Merleau-Ponty, e que nos fazia pensar numa "interioridade" da encarnação. Vale a pena citar C. Buci-Glucksmann que, a este propósito diz: "No corpo existem virtualidades que se aproximam do virtual, enquanto acção e reacção, a potência do corpo, a sua transformação, que vão para além da carne"[351]. Talvez que o corpo e a carne não sejam a mesma coisa. Porque na carne há algo semelhante a uma "interioridade" da encarnação. Mas no corpo existe o que

348 Deleuze, 1990, p. 273.

349 H.-O. Peitgen, *The Complete Visible Human Data Collection*, 1998, CD-Rom, Springer-Verlag.

350 Alexandre Valenti, Philippe Blanchard, Michel Welterlin, *Les internautes*, filme documentário, In Fine Films, France 2, 1996.

351 Catherine Buci-Glucksmann, "Sobre as imagens cristalinas e o pensamento na arte" entrevista de Jorge Leandro Rosa, in *Nada*, nº 13, 2009, p. 70.

Nietzsche, no final de Zaratustra diz falando do dançarino que atravessa o vazio, apenas apoiado na corda. No corpo existem possibilidades que se aproximam do virtual, enquanto acção e reacção, a potência do corpo, a sua transformação, que vão para além da carne. É com o nosso corpo que pode existir um "eu-pele". O corpo é a primeira fronteira com o mundo. Estamos numa etapa de exploração de hipersuperfícies. É a etapa da coragem da superfície, onde o corpo é tomado por esse processo. O Adão numérico de William Gibson carrega o seu corpo como um fardo a depositar; o corpo segundo a artista Orlam pretende a liberdade. O corpo obsoleto de Sterlac ainda é um corpo em carne e osso, o contrário do avatar ou da inteligência artificial Lisa inventada por William Gibson, cujos corpos são atirados para os arrabaldes da rede, enquanto este recolhe as almas. O Primeiro Homem e a Primeira Mulher na ciber-ópera *Alletsator* de Pedro Barbosa procuram o rosto, o paraíso, um país.

A sensibilidade apocalíptica

Até agora, os textos do Apocalipse faziam rir. Todo o esforço do pensamento moderno foi para separar o cultural do natural. A ciência consiste em mostrar que os fenómenos culturais não são naturais e que forçosamente nos enganamos se misturamos os tremores de terra e os rumores de guerra, como o faz o texto do Apocalipse. Mas, de repente a ciência toma consciência que as actividades do homem estão a destruir a natureza. É a ciência que regressa ao Apocalipse. O pensamento apocalíptico deixou de ser louco, está a entrar na vida quotidiana. A escatologia ecológica é um discurso do fim dos tempos, mas não é um apelo ao Apocalipse. Religiosidade difusa, neo-gnóstica que se denomina na América "New Age" e na Europa como nebulosa neomística e neoesotérica em que se misturam o culto dos anjos e dos Avatares.

Th. Swiss e A. Herman, que prefaciam *The World Wide Web* (2000) apresentam a Rede como um espaço em que o mágico, a metáfora e o poder convergem. Não há tecnologia cultural dos *media* que não encerre uma lógica de produção espacializada. A cibercultura representa o triunfo do artificial e daquilo a que M. Perniola chama «o sex appeal do inorgânico». Com efeito, aquilo que melhor especifica o inorgânico é a disponibilidade ilimitada, aberta, da coisa. A cibercultura desencarnou tudo. Uma nova metafísica está emergindo que dá pelo nome de tecnognose. O imaginário *cyberpunk*, de William Gibson a Philip. K. Dick, as cenas de *kung fu* remetem-nos para um grupo de humanos que descobre que a realidade em que vivia era afinal, uma ilusão, um programa de computador criado pelas Máquinas que lideravam o mundo. Tem sido sublinhado que a virtualidade não é uma simulação, uma mimese da realidade, mas a entrada num outro regime que não o da representação. Matrix é um bom exemplo dessa mistura. Este é de facto, o tempo de todas as misturas. Michael Benedikt diz-nos que a Nova Jerusalém, tal como o Jardim do Éden, é um lugar em que o homem caminhará na plenitude da graça de Deus, mas «Where Eden (before the fall) stands for our state of innocence, indeed ignorance, the heavenly City stands for our state of windom and knowledge».[352] Assim a tecnognose liga o mito cultural do ciberespaço à Cidade Celestial. O ciberespaço aparece como uma versão digital da Nova Jerusalém e aquilo que ela promete: a leveza, a radiância, a transcendência, o *pleroma*. A escatecnologia está a substituir a escatologia. Neo, Trinity e Morpheus, figuras ainda dependentes do modelo humano, começam a revolta contra a máquina, contra a Matriz. Neo é o Eleito, o Escolhido para liderar a revolta, «Fazedor de Chaves» ou «Arquitecto». A Cave é um lugar não apenas para as coisas, mas também para os *sense data*, com uma abertura para os sentidos (sensação: *aistesis*) e a crença (*pistis*). Na pegada do *Neuromancer* de Gibson, das profecias de Lanier ou do discurso de Kroker, as «criaturas» emergentes do mundo digital aspiram a um estatuto de pura virtualidade, revestindo já o estatuto dos eleitos a quem Deus, segundo o Apocalipse, «Enxugará toda a lágrima de seus olhos, e já não haverá morte, nem luto, nem grito, nem dor, porque passou a primeira condição». (Ap. 21, 4). Entre os vários campeões do ciberespaço encontramos este desejo de transcendência sobre as limitações do corpo. Ao longo dos romances de Gibson o corpo desaparece como «carne». O herói de *Neuromancer*, Case, experimenta como Adão a sua expulsão do ciberespaço e a sua subsequente prisão na sua carne. De acordo com Stenger, o «eternal present (of cyberspace) will be seen as a Fountain of Youth, where you will bathe and refresh yourself into a sparkling juvenile».[353]

---

352 Michael Benedikt, "Introduction", in M. Benedikt e tal. (org.), *Cyberspace: First Steps*, Cambridge Mass. MIT, 1992, p. 15.

353 Stenger, "Mind Is a Leaking Rainbow", in M. Benedikt, *op. cit.*, p. 56.

As utopias religiosas perpetuam-se mesmo depois da «morte de Deus». Mudam as figuras, mudam as roupagens. Assim o universo de Matrix. A Matriz é o melhor dos mundos possíveis para os seres inteligentes (artificiais e humanos). Neo submete-se a esta racionalidade regressando à Fonte. A questão de fundo deste novo Cristo é esta: como é que o homem deve libertar-se da sua humanidade? O cenário geral pode ser identificado pela frase que se inscreve em letras verdes no começo do primeiro episódio, no ecrã do computador de Neo: «Wake up, Neo». A acção de Matrix inscreve-se num esquema messiânico judeo-cristão, embora a sua metafísica seja de cariz budista e a sua cosmogonia de cariz gnóstico. O mundo de Matrix é um mundo pela ideia platónica da salvação pelo conhecimento. Não somos deste mundo. Neste mundo, Deus é um deus cruel, uma espécie de super-engenheiro de informática cósmica. De acordo com a visão de Gibson que adquire uma nova forma de espaço espiritual, o espaço de imersão, o mundo virtual não tem nada de uma cloaca. Matrix aparece, pois, como uma versão actualizada do «romance de aprendizagem» que é a alegoria platónica da caverna, embora se inspire de outros modelos (gnóstico, taoísta). Neo, embora venha a adquirir um tal controlo das virtualidades imanentes à estrutura da Matrix, e venha a fazer a promessa de mostrar «um mundo sem regra nem controlo, sem fronteira nem limite», não dá demasiada importância às transferências de informação que concernem o «outro mundo». Matrix não assenta num sistema de crenças, mas de saberes; é mais uma gnose do que uma religião[354].

Alletsator

Pedro Barbosa tem insistido na abordagem teórica do polifacetado domínio da multidiscursividade, ligada ao advento das novas tecnologias, bem como na elaboração de novos paradigmas textuais e comunicacionais daí emergentes. A "máquina de emaranhar paisagens" (Herberto Helder) vai dissolver tanto a ideia de autoria como a ideia de leitura. Pedro Barbosa é em Portugal um precursor assinalável no campo daquilo a que com o advento da informática abriu à literatura um novo horizonte de criação e de recepção se chama "ciberliteratura"

354 Eric During, "Les dieux sont dans la matrice", in *Matrix, machine philosophique*, Ellipses, 2003, p. 96.

ou "literatura ergódica". No trabalho deste ciberautor convergem, talvez pela primeira vez entre nós, os problemas da tecnologia e de literatura. E isto, não já em termos de "ceci tuera cela", de feição humanista e romântica, mas de real produtividade e inovação. Estamos perante uma nova noção de obra, múltipla, descentrada. Refluem agora a esta nova prática os mitos e realidades da criação artificial, a estética gerativa e o modelo da criação computacional, os métodos e algoritmos para a criação literária em computador (combinatório, aleatório e interactivo). O livro de Pedro Barbosa apresenta o "software" didáctico Algeratura, *concretização do projecto "oulipiano", com conclusões sobre a interactividade literária. Aqui se reescrevem textos clássicos, segundo a prática do pasticho. Aqui se faz a apresentação de um sintetizador de narrativas. Aqui se faz a demonstração de um gerador de aforismos servido pela prática da intra-textualidade. Aqui se faz a apresentação do programa RAPSÓDIA – um miscigenador intertextual, e de SINTEX, um gerador automático de textos virtuais, com a respectiva exemplificação. Apêndices de informática completam este trabalho, bem como uma Bibliografia e Infografia muito úteis para quem mal se inicia neste mundo nascente.* Alletsator – *sintetizador textual automático reforça o trabalho de hibridização que Pedro Barbosa tem prosseguido de forma muito feliz. A Ópera Quântica ALLERSATOR de Pedro Barbosa e Luís Carlos Petry (Ed. UFP, 2008), com versão hipermedia partiu do projecto de geração automática do texto em sintetizador ("Sintex" – Sintetizador Textual Automático). Esta Obra é a consagração do múltiplo que a sua própria materialidade textual potencializa. A existência virtual dos textos infinitiza-os. É o processo experimental, a execução maquínica, que determina a manifestação contida "in ovo" no texto-matriz que a gera. A matéria de que se compõe esta Obra contém o tópico da viagem, a rota das estrelas (sequencialidade) e a deambulação (aleatório, randómica, infinita, o coro dos Filhos do Espaço, a nave XPTO, o Piloto, a Potestade, o grupo de* aliens, *o "Planeta Aluga-se", uma "Ilha Poética" que encenam a destruição do planeta Terra. A ideia da viagem, de demanda de outros mundos (aqui já há sete mundos), de êxodo, coloca-nos em ambiente claramente apocalíptico. Mundos alegóricos, mundos do jogo e da palavra. Como se sabe, a noção de verdade aparece nos textos mais antigos em relação com práticas de sabedoria de adivinhos, magos e poetas, com um estatuto alegórico.* Alêtheia *vem ligada a* mnemosune *– memória entendida como poder de visão que dá acesso ao passado, ao presente e ao futuro. Esta visão é a da "Planície de* Alêtheia *onde se* *sentam os Bem-aventurados, Deuses e heróis*[355]*. Neste contexto, a palavra é ainda uma realidade física, uma parte das forças naturais. A palavra da* alêtheia *é simultaneamente potência poética, adivinhatória e judiciária. No ciberdrama de Pedro Barbosa há igualmente uma "Ilha Poética" em que pontificam o "Oráculo" e "Anaximandro" e em que, no dizer do Autor, esse ambiente é "Como a apoteose da palavra poética, do sonho, da viagem verbal, da demiurgia da palavra, da linguagem como criadora de mundos possíveis"*[356]*. Assistimos aqui à subversão da relação entre a palavra e o real: "A linguagem torna-se criadora de referentes ovos, de universos semânticos inexistentes e sobretudo imprevisíveis dentro de uma rotina mental humana…A aleatoriedade, o caos, é o que preside à construção do sentido"*[357]*. É esta subversão que empresta a esta Obra o seu carácter surreal. Os mundos virtuais são labirintos formais e não materiais. A peregrinação para o desconhecido é o que melhor tipifica os labirintos. O labirinto, com efeito, opõe-se ao caminho recto, óbvio, pois é engano e dissimulação. O ciberespaço esconde um labirinto que propõe ao navegante novas experiências espaciais, desterritorializantes. O ilusionista Mundo Alternativo criado pela realidade virtual aproxima--nos dos paraísos artificiais de Baudelaire. É essa a sua sedução maior. O projecto surrealista de André Breton teria conseguido alçar-se a uma altura ainda maior se tivesse trabalhado com a realidade virtual. O fio condutor da utopia em drama que é ALLERSATOR leva à exploração de um mundo virtual de uma Tripulação no interior da nave XPTO em demanda de um novo mundo habitável, o "Planeta Aluga-se". Como em todas as narrativas, o começo é sempre uma catástrofe, aqui a explosão da Terra (Arret) que anuncia a destruição do nosso planeta e que está na origem da viagem. A ficção científica e a alegoria, a deriva, o labirinto fazem desta "ópera quântica" uma navegação pela Rota das Estrelas (Rotastella) verdadeiramente surreal. Não passa despercebida a alusão, na referência ao "pensamento quântico" ao paradigma que representa a filosofia da "nova era" – um misto de fundamentalismo e de proselitismo em que se amalgamam doutrinas gnósticas, hinduístas e budistas com um cristianismo* light *que faz nascer Jesus em Caxemira*[358].

---

355 Marcel Hénaf, *Le Prix de la Vérité*, Seuil, 2002, p. 16.

356 Rui Torres e Pedro Reis conversam com Pedro Barbosa, "Triálogo: prelúdio dialogante a Alletsator", in *Cibertextualidades*, Publicação do CECLICO, Universidade Fernando Pessoa, 2007, p. 69.

357 *Ibidem*, p. 73.

358 Hal Lindsay, *The Late Great Planet Earth*, Zondervan, Grand Rapids, 1970.

"A explosão do planeta Terra, o diálogo entre o Primeiro Homem e a Primeira Mulher num Osiarap que é o mito de um Paraíso encriptado, a nave XPTO, em suma, é de certo modo a versão contemporânea de uma arca de Noé intergaláctica"[359]*. Nem passa despercebida a referência à "imaginação omnisciente e omnipotente" do escritor demiurgo. A figura da "Potestade", que desperta do torpor em que tanto o Piloto como a tripulação, é a figura dum ser intermediário, um interpretante lógico final. As suas injunções – que lhe conferem um estatuto de Destinador epistémico único – têm como objectivo modalizar os sujeitos a quem se dirige em função de um programa que comporta duas fases: desligar-se do planeta morto e ligar-se (abandonar-se) ao universos dos sinais ou, o que é o mesmo, ao mundo virtual. Não se esqueça que o espaço da cena é já um espaço mítico. O paraíso cósmico. A aparição de um ser intermediário nos sistemas de comunicação foi já objecto de teorias como o Metaxu (1989) de Philippe Quéau*[360]*. É a arte do modelo numérico, uma arte do movimento, do fluxo, da mudança, uma arte metafórica, pois que visa àquilo que comove a alma. As suas produções são os demónios, mensageiros que os antigos gregos imaginavam que ligavam o mundo sensível ao dos deuses. São estes seres angélicos que, ao mesmo tempo que asseguram a comunhão fática entre o sensível e o inteligível, abrem o caminho ao "re-encantamento do mundo". A ideia do "colapso" é aqui decisiva. Decidir é "colapsar uma única possibilidade entre um campo de infinitos virtuais (mundos possíveis mentais)"*[361]*. Alegoria ou metáfora, ALLERSATOR prepara-nos para o encontro com seres alienígenas num ambiente surreal. Como uma provocação a reconhecer no meio do visível aquilo que sempre esteve connosco, o invisível. Ao contrário da gnose, aqui se esfuma a distinção entre o passageiro e o permanente, o mundano e o espiritual. A grande distinção não passa entre o Baixo e o Alto, a Terra e o Céu, mas entre o cuidado com que tratamos com os nossos artifícios.*

Coda

A última parte do século XX viu uma explosão dos novos *media* que tiveram profundas consequências nas categorias humanas da comunicação. Ao mesmo tempo, ocorreu um "regresso da

359 Pedro Barbosa, *loc. cit.*,p. 84.

360 Philippe Quéau, *Metaxu, théorie de l'art intermédiaire*, Seyssel, INA-Champ Vallon, 1989.

361 Pedro Barbosa, *loc. cit.*, p. 79.

religião"numa escala global. Estamos a viver alienados como dizem os "tecnocatastrofistas"? Que época não teve o seu Adamastor, o seu profeta da desgraça: desde a invenção da escrita, à era nuclear, à *Artificial Life*? O nosso tempo mostra todos os sinais de uma revivescência neo-gnóstica: viver neste tempo sem lhe pertencer. A via gnóstica da alienação ou do desprezo do mundo. Isso lê-se no cinismo ambiente, na indiferença política, nos espiritismos comerciais, nas "raves", no "ecstasy". O cinema ligava, contando histórias, sequenciando acontecimentos, agenciando enunciações, introduzia a luz no mundo. É legítimo fazer uma leitura apocalíptica do progresso dos processos de clonagem do mundo perceptível através dos seus simulacros. Baudrillard dizia-o de forma lapidar: "Vivemos num mundo em que a mais alta função do símbolo é a de fazer desaparecer a realidade e mascarar ao mesmo tempo desta desaparição. A arte hoje não faz outra coisa"[362]. A ruptura de vínculos leva à procura de novas situações de imunidade que o cinema reflecte. Paradoxalmente, vivemos simultaneamente num mundo que é ao mesmo tempo átono – de decisão nula – e num mundo de tensões – de decisões múltiplas. Não estamos sequer no mundo de "O Homem Sem, Qualidades" de Musil e do seu protagonista Ulrich, um céptico não niilista, porque acredita naquilo a que ele chama "o sentido de possibilidade das coisas". Como se a vida fosse experimentação permanente, construção de hipóteses[363]. Neste admirável mundo desencantado e reencantado, a gnose parece triunfar e com ela a questão do messianismo. *Matrix* é o ex-libris do cinema que nos dá a ver aquilo que nos olha: a anamorfose da paisagem em que habitamos e a sua projecção num mundo a vir, nunca dantes visto, de efeitos especiais, de saltos no vazio – não é desse espaçamento que o tempo se desdobra, se distende, e nos constitui? Que pode a carne contra a heresia digital? Revolução mundial das almas contra o mundo – mal-estar sintomático da pós-modernidade. No *Matrix* não há nenhum método que se debruce sobre a experiência estética da alma, busca que Llansol chama "existentes não reais", que, não sendo reais do ponto de vista da realidade empírica, têm uma existência. Morfeu, no *Matrix*, representa bem o braço armado dessa figura. A sua exposição do mundo de 2199 expõe claramente a natureza da alienação: com o nascimento da AI, a dinâmica

---

362 Jean Baudrillard, *Le crime parfait*, Paris, Galilé, 2005, p. 18.
363 João Barrento, *Ípsilon*. 18 de Abril 2008.

através da qual este construía objectos cada vez mais performantes para aumentar o seu poder de acção sobre o mundo inverteu-se: ele tornou-se um meio para que os objectos técnicos continuem a desenvolver-se. Pior: não já como o instrumento, mas como fonte de energia. "Extrema proletarização da espécie humana, reduzida a valer apenas pela sua matéria"[364]. É fácil perceber o que está a acontecer, partindo do que aconteceu no final do século XIX, quando se esperava que o Estado, o mercado, a técnica estivessem *ao serviço* de interesses humanos colectivamente decididos e acabaram por submeter os homens ao serviço dos seus desenvolvimentos "cegos". Na *Matrix* e com a AI, as potências alienantes tornar-se-iam conscientes e a alienação do homem tornar-se-ia não apenas um efeito inevitável, mas ainda uma finalidade para agentes capazes de prever as consequências do seu comportamento e de se atribuir a si próprios finalidades[365]. A "Potestade" (em *off)* que intervém no curso da ciber-ópera *Alletsator* de Pedro Barbosa, de que falarei mais adiante, costuma interpelar os seus "Indecifráveis amigos" que adormecem nas cadeiras: "Você é um esdrúxulo ser vivo permanentemente sentado diante do infinito...A cadeira virtual adormece-lhe o traseiro. Retrato acabado do homem pós-moderno que assiste parado ao espectáculo do mundo"[366]. São as capacidades das redes que incitam Bernard Stieglera olhar a internet como uma espécie de televisão deslinearizada, manipulável, duplicável e multiformato. Este *media* agiria sobre o tempo vivido sincronizando os espectadores sobre o modelo do cinema: a duração do filme, ao afinar as consciências pelo mesmo valor temporal, seria a causa maior da adesão às imagens e impediria o indivíduo de qualquer recuo crítico e do juízo de gosto. Não dizia Hobbes que o Estado era um artefacto, e que este artefacto só podia funcionar na base da alienação? A alienação do mundo é imanente ao devir da Modernidade. De Rousseau a Max Weber que se anunciava esse desabar. "L'humanisme ne peut jamais être une doctrine ni même une attitude qui pourrait se definir une fois pour toutes; chaque époque doit découvrir son humanisme en l'orientant vers le danger principal

---

364 Patrice Maniglier, "Mécanopolis, cité de l'avenir", in *Matrix machine philosophique*, ellipses, 2003, p. 99.

365 *Ibidem,* p. 100

366 Pedro Barbosa, *Alletsatorotastella, XPTO – Kosmos. 2001,* Porto Edições Afrontamento, 2001, p. 28.

de l'aliénation"[367]. A tradição gnóstica significa as dificuldades ligadas ao vir ao mundo. É a hermenêutica do falso nascimento num mundo que não convém aos seres humanos. Condenados da terra não faltam e nenhum dos antignósticos indolentes (teólogos ou filósofos) lhe dão ajuda. Harold Bloom parece ter razão quando afirma que o neo-gnosticismo trivializa a própria tradição gnóstica. Mas não são todos os *neo* triviais? A função sacral da arte – veicular e tornar visíveis valores sagrados – desapareceu das sociedades ocidentais (Hegel *dixit*). A arte tornou-se ornamento, *pulchritudo vaga,* troféu (despojos da história a que os museus dão guarida). Num tempo em que o valor espírito está em baixa, qualquer gnose é socorro para a miséria simbólica que assola o mundo.

367 Simondon, *Du mode d'existence des objets techniques*, Paris, Aubier, 1969, p. 102.

Bibliografia sumária

Gilbert Simondon, *Du mode d'existence des objets techniques*, Paris, Aubier, 1969.

Hal Lindsay, *The Late Great Planet Earth*, Zondervan, Grand Rapids, 1970.

Jean Baudrillard, *Le crime parfait*, Paris, Galilé, 2005.

Jean-François Marquet, Philosophies du secret. Études sur la gnose et la mystique chrétiennes (XVI- XIX siècle) cerf, 2007.

Jorge Leandro Rosa, *A impossível experiência final da modernidade. Prolegómenos a uma teoria do virtual*, FCG/MCES, 2005, p. 32.

Lev Manovich, *The Language of New Media*, Cambridge, MIT Press, 2001.

Lucien Scubla, "Le christianisme de René Girard et la nature de la religion", in Paul Dumouchel (ed.) *Violence et vérité.*

Michael Benedikt, "Introduction", in M. Benedikt e tal. (org.), *Cyberspace: First Steps*, Cambridge Mass. MIT, 1992.

Pedro Barbosa, *Alletsatorotastella, XPTO – Kosmos. 2001,* Porto Edições Afrontamento, 2001, Serge Hutin, *Les Gnostiques*, Que sais-je?

Slavoj Zizek, *Lacrimae Rerum*, Debate, 2005

Peter Sloterdijk, /Thomas Macho (ed.), *Welterevlution der Seele*, 1993.

René Girard, *Les origines de la culture*, 123.

Steven Shaviro, *Connected or what it means to live in the network society*, Univ. of Minnesota Press, 2003.

A visão impura – o desenho a traço sobre a monja que pintava chagas: o triunfo da alegoria

Resumo

Para a poesia, como para a semiótica, é graças à figuratividade que se pode constituir a fábula de uma cultura e, dentro desta óptica, o trabalho da língua – as figuras de retórica, a metaforicidade, a alegoria, por exemplo. A imagem é sempre uma translação e uma metáfora implicadas no teatro do corpo. Procura-se analisar aqui o desenho a traço de um retrato que resume no século XVI o drama e a glória da monja de Lisboa, Sor Maria da Visitação mais conhecida como a monja que pintava chagas. Neste desenho representa-se o triunfo da obediência na pessoa da monja. Este desenho manifesta os traços de uma personalidade pelas mil pregas de uma roupagem alegórica. Infelizmente o quadro foi destruído restando apenas o desenho. Aqui confluem as virtudes, alegorizadas, e na sua base, o discurso de legitimação da Contra-Reforma. Este desenho traduz afinal o drama da monja de Lisboa, ou o triunfo do discurso (de Trento)?

"Diz-me se
toda a imagem é engano
ou filho enjeitado
do fogo" (J. Tolentino Mendonça).

"Los santos se han de pintar de manera que no quiten la gana de rezar en ellos, antes pongan devoción, pues el principal efecto y fin de su pintura há de ser esta" (Fr. José de Sigüenza).

"Que se examinem com muito rigor, como é costume neste Reino os debuxos, imagens, retábulos, panos, cartas, que vêm de terras estranhas: porque soem vir às vezes nelas letras ou figuras indecentes e desonestas, ou suspeitas, ou escandalosas, e injuriosas ao estado Eclesiástico; e os hereges fazem nas pinturas o que fazem nos livros a seu modo, e pintam nelas coisas em desprezo das cerimónias e ritos da Santa Igreja Romana, como se vê por experiência" (Fr. Bartolomeu Ferreira, *Index Librorum Prohibitorum*,1581).

"O pretexto é o corpo sempre" (Victor Serrão).

É claro que uma fotografia pura e simples da realidade nunca seria uma narrativa: toda a intriga supõe uma selecção, um ponto de vista, uma sequência de acções e paixões. Numa narrativa, seja ela de ficção ou não, nada está por acaso, tudo obedece a um mínimo de plausibilidade que a torne "aceitável", ou "legível". Ora, as narrativas vestem-se de várias linguagens: literais, analógicas, alegóricas, tropológicas e, hoje, digitais. O objecto do nosso estudo é o "Triunfo da Obediência", desenho a traço, aguada de bistre, sobre papel do mestre pintor Fernão Gomes (c. 1588). Trata-se do desenho preparatório para uma das pinturas murais com que Fernão Gomes proveu, cerca de 1588, a casa do capítulo das Dominicanas da Anunciada. Um breve trecho de José Alberto Seabra Carvalho resume à perfeição este desenho. "Nos termos do mais militante proselitismo da reforma católica pós-Concílio de Trento, a linguagem alegórica deste estranho cortejo resume toda uma proposta de exemplar comportamento espiritual" (357)[368].

O que melhor caracteriza a idade moderna é que o mundo se converte em imagem. O desenho, a "pintura" alegoriza-se. Já não é o corpo que fala, que finge, que ficcionaliza, mas a legenda, o discurso legendado, a nova ordem que se instala. Acontece que na alegorese a riqueza ilimitada traduz-se em pobreza, a sobrecarga de plenitude em vazio, a facilidade excessiva em fraqueza. Como bem observa V. Fusco, "Sans l'enracinement dans l'histoire, le langage la figure est plus que tout autre exposé au risque d'être complètement dénaturée. Il pourra se fractionner sur la base de référents conventionnels, extrinsèques (les bestiaires, les lapidaires du Moyen Age), ou retrouver son unité dans un príncipe d'un autre type: l'unité des archétypes, des mythes"[369].

Imagem e propaganda

M. de Certeau diz que o poder do Estado se estende à medida da dispersão dos corpos. E de facto, no *Leviathan* de Hobbes o Estado é o novo corpo de que o rei é a cabeça. É a nova ordem que o cosmos já não garante. E nesta nova ordem tudo é "pintura", arte social da "representação". Estas "pinturas" "cobrem" "naturais", selvagens,

368 Segundo o autor que estamos a seguir, a composição inspira-se de duas gravuras de Cornelis Cort – Triunfo do Orgulho e triunfo da pobreza (1564) – a partir de Maerten van Heenskerk.

369 V. Fusco, "L'interprétation des paraboles", in *Les paraboles* évangéliques, Paris, cerf, 1989, p. 49.

incoerentes e múltiplas[370]. A imagem cristã tem uma função utilitária de fundo. O princípio niceano da *translatio ad prototypum* vai reger, no cristianismo, a produção da imagem. Tomás de Aquino adopta o uso das imagens por três razões: para instruir os analfabetos, para que o mistério da Encarnação e os exemplos dos santos possam imprimir-se eficazmente na memória com a sua representação, e para suscitar emoções de modo mais eficaz do que através do ouvido. O franciscano Toríbio de Benavente (o Montolinía), companheiro de Cortés e fundador da primeira missão da sua ordem no México, descreve nos seus *Memoriales* as funções que atribui às imagens: 1) substituto afectivo que recebe o amor que se professa a um ser querido desaparecido; 2) apoio da recordação; 3) instrumento de dominação política ao serviço da adoração à distância; 4) isca enganosa quando o virtuosismo do artista produz cópias mais belas e elegantes do que o seu modelo[371] O confidente de Filipe II, fr. José de Sigüenza, sabia de cor que funções cabiam às funções da imagem na Igreja: didáctica, memorística e devocional. Sem *translatio* ao protótipo caía-se na idolatria. A fundamentação teórica de Niceia reaparece em Trento como resposta ao desafio iconoclasta de Calvino. Na última sessão do Concílio aprovou-se o Decreto sobre as imagens (3-4 de Dezembro de 1563) que confirma a vigência da legitimidade e da veneração das imagens sacras. Trento acrescenta: se há demasiada "arte" na representação a atenção excessiva no objecto pode impedir a *translatio.* A ameaça esteve sempre do lado do excesso de austeridade (que não estimula a emoção devota nem a *translatio* ou do lado do excesso de esplendor que ofusca a *translatio.* Confirma-se hoje que o efeito maior da Contra-Reforma na história das artes visuais foi a invenção do estilo barroco, que surge na Itália e é estimulado sobretudo pelos jesuítas "como uma arte aparatosa e publicitária, desenhada com a missão de impressionar os fiéis ante a ameaça protestante, com os convulsivos martírios dos santos e a glória exultante das instituições e das personagens do catolicismo"[372]. Nada se comporia quer fosse contrário ao cânon que preside à representação das histórias sagradas. Donde a pertinência daquilo

370 "Histoires de corps" – Entretien avec Michel de Certeau, *Esprit*, 2, fev. 1982, p. 184

371 Román Gubern, *Del bisonte a la realid virtual. La escena y el laberinto*, Barcelona, Anagrama, 1996, p. 60.

372 *op.cit.*, p. 68.

a que Victor Serrão chama o "catecismo imagético" (*ibidem*: 54). Neste desenho não há lugar para uma carnalidade expressa, aqui triunfa o "decoro" do discurso alegórico pintado em imagens.

O carro das figuras

Os fenómenos são heterogéneos, há várias disciplinas que se devem ocupar deles, mas a resolução desta heterogeneidade, graças à semiose, não pertence a essas disciplinas, mas à semiótica, que constitui a "significação" desses fenómenos (Fontanille, 2006: 171). O horizonte é uma unidade e, como toda a verdadeira unidade, é invisível, dizia Maria Zambrano (1995: 169). Só o idealismo pretendeu reduzir toda a realidade a um horizonte único. A semiologia identifica texto e imagem: a imagem pode ser tratado como um texto, seja porque podemos sujeitá-la "a uma análise espectral das mensagens que ela pode conter", seja porque podemos explicitar os seus constituintes, encontrar as bases duma morfologia e duma sintaxe. Por alguma razão os discípulos de Barthes privilegiam a imagem publicitária que tem a vantagem de conter simultaneamente uma codificação visual e social explícita[373], A semiótica trata da "forma", isto é, daquilo que se passa quando reunimos os dois planos duma semiótica-objecto.

Que está em cena neste quadro? Um carro triunfal que transporta as figuras da *Obediência* (vendada e subjugada ao peso da Cruz do Calvário) e da *Vontade* (acorrentada aos pregos da paixão) como figuras regentes deste cortejo. A seus pés, o globo do Mundo. A ideia da conquista (cristã) do mundo e da psicomaquia vêm juntas neste desenho a traço. Este programa subsume dois outros, um de ordem cognitiva (em que vem à cena o Pensamento e a Cogitação), outro de ordem pragmática (nas figuras do Ouvido, da Visão, do Gosto) que se opõem a um anti-programa assumido pela vã agitação das aves palradoras). À frente uma trindade de sentidos: o Ouvido (*fides ex auditu*) que se guarda da vã agitação das aves palradoras, a Visão, só permeável à claridade da luz divina para os olhos da alma; e o Gosto, de apetite voraz apenas para os livros edificantes, rosários e cintos de autoflagelação que traz numa bandeja. Na retaguarda, caminham a Diligência, ocupada em atiçar a fornalha dos corações inflamados e

373 Jacques Morizot, *Interfaces: Texte et Image*, Presses Universitaires de Rennes, 2004, p. 50.

o Pensamento, apenas vocacionado para a meditação (a caveira e a cruz) e as cogitações puras (os corações desvendados nas suas mãos). Em termos narrativos, é claro à repartição das figuras corresponde um universo de valores a que aderir ou a renunciar. O /querer/ (a Vontade) deve sujeitar-se a um programa em que é a Obediência (não-querer) que ordena e sanciona o que /fazer/. Neste quadro, obedecer ao ouvido, à visão ou ao gosto é trair aquilo para que a figura da cruz representa: o sacrifício de si, a anulação do /querer/, o esvaziamento de si. Já as figuras da diligência e da cogitação são os adjuvantes preciosos na sombra dos quais o recto agir se alinha. A meditação manifesta a interiorização do mundo sensível – é uma paixão ligada a um fazer cognitivo. É para esse mundo interiorizado que apela a obediência como a "forma de vida" mais alta. No livro conhecido de P. A. Brandt, *La charpente modale du sens,* este autor mostra que o conjunto das modalizações são geradas a partir do dever-ser. A ideia de conversão, muito ocidental, de resto, não se concebe sem a ideia de progresso. Ora, todo o progresso exige rupturas, buscas, programas, saltos. Situar-se do lado da estética da procura é colocar-se nos trilhos do esquema narrativo canónico que tem por objectivo uma inversão do conteúdo. A diligência e a meditação coadjuvam o percurso de passivação em que o sujeito se deve tornar para que se cumpra eficazmente o plano que o sobredetermina. O desenho manifesta três instâncias: em primeiro lugar a posição (invisível) que a luz pode figurar, de um destinador de um fazer saber emissivo activo em relação com um sujeito (a Monja) na posição de receptor ao mesmo tempo *passivo* (a Monja recebe as injunções do alto como marcas que a atingem enquanto vê, ouve e prova, que a separam da ligação virtual a um anti-destinador) e *activo* (a Monja recebe este saber de forma reflexa, como meditação e diligência). Torna-se claro que esta comunicação entre o destinador e o destinatário do saber supõe um acordo (contrato fiduciário) sobre o valor de verdade do saber transmitido.

Alegorização

Etimologicamente, alegoria deriva de allos *– outro e* agorium, *falar na* ágora, *usar linguagem pública. Falar alegoricamente é falar em linguagem acessível a todos, remetendo para um outro regime de significação através de uma linguagem oblíqua. A alegorização é uma das mais ardilosas formas de expressão das funções religiosas e políticas* *pela associação arbitrária que permite, sem regras de similaridade à vista e sem limites interpretativos. Numa alegorização barroca uma faca tanto pode significar o ciúme como o martírio. O contexto será sempre decisivo. Na alegoria, o significado desejado incorpora-se a um objecto escolhido como resultado de um acto intencional. À época deste desenho, estávamos ainda longe da obra de Goethe,* Objectos das Artes Figurativas *(1790) em que o símbolo representa uma síntese do movimento romântico e a alegoria só aparece em contraposição a ele, e mais ainda do seu resgate por W. Benjamin, quando a linguagem é o meio mais adequado para expressar um mundo saturado de objectos. Estávamos ainda a alguma distância do homem barroco que pela produção do excesso visa a restaurar as ruínas que o mundo moderno começava a provocar. No nosso caso, o engenho alegórico da composição confere à imagem um poder de síntese equivalente à mais incendiada parenética doutrinal da época...resume, em suma, todo um compêndio de meditações freiráticas (*Ibidem*). O tempo era propício à alegorização da imagem. Muitas representações alegóricas são feitas através da pintura ou da escultura. Os temas iconográficos são quase sempre clássicos greco-romanos ou da tradição religiosa. A linguagem plástica alegórica utiliza adereços que completam a identificação de cada personagem que entra em cena como "virtudes".*

Em boa escolástica, as virtudes humanas são hábitos operativos bons porque dependem da nossa vontade livre, enquanto se conformam com as regras da recta razão. Ao contrário da doutrina estoica para a qual todas as paixões são enfermidades da alma, para S. Tomás, que é um aristotélico, as paixões são, de si, indiferentes. As virtudes implicam uma regulação racional dos nossos afectos sensíveis. São elas que estabelecem o justo "meio" nas paixões. Dividem-se em "virtudes intelectuais" (perfectivas do intelecto) e "virtudes morais" (que aperfeiçoam a vontade, ou o apetite sensitivo)[374]*. A ideia de regulação, de controlo pela razão, de ordenação para o bem, preside ao capítulo das paixões e das virtudes. O apetite irascível é sujeito da virtude da fortaleza e o concupiscível da temperança. A prudência é uma virtude típica da "razão prática". A justiça tem como sujeito imediato a vontade (*ibid.*, 56,6). O apetite sensitivo ocupa uma posição intermédia no homem: é*

374 Cf. Tomás de Aquino, I-II, 68, 8 e lugares paralelos. No prólogo à *Prima Secundae*, Tomás de Aquino explica que todas as virtudes morais se reduzem às quatro virtudes cardinais: prudência, justiça, fortaleza e temperança.

*de ordem material, depende de determinados actos corporais e os seus actos implicam mudanças somáticas e ao mesmo tempo, porque movido pela razão e lhe obedece, pode alçar-se acima daquilo que é de ordem material. A causa próxima do pecado são o intelecto e a vontade livre. As causas remotas são o conhecimento e o apetite de ordem sensitiva que pode arrastar o intelecto a vontade a pecar. A vontade é uma faculdade afectivo-intelectiva e tem como objecto próprio o bem universal. A razão está mais próxima da vontade e dos actos volitivos do que o apetite sensitivo e as paixões. Porém há um influxo mútuo entre o apetite sensitivo e os seus actos e a potência volitiva e as suas "volições". Estar sob o jugo da paixão impede o uso da razão de modo parcial ou total (*Cf Summa theol., *I-II, 9, 2). Porém, se influenciam muito a nossa vontade, a movem necessariamente e nos tiram toda a liberdade: O que é visível nos homens "continentes" ou naqueles que resistem a ser dominados pelas suas "concupiscências".*

Vítor Serrão mostra à saciedade como a Igreja Contra-Reformista e o discurso tridentino influenciaram a pintura em Portugal no período caracterizado como "maneirista". A Igreja velou para que tanto as pinturas como as colecções de gravuras se norteasssem pelas regras do 'decoro' artístico e do 'rigor' litúrgico dentro dos cânones dimanados de Trento e sempre fidelissimamente cumpridos" (Serrão, art. cit., p. 53). Como já escrevei, "O antagonismo entre corporeidade e materialidade mantém-se: o ascetismo é a sua expressão religiosa e prática. É este corpo de carne que visam aos suspiros de Platão e os gemidos do Apóstolo: 'Infeliz que eu sou! Quem me livrará deste corpo de morte?' (Rm 6, 24). Para os grandes pensadores e místicos da tradição ocidental o caminho para o fim é um caminho que há que subir. E para subir é preciso antes morrer. Daí a mortificação"[375]. Para dar um exemplo da mentalidade coeva deste desenho, Luís de Granada, quando fala da mortificação das paixões distingue claramente aquilo que toca ao corpo (aos sentidos) e aquilo que toca à alma e às suas potências (o apetite sensitivo – afectos e movimentos naturais). Desde logo considera o apetite a parte mais baixa da alma e, portanto, aquela que mais nos aproxima dos animais porque regidas por apetites e afectos. O apetite é, pois, aquilo que mais

375 Leia-se a *Escada do Paraíso* de João Clímaco, "o maior de todos os psicólogos da tortura e glorificação" segundo P. Sloterdijk, *op. cit.*, p. 186. Cf. José Augusto Mourão, "A guarda dos sentidos – a vigilância como virtude e como técnica" (inédito).

nos afasta do alto (o céu). Não houvesse vontade própria e não haveria ninguém no inferno, diz o nosso autor, citando S. Bernardo. O apetite é comparado a um armazém de munições do pecado, mas o mais interessante é a comparação que faz com Eva. Eva seria a parte mais fraca e mais mal inclinada da nossa alma. É esse flanco que a serpente ataca Adão, a parte superior da alma, onde está o entendimento e a vontade. É daqui que arranca a milícia e o exercício das virtudes morais: no domar estas feras e refrear os animais bravos. Para alcançar a reformação da vontade superior, que é o apetite racional, Granada recomenda três santos afectos, quais são a humildade de coração, a pobreza de espírito e o ódio santo de si próprio. Com estes três remédios se torna mais fácil "o negócio da mortificação".

A monja que pintava chagas

Maria da Visitação entrou no Mosteiro de Nossa Senhora da Anunciada de Lisboa em idade de doze anos no ano de 1563. Fez profissão cinco anos depois, sendo já de dezassete. "Inda não tinha quatorze anos de profissão; já por toda a Cidade e reino era nomeada como cousa caída do Céu, a Freira da Anunciada: e as freiras todas enfeitiçadas com ela, que nos quatorze anos de professa, e não tendo mais que trinta e um de idade, a fizeram Prioreza" (Sousa, 1977: 62). Estávamos em 1583. Em breve a sua reputação de santa (dos raptos aos êxtases, às revelações e, finalmente, às chagas que teria recebido no dias de S. Tomás a 7 de Março de 1584) se espalhará a todo o Mosteiro e logo correrá o mundo. Por toda a parte se procuravam os paninhos tintos de sangue, acreditando-se que davam cura certa. Estes pedaços de tela eram venerados como relíquias. Luís de Granada, um mestre insuspeito nos círculos espirituais de então, escreve a biografia de Maria da Visitação convencido da transformação do corpo desta virgem na imagem do corpo de Cristo e da transformação do seu espírito no espírito de Cristo. O insuspeito Fr. Luís considera, tanto a Madre Prioresa como Ana Rodriguez "espejos de virtud que nuestro Senõr nos dió"; aí se fala do seu pouco apetite de comer e do pouco sono de que fruíam; aí se fala da "grandeza de los Dolores que padecen los dias señalados da la pasión" e da grandeza das consolações que têm nos raptos. Quatro anos durou este estado de graça, apesar da denúncia que várias madres zelosas fizeram aos Prelados maiores. Intervêm no processo de Sor Maria o Padre Mestre Frei Alberto Agayo Castelhano, primeiro (1687), veio depois Frei Luís de Granada, sobreveio logo o Geral da Ordem Xisto Fabri. Sor Maria negará uma primeira e uma segunda vez que buscava alguns artifícios. Quatro experiências nos sinais das chagas fizeram os padres dominicanos e por quatro vezes se convenceram da veracidade delas. Por fim O Inquisidor Geral Arquiduque e Cardeal Alberto cometeu a averiguação ao Tribunal. Aquilo que nem Fr. Luís nem o Geral dos dominicanos ousaram fazer para não ferir as chagas, fizeram-nos os dignitários do santo Ofício que munidos de sabão esfregaram tanto que por baixo das chagas encontraram a carne perfeitamente sã. Só a 14 de Outubro, numa sexta feira, duas horas depois do meio-dia, com sabão preto e durante meia hora, quatro religiosas fizeram a prova da existência ou não das chagas. Os sinais eram pintados de vermelho, os cravos de preto. A prova do sabão foi peremptória: os sinais eram, afinal, fingidos e simulados. O mesmo aconteceu à picadura do lado esquerdo e às chagas da cabeça. Após a destruição da Armada lê-se numa carta de Lipommano ao Doge, com data de 14 de Dezembro de 1588: "A religiosa de Portugal, que era tida em todo o universo por uma santa, foi finalmente desmascarada. Os estigmas eram artificiais, e toda a história inventada para adquirir importância no mundo. A partir daí declarou-se culpada. A 15 de Outubro faz-se o julgamento com juramento e leitura dos Autos. Sor Maria da Visitação é forçada a confessar e a manifestar com lágrimas o arrependimento. Salva-a a confissão, os 'justos respeitos' e o facto de não ter em nada negociado com o Demónio. E logo saiu a condenação na forma conhecida, vistos os Autos, as denúncias, os ditos de testemunhas, feitos os exames e a confissão. Foi sentenciada com várias penas. A maior pena foi desterro do seu Mosteiro – o de Abrantes, onde viveu alguns anos e morreu cumprindo suas penitências"[376].

---

376 Granada, Fray Luís de. 1998. Historia de Sor Maria de la Visitación, in Obras Completas XVII, edición y Nota Crítica Álvaro Huerga, Fundación Universitaria Española Dominicos de Andalucía, Madrid. Processo de madre Maria da Visitação, prioressa que foi no convento da Anunciada de Lisboa (a. 1588): Arquivo da Torre do Tombo, Lisboa, sign.: Inq. Proc. 11.824, pasta n. 20. Huerga, A.. 1959. "La vida seudomística y el proceso inquisitorial de sor Maria de la Visitación ("La Monja de Lisboa"), Hispânia sacra, 12, pp. 35-130. Sousa, L. de, História de S. Domingos particular do Reino e conquistas de Portugal (Benfica, 1623).

Coda

Benjamin escreve que Calderón "distribui secretamente os traços de uma personagem pelas mil dobras de uma roupagem alegórica". "While content and language form a certain unity in the original, like a fruit and its skin, the language of the translation envelops its content like a royal robe with ample folds", comenta Iain Chambers[377]. W. Benjamin escreve: "in allegory the observer is confronted with the *facies hippocratica* of history as a petrified, primordial landscape"[378]. Como nos aparece um homem? Como um objecto numa paisagem[379]. O outro homem é um "isto". O outro homem em Lévinas nunca aparece na cena fenomenológica como um corpo a propósito do qual e pergunto se é uma carne, logo um outro eu, mas como algo que não me dá tempo de perguntar o que é. O mundo desaparece quando o outro homem aparece. O outro homem vem do para além do campo da consciência. Ele aparece e "fala". A intersubjectividade é um problema de transcendência mútua: vemos um rosto de homem como ("como") vemos um retrato. Não temos que nos importar com o estatuto ôntico do retrato. O outro requer a minha solicitude. Da monja que pintava chagas ficou a imagem pintada da sua submissão ao sistema que tudo regia: as almas e os corpos. A *executio in effigie* que se pratica na Itália medieval era uma punição icónica infamante, um castigo moral que pintores conhecidos Botticelli, Andrea del Castagno, Andrea del Sarto ilustraram[380]. Não queimaram a monja, exibiram-na sob a forma de penitente. Se a escrita da memória tem por função mostrar palavras e narrar imagens, a "escrita" deste desenho testemunha à na penumbra da luta nunca terminada entre o corpo que fala e a instituição que o cala nas dobras de um discurso ilustrado, mas vazio: o triunfo da alegoria.

---

377 Iain Chambers, *culture after humanism. History, culture, subjectivity*, Routdlege London/New York, 2001: "History, the Baroque and the judgment of angels",p. 75.

378 Walter Benjamin, *The origin of German Tragic Drama*, London, Verso, 1990, p. 166.

379 J-Y. Lacoste "L'apparaître et l'irréductible", in RPL, nº 3, 2006, p. 511.

380 Gubern, *op. cit.*, p. 64.

O corpo e as suas ficções

(excurso em torno de *The Melancholy of Anatomy* de Shelley Jackson)[381]

Resumo

Que se disseca, na digressão narrativa que tem por objecto as paixões e os órgãos? De que modo uma lógica da explosão (pós-moderna) distribui um corpo em pedaços, paradoxalmente reconfigurado segundo uma designação pré-endocrinal dos humores? *The Melancholy of Anatomy* de Shelley Jackson tem por fundo a melancolia de uma ideia: a de natural, sendo por isso uma paródia da ideia do "natural" em favor do absurdo ou do monstro. É a forma paradoxal como a autora opera esta "montagem" narrativa que nos propomos analisar.

"In this investigation, invisibility is evidence, blindness the closest I may come to insight, the particular shape and tenor of ignorance a clue and a scripture" (Shelley Jackson).

"Le texte a une forme humaine, c´est une figure, un anagramme du corps" (Roland Barthes).

"La vie fait texte à partir de mon corps. Je suis déjà du texte" (Hélène Cixous).

A literatura utiliza o termo *anatomia*, termo-chave da medicina, como metáfora para a dissecação de um texto. Analisar é, com efeito, uma operação que consiste em segmentar (seccionar) partes que compõem um corpo (textual ou outro). Existe uma tradição crítica que utiliza esta designação para títulos e projectos de obras de carácter examinador: *Euphes: The Anatomy of Wit* (1579), de John Lyly, *Anatomie of Abuses* (1583), de Philip Stubbes, *Anatomie of Absurditie* (1589) – uma resposta ao livro anterior –, de Thomas Nashe, *Anatomy of Melancholy* (1621), de Robert Burton, *Anatomy of Inspiration* (1940), de Rosamund Harding, e, a mais conhecida e influente das anatomias literárias, *The Anatomy of Criticism* (1957), de Northrop Frye. É verdade que o termo também é valido para as grandes narrativas

381 Jackson, Shelley, *The Melancoly of Anatomy*, Anchor Books, 2002.

que descem ao mais ínfimo pormenor para descrever e dissecar situações, costumes ou lugares, por exemplo, a atmosfera marítima quer no *Moby Dick*, de Melville, quer em *Mau Tempo no Canal*, de Vitorino Nemésio. Na teoria de Frye, que popularizou o termo na crítica literária, a anatomia ultrapassa a sua simples etimologia, representada na obra de Robert Burton, mas de significação mais ampla no contexto da crítica arquetípica (que Frye personificou):

"A palavra 'anatomia' no título de Burton significa uma dissecação ou análise, e exprime muito acutilantemente a abordagem da sua forma intelectualizada. Podemos adaptá-la também como uma denominação conveniente para substituir a "sátira menipeia", equívoca, incómoda nos tempos modernos".[382] É daqui que parte o crítico canadiano para exemplos de anatomia, assumindo que se trata de um género: "Quando examinamos a ficção do ponto de vista da forma, podemos ver quatro formas ligadas entre si, novela, confissão, anatomia, e romance."[383] Se quisermos actualizar este conceito, podemos dizer que não está longe do que hoje se entende por metaficção. Veja-se o exemplo fornecido por Frye:

"*Tristram Shandy* pode ser (...) uma novela, mas a narrativa digressiva, os catálogos, a estilização do carácter em sentido de 'humor', a maravilhosa viagem do grande nariz, em discussões de simpósio, e a constante ridicularização dos filósofos e críticos pedantes são características próprias da anatomia."[384] A descrição que Frye apresenta de *Tristram Shandy*, para muitos um proto-arquétipo do pós-modernismo, vai servir também para definir o que é a metaficção. Todos os processos de auto-reflexividade que caracterizam as metaficções e as grandes narrativas viradas para a sua própria natalidade seriam processos análogos ao estudo anatómico. Mas há limites neste estudo que não são aceitáveis no estatuto que hoje se reconhece para a literatura e para o respectivo estudo: o carácter científico do estudo anatómico não é compatível com os traços nucleares da literatura pós-moderna: a instabilidade do sentido, a indeterminação, a ambiguidade, a indecidibilidade, etc. O carácter científico da prática da anatomia da crítica que Frye

382 Frye, Northrop, *The Anatomy of Criticism: Four Essays*, Penguin, Harmondsworth, 1990, p. 311-312 (doravante TMA).
383 *The Anatomy of Criticism*, p. 312.
384 *Ibidem*, p. 312.

perseguiu vê-se na sistematização de uma gramática de arquétipos literários e pode inclusive testemunhar-se em sistematizações mais particulares como a teoria dos modos ou a teoria dos símbolos, ou a teoria dos géneros. Frye lutava sobretudo contra as críticas impressionista, historicista e linguística que dominavam a cena americana. O estruturalismo literário terá a mesma pretensão e crê-se que a obra de Frye terá preparado a crítica americana para a sua recepção. O projecto de uma prática crítica feita na base de um estudo de anatomia é dificilmente sustentável. O objectivo de Frye era estudar toda a literatura ocidental segundo um modelo de análise científica, sem atender à especificidade de todos os textos que constituem essa literatura. Nesta tradição, ficam ainda de fora o estudo do autor, perspectiva que é partilhada, regra geral, por todo o *New Criticism* americano, e o problema da originalidade artística, que tanto preocupou, por exemplo, os românticos que Frye tão profundamente estudou. Substancialmente, a visão de Frye é ainda a visão cartesiana, em que é o *logos* que domina. Os problemas da subjectividade e da temporalidade inscritos no discurso – obrigaram, entretanto, a uma viragem de paradigma. Na semiose o corpo nunca está ausente. Onde quer que nos coloquemos, do lado da instância de origem (o "autor", o "artista") ou da instância de recepção (o "intérprete"), será sempre necessário distinguir o predicado somático do predicado cognitivo. A razão é simples: os predicados cognitivos não dizem o sensível – esse papel cabe aos predicados somáticos[385].

Isto é o meu corpo (de linguagem)

Shelley Jackson tornou-se célebre depois de uma obra de hiperficção *Patchwork Girl* (1995), talvez a obra mais conhecida no género da Literatura Electrónica, uma meditação crítico-ficcional sobre o corpo, a feminidade e o hipertexto, sendo já uma subversão (de género) do *Frankenstein* de Mary Shelley. Não é difícil divisar por trás de *The Melancholy of Anatomy* (2002) de Shelley Jackson a sombra de Kafka, Calvino, Joyce, Stein e Mary Shelley – autores que configuram um conjunto de gramáticas composicionais novas, que introduzem inovações de monta no interior da narratividade e no horizonte daquilo a que Augusto Joaquim chamou a "literatura orgânica". Um

385 Coquet, Jean Claude, *Physis et Logos*, Une phénoménologie du langage, Paris, 2007.

olhar sobre o protagonista de uma das ficções, George, é suficiente para indiciar a familiariedade com Kafka: "algures dentro dele havia um outro George: semelhante a uma aranha, ávida, flexível"[386]. *The Melancholy of Anatomy* é uma obra de ficção curta, de 13 histórias, com protagonistas humanos e não humanos, que tem o corpo no seu centro, decomposto em partes, em que as secreções e as funções corpóreas tomam uma existência insólita, e em que os processos íntimos se tornam mundos. Nada liga estas histórias, cada uma a funcionar como totalidade auto-significante. É-nos dado assistir no "teatro do corpo" à performance que os objectos parciais a que a imaginação fabulosa da sua criadora empresta movimento e energia – quasi-objectos, quasi-sujeitos? – criam os seus próprios mundos (im)possíveis.

Este é um livro de visões, fantasmagorias, uma cornucópia de dissonâncias sensuais cognitivas, um pastiche, antes de mais de *The Anatomy of Melancholy* de Robert Burton, à mistura com tratados científicos de antanho, com notas, anexos, receitas de vária ordem, do género: "Explore phlegm phitness with mordechai TM![387]. Mas é sobretudo um livro em que a relação corpo/linguagem acontece de forma inédita: "I feel that language has a relationship to my body, and I want to make that relationship more literal", diz Shelley Jackson numa entrevista a Scott Rettberg[388]. Daí o projecto *Skini*, uma história publicada em tatuagens na pele de 2095 voluntários. Este livro mostra à saciedade que o corpo não é idêntico à sua configuração física de imediata visibilidade; que é fundamentalmente estesia, não limitado a uma percepção cognitiva; mais ainda, que o corpo é aquilo que permite agir sobre outros como corpo que padece, sente ou percepciona, um lugar de paixões em que aquilo que se percepciona acontece sempre na direcção do prazer ou do desprazer; que a pele é o lugar que limita a carne, que a delimita e que a historicidade do corpo nos diz que o mesmo é susceptível de ser sensível a variações de diferenças.

O corpo, a questão do corpo é o tema que mais obsessivamente atravessa a obra de Jackson: um corpo que aparece e desaparece sob as espécies do leite, das nuvens, do sangue, dos acessórios sexuais,

386 TMA, p. 74.
387 TMA, p. 108.
388 Rettberg, Scott, "Written on the Body: An Interview with Shelley Jackson", in http://uiowa.ed/~iareview/mainpages/new/july06/jackson.html.

um corpo metastático que abre com uma entrada – o coração, que é bem a sua mais pregnante figura icónica, de onde promanam a deformação, a moção íntima, a agitação, a consumpção. Este "coração negro" anuncia à entrada do livro um desígnio que assumirá realidade ao longo das várias histórias e que consiste em torcer tudo o que o envolve, segundo uma estratégia clara: "Uma maneira perigosa de ganhar, é procurar a derrota perfeita"[389]. De resto, todo o livro é um arriscado exercício de mitologia do corpo, um gesto com algo de exorcístico sobre excrescências, esses "resíduos" do que resta do sonho de um corpo em pedaços.

"Tematicamente, escreve Jackson, "toda a minha escrita é obsecada com o corpo – em parte porque tenho um sentido da linguagem como uma força física. Por outro lado, transmite ideias abstractamente, mas também deixa um resíduo sob a forma de resíduo em termos de formas na página, sons no ar, o movimento da língua e da boca."[390] Os cientistas de antanho tentam "ler" o corpo e o mundo natural como um texto em que se escrevem coisas sagradas e inescrutáveis. Os humores correspondem às quatro estações e a elementos diferentes; no contexto alquímico, o corpo e o mundo natural são vistos como textos concretos, mesmo se impuros. Para a nossa autora, o livro é uma espécie de corpo e o modo como o sentimos é de certa maneira o mesmo o que sentimos com as pessoas. Se o livro está dividido em humores é para o tornar mais parecido com um corpo, mas em colisão com toda a espécie de texto se com qualquer ideia de um corpo exacto. O corpo atrai-a como um objecto de transformações fantásticas, por isso lhe empresta os cenários mais bizarros e perturbadores. A escrita e o discurso são tratados como corpos – vivos – à semelhança do modelo de Claudel em que o corpo-máquina se aplica ao mundo, aos seres vivos e à linguagem. Roland Barthes diz-nos que os eruditos árabes, para falar do texto, empregam esta expressão: *o corpo exacto.* Para lá do corpo dos fisiologistas e dos gramáticos, dos críticos e filólogos, "nous avons aussi un corps de jouissance fait uniquement de relations érotiques"[391]. Por isso, quando quer designar com uma palavra o princípio organizador da lógica dos textos que tem prazer em ler, convoca sempre a mesma palavra: CORPO. O livro de Jackson não nos introduz no domínio do

389 TMA, p. 5.

390 Interview with Shelley Jackson: Anatomist Extraordinaire in http://www.randoomhouse.com/boldtype/0492/jackson/index.html.

391 Barthes, Roland , *Roland par Roland Barthes*, Paris, Seuil, 1975, p. 29.

ectodérmico ou das mesas dos anatomistas e dos fisiologistas. O corpo não se reduz a uma soma de "funções" ou de "órgãos", nem se opõe à alma como uma exterioridade material a uma interioridade psicológica. Não se trata, no caso presente, da metáfora que empresta a sua estrutura a uma configuração meta-semiótica imanente, que é a do "corpo-máquina" de Claudel. Aqui há apenas restos, resíduos de uma matéria que ganha corpo (forma) num dispositivo de distribuição de energias. Como figuras que são investidas de programas, acções e paixões – assim o ovo, a fleuma, o sangue, que são dotados de movimento e de linguagem. Numa perspectiva semiótica, e seguindo aqui as reflexões de J. Fontanille, "Sob o regime do invólucro, o corpo é uma 'coisa' convertida em objecto sintáctico; sob o regime do movimento, o corpo é uma força convertida por uma 'máquina' em tempo e em espaço"[392]. O invólucro do objecto é o que faz dele uma "figura" reconhecível, individualizável e perceptível. Jackson não apenas desconstrói a sintaxe da "coisa" corpo, como prefere o sem sentido, e ao sentido, a superfluidez e o vago. A experiência da carne não é uma experiência de pensamento.

Os emblemas do corpo

Não há, em última análise história que não seja "um discurso articulado por corpos"[393]. Que relação entre um objecto (mas será o corpo um objecto?) irrepresentável e o conhecimento deste objecto que passa necessariamente por representações? A semiótica, diz Umberto Eco, ocupa-se de "tudo o que pode servir para mentir"[394]. Essa é a sorte da linguagem, e outrossim da literatura, mesmo se a distinção verdade vs mentira seja inútil para definir o mundo da ficção. O corpo real é exterior a estas histórias – é o seu limite e a sua nostalgia. "É mentira. Eu detestei a criança", escreve Shelley Jackson que detesta a rapariguinha que aparece e desaparece na história "Cancer"[395]. Aparentemente, a literatura, que opera sobre representações, é o lugar em que o corpo está menos presente. E contudo, através da voz e da matéria textual, as palavras são pedaços de corpo e logo fetiches. Analogicamente, as palavras são substitutos e "suplementos" do corpo.

---

392 Fontanille, Jacques, *Soma et Séma. Figures du corps*, Paris, Maisonneuve & Larose, 2003, p. 190.

393 Certeau, Michel de, "Des outils pour écrire le corps", in *Traverses* nº 14-15, 1979, p. 12.

394 Eco, Umberto, *Trattato di semiótica generale*, Milan, Bompiani, 1975, p. 89.

395 *TMA*, p.64.

É o que percepcionamos em Artaud, em que a linguagem desarticulada se torna o corpo do escriba. Para a autora de *Patchwork Girl* "al bodies are written bodies, all lives pieces of writing". A metáfora do "flesh-book bricolage" é, sem dúvida, a melhor forma de descrever *The Melancholy of Anatomy*, com raízes no realismo mágico – em que o esperma passeia e os ovos comem. Nestas histórias, a fantasia mistura-se com o fantástico: o ovo que cresce, a estrutura cancerosa que se instala numa casa, o feto que flutua como um extraterrestre, a gordura que cai, a chuva de leite. Ao cancro responde a cruel abandono da mulher obesa, o mal-estar de Imogen que leva o seu ovo e o atira como o tocador de flauta de Hamelin, responde à triste vida, com algo de sáfico dessa "pescadora de sangue" que limpa os baixos sangrentos de Londres.

The Melancholy of Anatomy escreve-se no caminho inverso da *Anatomia da Melancolia* de Robert Burton. Burton penetra no corpo humano para procurar aí as ligações entre o espírito, a psique e o corpo como era conhecido no fim da Renascença (em função da teoria dos humores). O seu objecto é um fenómeno amorfo e espiritual: a melancolia vem ligada ainda à crença nas bruxas e na magia, e o seu esforço é para anatomizar a condição humana, nos limites entre a literatura e a não-ficção, o plágio e o original, a ciência e a religião. O trabalho de Jackson apresenta-se em sentido contrário: espiritualizar a anatomia, imaginar o ovo, o esperma, o feto, o cancro, os nervos, os "acessórios sexuais", o fleuma, os cabelos, o sono, o sangue, o leite e a gordura como exteriores, separados, mas com influência nos humanos, nos seus corpos, na sua cultura. Na visão da narradora, este corpo é um corpo ao alcance da mão, feito de partes separadas: vejo quasi-objectos, não encontro sujeitos mas não-sujeitos. Shelley Jackson não teoriza sobre o corpo, interessa-lhe a matéria do corpo – carne, fluido – porque essa matéria se situa na juntura do mundo material e daquilo a que chamamos alma. È assim que pela boca do narrador vêm à cena as "conversas do corpo", numa palavra, as diversas formas como o corpo é envolvido nos relatos daquilo que faz. Sem se deixar arrastar para as habituais discussões sobre o dualismo e o holismo. A geração deste livro obedece a um processo de transfiguração: "Isolated incidents suddenly strung themselves together into an argument, a prediction. Innocent objects started to phosphoresce. A child's *Rainy Day Fun Book* metamorphosed into a grimoire".[396] Em semiótica uma "figura" torna-se um corpo no ressalto "de uma interacção, por um lado, entre uma estrutura material que se desenvolve extensionalmente, e energias que exercem sobre esta matéria, por outro lado"[397]. É assim no mundo de figuras que mobilam *The Melancholy of Anatomy*, uma criação do discurso, e que não correspondem a uma qualquer existência real. É claro, depois de Heidegger, que nem todo o ente é necessariamente um objecto[398]. Na perspectiva kantiana, o objecto aparece-nos segundo as rubricas da quantidade, da qualidade, da relação e da modalidade.[399] Em semiótica, falar de objectos é falar de actantes: as coisas são corpos materiais, mas falta saber como podem partilhar com os corpos dos sujeitos, como "corpos-actantes". Os objectos de que Jackson se ocupa vêm nimbados de qualidades, segundo uma grandeza intensiva, não na sua platitude. Como emblemas do corpo, não articulados, puramente icónicos, fragmentos de um corpo seccionado: assim o cabelo, o sangue, os nervos virtualmente dispostos para se constituírem como narrativas. Ao retomar a teoria dos humores, Jackson divide a sua obra em quatro categorias, (colérica, melancólica, fleumática, sanguínea) e em cada um destes humores dá-nos a ler, de cada vez, três novelas, centradas na autonomização de um resíduo do corpo: ovo, esperma, feto, cancro, nervo, "acessórios", fleuma, cabelos, sono, sangue, leite, gordura. Estes resíduos existem enquanto entidades diferentes, sejam domesticados (esperma), resistam à compreensão (o ovo), invadam o nosso interior (gordura, cancro), ou regulem a comunicação (o fleuma) como actantes: "They act like animals or weather, but strangely knowing animals, very animate weather"[400].

396 "Incidentes isolados de repente se encadeavam uns nos outros formando uma argumentação. Objectos inocentes começavam a fosforescer. O livro infantil *Rainy Day Fun Book* metamorfoseou-se num livro hermético" (TMA, p. 72).

397 Fontanille, Jacques, *op. cit.*, 195.

398 Heidegger, Martin, *Les problems fondamentaux de ela phénoménologie*, tr. J.-F. Courtine, Paris, 1955, p. 194.

399 Marion, Jean-Luc, *Certitudes negatives*, Paris, Grasset, p. 261.

400 Rosita Nunes, "Written On (and Under) the Skin", An interview with Shelley Jackson, in http//www.tattoohighway.org/8/sjinterview.html.

Fragmentações

João Barrento lembra que "o que distingue já o fragmento em Novalis, e depois toda a poesia moderna, desde Mallarmé, é o que se poderia chamar uma simbólica do não dito, a exigência de sugerir, ou (como já lhe chamei), a dimensão eucarística do fragmento, que sugere o que oculta, contém o que não mostra, amplifica o que enuncia a partir de uma imagem ou de um conceito: como a semente a germinar"[401]. A escrita de Shelley Jackson é de facto seminal – cada parte do (corpo) do texto começa como uma gema narrativa que, ao longo da sua sintagmatização, se vai expandindo, mutando, ganhando assim novas configurações. Ao contrário da enciclopédia excêntrica de Robert Burton, o seu objecto é o humano encarnado, evocando peças desligadas do corpo que nada têm a ver com os nossos órgãos ou os nossos humores. Tudo é deformado: "através do buraquinho da fechadura da pupila, procuramos o informe, o inumano"; "algo que se parece com a nossa carne, mas não é igual ... uma espécie de *über* carne, rica de possibilidades". E o que vemos é que estas histórias se vestem de carne, sem ponta de surreal ou de absurdo. Certo é que a autora nos descreve muitos objectos fabulosamente impensáveis (nunca inverossímeis) que resistem à dicotomia representação / metáfora: "demasiado pesados para serem suportados pela realidade", de tal modo distendem o imaginário, as imagens e a luz. "Sangue" é a única concessão possível à metáfora em que duas mulheres da limpeza dos "bas fonds" empilham uma tonelada de tecidos sujos para juntar num tampo gigante e salvar Londres de um dilúvio menstrual. A metáfora não é aqui um objecto de saber, mas um efeito de palavra. É a chave que abre a compreensão da sequência do discurso e por onde é preciso entrar. Não explica nada, destina-se a orientar o crer do sujeito. O duplo processo do comer e do ser comido permite literalizar a metáfora do "comer", na fronteira entre o eu e o outro.

Bernadette Wegenstein, no seu *Getting Under the Skin*[402], mostra como o conceito de fragmentação corpórea tem estado em circulação desde a investigação da anatomia do século XVI. A história do corpo-em-pedaços é uma história de uma relação de luta entre dois conceitos de corpo – como fragmentado e como holístico. Wegenstein mostra que no século XX estes dois aparentes movimentos

401 Barrento, João, "As invisíveis conexões", in Público, 29 abril de 2006, p. 18.
402 Wegenstein,Bernadette, *Getting Under the Skin*, MIT, 2006.

contraditórios foram integrados; tanto a fragmentação como o holismo são modos indispensáveis para imaginar e configurar o corpo. A história do corpo é a história da mediação; o que não o era antes do século XXI e a revolução digital em que o corpo passou a ser capaz de mostrar a sua medialidade. O corpo torna-se no século XXI "raw material" da arte da performance, das técnicas médicas para visualizar o corpo humano e estratégias na cultura popular para "getting the skin" com imagens de partes livremente flutuantes do corpo. É aqui que o verdadeiramente *medium* se torna o corpo. A autora argumenta contra a defesa humanista do corpo, contra as "abstracções" da comunicação mediada e contra aqueles que quereriam "upload" a sua consciência a deixar a sua "carne" para trás. O corpo tornou-se um "órgão sem corpo", ou melhor, em "um órgão em vez de um corpo". O hipertexto *Patchwork Girl* de Shelley Jackson é o melhor exemplo desse processo de fragmentação.

A mitologia do corpo sem órgãos

A metamorfose das excrescências acontece no interior das narrativas ou nas notícias científicas – desde o aparelho de tratados antigos, com citações de autores gregos ou latinos, incursões etnográficas, um "Index", "Apêndices", "notas" que lhe emprestam um tom naturalista. Jackson fala do leite, a partir do *Guia de Conversação do escritor do Céu* atribuindo-lhe características físicas, cor, acção. O leite substitui a água na cosmologia tradicional grega. Na semiótica das paixões, as categorias cosmológicas convertem-se em categorias noológicas, interoceptivas. Assim Jackson constrói uma mitologia do corpo, com a parte sagrada que o "escritor do Céu" lhe empresta.

O corpo sem órgãos, no Anti-Édipo não é um mito; é um "mot de passe et un mot frauduleux", na opinião de Pierre Boutang: o mito do corpo sem órgãos descoberto por Artaud, ou o "unorganised body" que Edgar Pöe projecta sobre Deus têm o mesmo sentido. Pô-lo ao serviço da dialéctica das máquinas desejantes, como o fazem Deleuze e Guattari, é deformá-lo sem nunca justificar a sua operação. Pior: "Sugerir que, para Butler, as máquinas "são realmente membros e órgãos que jazem sobre o corpo sem órgãos duma sociedade" não passa de uma piada de mau gosto"[403]. O conceito "corpo-sem-órgãos" é uma criação fantasmagórica, uma produção na sombra, que no

403 Boutang, Pierre, *Apocalypse du désir*, Paris, Cerf, 2009, p. 179.

século XIX serviu para designar a *produção* na sombra, por meio da lanterna mágica móvel, figuras que parecem, quando aumentam vir sobre os espectadores. Para Boutang, o que Artaud e Pöe descobrem é o horror de tudo aquilo a que o *Anti-Oedipe* chama *fluxo*, órgãos parasitas que fazem viver um ser que não deveria estar lá[404]. Jackson aqui não desmantela o corpo, não secciona as paixões, como o fez em *Patchwork Girl*. Para cada história escolhe um objecto singular, um indício corporal, uma doença, a que dá um estatuto narrativo, um espaço e um tempo de acção no interior de um processo metastático, claramente visível no que acontece ao "Ovo", por exemplo: "I realized that the egg had grown so big it blocked the light from the window. I could just make out its black curve against the ceiling. I was just against it, almost under it, since as it grew it had overshadowed me".[405] Ou ao cancro: "The cancer grew with improbable speed. At first I watched it curiously, almost fondly. Near the center it distended and grew as solid as meat. The branches divided and divided again. It was a starfish with split ends, an animal snowflake"[406]. Este é um livro de receitas e de metamorfoses – fenómenos saturados – o coração, por exemplo: "We can´t see them, but we know they´re there, fattening"[407].

Coda

Katherine Hayles, num ensaio sobre Shelly Jackson, escreve que qualquer tentativa "to achieve unity (that never was) results in confusion worse than accepting the human condition as multiple, fragmented, chimirical."[408] O protagonista de *Nerve*, a dado momento "começou a sentir que o seu próprio conforto era um insulto", afirmando que "Todas as tentativas de perfeição são destruidoras."[409] Quando vemos o que está diante de nós, porque

404 *Ibidem*, p. 172.

405 Eu compreendi que o ovo tinha crescido de tal modo que tapava a luz da janela. Mal consegui descrever a sua curva negra de encontro ao tecto. Estava mesmo contra ele, quase debaixo porque à medida que aumentava me tinha submergido".

406 "O cancro cresceu com velocidade improvável. Primeiro observei-o com curiosidade, quase com simpatia. Próximo do centro distendia-se e crescia tão sólido como se fosse carne. As ramificações dividem-se e subdividem-se. Era a estrela do mar com extremidades divididas, um floco de neve animal", p. 57.

407 "Não podemos vê-los, sabemos que ali estão, aumentando", TAM, p. 9.

408 Hayles, Katherine, *How We Became Posthuman: Virtual Bodies in Cyberntics, Literature, and Information*, Chicago, University of Chicago Press, 1999, p. 46-47.

409 *TAM*, p. 74.

é que sempre uma outra coisa nos impõe um *dentro* que nos olha, por mais paródica e monstruosa que essa coisa seja? Shelley Jackson rejeita a ideia de algo fora da linguagem – o corpo é um espaço socialmente construído, em que a materialidade pesa mais do que tudo – e fá-lo com um olhar hiperbólico que, no mesmo gesto, desnaturaliza as narrativas sociais e parodia qualquer sentido de estabilidade. Não há um estado "natural" aonde voltar. Não pertence o corpo ao arcaico, ao esquecimento, à dimensão de perda (donde a melancolia)? As histórias que aqui fosforescem seguem uma estratégia textual clara: examinar (anatomizar) os vários actos de construção do sujeito (e do corpo) feitas de justaposições inauditas (e risíveis) do 'natural' e do sobrenatural em desaparição. O trabalho textual de Jackson perturba as fronteiras entre corpo/linguagem, material/imaterial, dentro/fora. Onde estará a melancolia? No próprio jogo paródico e hiperbólico em que órgãos sexuais e excreções desestabilizam a forma 'natural' dos 'distintos' géneros narrativos? Talvez na desaparição da narrativa na sua forma canónica, apesar da sua preferência por aquilo que em "Stitch Bitch" ela chama "disrespectful texts". Talvez na decepção de expectativas. "Maybe disappointment was enlightenment, and this acquaintance with futility was the closest I would come to God".[410] Talvez na evidência de um corpo entregue aos humores. Ou na falta de amor de que queixa a rapariga da história de "Phlegm". Ou na imagem do Pai diante de uma fotografia de monitor de ginástica: "todas as manhãs ele avança arrastando-se diante desta fotografia, pára, volta-se e examina-a de perto, como se não soubesse o que ela representa...E depois põe-se a chorar"[411]. É deste modo que o vestígio nos dá a ver (ler) o traço de uma totalidade perdida, um corpo em pedaços, (d)escrito de uma forma hilariantemente grotesca e divertida. Jackson sabe que na escrita nunca saberemos o que é uma coisa em si mesma, não nos restando senão palavras e metáforas desencarnadas para tal. A paródia do 'natural' não é já uma forma de melancolia? E não radica aí a melancolia da anatomia?

410 "Talvez fosse a decepção uma edificação, e esta experiência da futilidade a minha maior proximidade com Deus" (TAM, p. 31).

411 TAM, p. 96.

Que vale (que pode) o espectador?

(interacções e interpaixões)

"Si le spectateur naissant est l'homme même, la mort du spectateur est la mort de l'humanité. C'est la barbarie qui menace un monde sans spectateur" (Marie José Mondzain).

"O homem pós-moderno assiste sentado ao mundo envolto numa névoa de signos" (Pedro Barbosa).

"La idea misma de espectador está em entredicho, como se aprecia patentemente en las distintas direcciones que há tomado el arte público (*site specific art, new genre art*" (Félix Duque).

"Le langage libère le désir du réel, et introduit dans le monde ce qui ne s'y trouve pas, ce qui ne peut pas s'y trouver: le sens, la valeur, l'idéal" (Bruno Latour).

"Il senso non può giungere ai fenomeni che sotto lo sguardo degli attori che lo vivono, o degli osservatori che lo interpretano" (Eric Landowsky).

"Frustating the spectator, in short" (Bruce Nauman)

Resumo

Entre o objecto olhado e que o crítico avalia; entre a indústria cultural que para tudo fornece protocolos de leitura, que lugar é dado ao espectador? Se a beleza é o desenlace da organização e do apreço selectivo, simbólico e apaixonado dos espectadores, que valor atribuir a uma obra cultural, a um texto? Defende-se neste texto que a articulação discreta dos valores (objectos-valor para um sujeito), a sua diferenciação e a sua axiologização pressupõem *tensões*, graças às quais se distinguem, por um lado, um pólo sujeito e um pólo objecto e, por outro lado, aparecem para um sujeito objectos do mundo capazes de tomar lugar no universo de valores.

O sentido, o valor, o ideal chegam-nos através da linguagem, a que só os humanos, não os animais têm acesso. Mas há uma linguagem do real, o conhecimento positivo que permite que a etologia, a biologia, as neurociências nos deem um rico repertório de entradas para abrir a questão que o filósofo julga fechar. A «violência do *logos*» constitui, para uma determinada semiótica pelo menos, um pressuposto para pensar a arte depois da segunda guerra mundial[412]. Do mesmo modo

412 *Para re-situar de um ponto de vista disciplinar esta «violência do* logos» vide o ensaio «Violence et métaphysique» de J. Derrida, interrogando-nos sobre o papel que ela pode ter na economia de uma semiótica geral das artes.

que não há signo senão para que o interprete, não há arte senão para um espectador, quaisquer que sejam as concepções filosóficas sobre a arte que produziu o Ocidente: platónica (que reduz a *mimesis* à imitação) ou hegeliana (a forma particular sob a qual se manifesta o espírito). Toda a comunicação é comunicação entre simulacros e interferência na atribuição recíproca dos simulacros[413]. "A expressão "a morte da arte" não significa senão a afirmação da sua própria morte, do seu próprio ir *ao fundo* como problema imanente ao desenvolvimento das suas próprias formas desde o Romantismo"[414]. Afinal, a *des-criação* não visa à outra coisa: que o espírito sopre de onde queira. Se a arte perdeu para sempre a sua função transcendente, a saber: veicular e tornar visíveis valores sagrados (não divinos), reduzida a ser a amostra de uma *pulchritudo* vaga, que atitude se espera ainda do espectador? Terá morrido para o sensível, iconoclasta? A arte não morreu, transfigurou-se e, assim sendo, também o dispositivo que a sustentava se transformou. Há arte enquanto a essência da verdade consiste no facto de poder ser produzida, historicizada, sob o modo irónico ou cómico, ou místico. Cacciari escreve que "se a verdade é pensada como *alétheia*, a expressão a "morte da arte" só poderá entender-se nesses termos: a representação sensível pertence ao domínio da arte, dado que o negativo (a morte) é essencial à essência, a verdade não pode existir se não 'falece' no aparecer"[415]. É assim que na arte contemporânea toda a "beleza", todo o imediato e harmonia devem ser negadas. Por isso a arte representa a morte, nada podendo ser reflectido no seu espelho como tendo em si e para si um valor. "Só tem um valor o que se 'produz' através da reflexão ou da imagem reflectida... Só a obra que liquida em si a ideia de um dado, de um *Objectum, Gegenstand*, terá um valor"[416]. O "assalto" contra a estética, ou contra a pintura "retiniana" que presenciamos em Kandinsky e Klee (para quem o final é a Origem), Malevitch (a "morte do sol"), Mondrian, Duchamp (a "coisa") e Giacometti (onde a figura tende a desaparecer), traz com ela o assalto contra o objecto, contra a abstracção do pressuposto objectivo o que conta é a dissolução do princípio que regia o processo de abstracção e contra o eu irónico que Kafka textualiza.

413 Paolo Fabbri, in http://www.paolofabbri.it/articuli/simulacres.html.
414 *Ibidem*, p. 161.
415 Massimo Cacciari, *El dios que baila*, Paidós, 2000, p. 146.
416 *Ibidem*, p. 149.

O sentido é um efeito, um produto emergente do *uso:* "do uso do mundo" (Montaigne): para nós, sujeitos, constituir o mundo como universo de sentido consiste em pôr-se em interacção com os elementos que nos circundam, isto é, no *fazer uso* (como utilização e como prática). A coisa, associada a um valor de uso e investida de significado é já um *objecto.* Para fazer sentido terá de passar da sua utilização à sua prática. O sentido não pode ser dado antes da prática. O sentido é indeterminado, não prefixado como a significação. Constrói-se na prática interaccional. "Ceci n'est pas une pipe"[417]. "O sentido não pode chegar aos fenómenos senão sob o olhar dos actores que o vivem, ou dos observadores que o interpretam. Aquilo de que devemos dar conta é, pois, de que pontos de vista, em todo o seu relativismo" (p. 200). Aos olhos do semiólogo e de fenomenólogo são esses que exprimem "o modo como o sujeito faz ser para si mesmo aquilo que o circunda, seja como pólo de actividade e termo dum acto de preensão ou de repulsão, seja como espectáculo e tema de conhecimento"[418].

A sociedade "estetizou-se" e isso significa que o *design* ocupa o espaço da arte ornamental de antanho e decidiu insuflar beleza de maneira industrial aos objectos de uso quotidiano, algo que todos os restaurantes que se prezem ostentam. A arte, por sua vez, converteu-se num gesto – o *Labirinto di cristali infranti* de Claudio Parmiggini (*Senza títolo,* 1970), um *rendez-vous* (Duchamp). Do *happening* à *performance* e à *instalação,* o carácter agressivo e ao mesmo tempo efémero das manifestações artísticas deixam claro que nem sequer é necessária a materialidade física de uma obra-coisa para que possamos falar de arte. Basta que uma acção colectiva produza reacções no espaço público, carregando de insignificatividade determinadas zonas funcionais desse espaço – basta a dupla função de transgressão e de indicação de um fundo que rompe com qualquer fundamento para que possa falar-se de "arte", Félix Duque dá o exemplo da intervenção *Who's on the line? Call for free!* Que outra coisa fez Duchamp ao emprestar bigodes à Monna Lisa?

---

417 Eric Landowski, "Avere presa, dare presa", in *Attanti, Attori, Agenti, Senso dell'azione e azione del senso. Dalle teorie ai territory,* Lexia, 13/04, 2009, p. 199.

418 Merleau-Ponty, *Phénoménologie de la perception,* 1945, p. 133.

Tem sido dado relevo quer ao autor, quer à obra em si. Para Proust um escritor modela o seu público, que não existe ainda quando começa a escrever, começando a existir por efeito da sua obra. Poussin pensava que Caravaggio nascera para destruir a pintura[419]. A atenção ao leitor (espectador) ganhou relevo sobretudo com a produção digital de obras, em que o leitor se acopla com o autor numa única expressão: *escrileitor*. Não faltam ensaios sobre a função-leitor, de Iser a Eco. Nunca estamos sozinhos a ler e a escrever sobre este ou aquele autor. Fazemos parte de uma cadeia de legentes que não começou hoje. E que é uma comunidade senão um corpo acordado para a linguagem e para a percepção através da percepção de um outro corpo que fala? Já escrevi noutro lugar que "O cenário desta proposta de criação digital não é já o da estética do génio, que deixou traços na concepção hermenêutica de Schleiermacher. Nesse quadro, a estética do génio postula que o acto crítico do intérprete e o acto do criador são demasiado diferentes para poderem ser confundidos. Numa palavra, aquilo que o génio cria inconscientemente, deve o intérprete conscientemente reconstruí-lo. Ora, a relação que se procura no *Poemário* entre o "criador", melhor, o "conceptor" e o "leitor" ou "intérprete" é outra. Com riscos, evidentemente. Há-de haver, indubitavelmente uma inadequação entre o acto de recepção e o acto original de enunciação. O leitor não está nunca "à altura" do "autor" ou do "conceptor" de uma obra."[420] A análise que Jean-Marie Schaeffer faz na sua obra *Célibataires de l'art* (1996) da relação entre a natureza intencional das obras de arte e o comportamento atencional do espectador parece-nos de grande pertinência. Distinga-se o acesso habitual e pré-reflexivo às obras de arte do acesso reflexivo que acentua o acto de compreensão em toda a sua complexidade. Mesmo que a compreensão não possa dissociar-se da intenção incorporada na obra, a atenção estética não é constrangida pela identidade do objecto apreendido[421]. Porém, quando contempla uma obra de arte, esta liberdade atencional exerce-se sobre algo já construído, donde se segue que o espectador não tem nenhum interesse em conceber o objecto estético "à son gré", e independentemente da intenção do autor, o que

419 Jean-Luc Nancy, "L'arte, oggi", in *Del contemporaneo. Saggi su arte e tempo*, Bruno Mondadori, 2007, p. 6.

420 José Augusto Mourão, "A escrita electrónica: o *Poemário* de Rui Torres", no prelo.

421 Schaeffer, p.332.

contradiria a dinâmica interna da contemplação da obra de arte. Podemos aceitar a atenção estética flutuante, que Barthes defendia, mas importa distingui-la da compreensão da obra. A responsabilidade do espectador perante a obra de arte não significa que o amador de arte deva adoptar o ponto de vista do artista, nem que "na eventualidade de um conflito entre o criador e o receptor é em princípio o primeiro que tem razão". A tensão entre o criador e o seu público é, pois, um factor constitutivo da vida artística. Que o espectador guarde a especificidade da sua posição que é a de uma actividade cognitiva e não criadora. No limite, de resto, do ponto de vista do espectador, o divórcio entre o objecto de arte e as coisas não é nunca pronunciado, porque, no dizer ainda de Schaeffer, a atitude estética consiste em regressar sempre ao "petit sillon que la vue d'une aubépine ou d´une église a creusé en nous"[422].

Jean-Luc Marion, falando de uma tela de Rothko, diz que "Um quadro, é preciso sempre ir vê-lo, logo, revê-lo; basta *vê-lo*, sem nenhuma outra intuição 'excepcional' que a de simplesmente ver, mas verdadeiramente...Diante deste quadro de Rothko, nenhuma forma, nenhuma significação, nenhum conceito, nada nos dispensa de velar pela sua intuição e de responder à sua muda convocação...este fenómeno saturado não tem que ser constituído ou compreendido como um objecto; há que se confrontar com ele, aceitá-lo tal como advém"[423]. Agostinho desafia a passarmos da "veritas lucens", a verdade que mostra e demonstra directamente, a uma "veritas redarguens", uma verdade que não mostra senão na medida em que ela se torna a mostrar àquele que a recebe. Esta verdade acusa inevitavelmente aquele que a recusa, como também aquele que se escusa a ela. À evidência do descobrimento substitui-se a do amor do excesso. O amor ou o ódio torna-se o estilo da verdade: "A verdade é amada, mas de tal modo que aqueles que amam outra coisa que ela querem que aquilo que amam seja a verdade...Amam-na enquanto ela esclarece (*lucens*), mas odeiam-na enquanto ela vira contra eles a sua luz (*redarguens*) (*Confissões*, X, 22, 34). Trata-se de amar a verdade para a suportar, sem desfalecer nem se condenar a si mesmo, a crua claridade que o seu esplendor

422 *Ibidem*, p. 355.
423 Jean-Luc Marion, *Le Visible et le Révélé*, Cerf, 2005, p. 158-159.

coloca sobre aquele que se arrisca a olhá-la. Fico confuso diante desta luz: perco a minha segurança e inocência. Ela exige de mim, para a ver sem perigo, que a ame e me preste ao seu esplendor conformando-me à sua pureza.

Valores flutuantes

Como se sabe, a crença é uma representação mental privada, mas não existe algo como uma linguagem privada: a linguagem aprende-se em comunidade, supõe um acordo intersubjectivo, um contrato fiduciário. A relação entre sujeitos exige como elemento *a priori* do saber o pressuposto de uma comunidade de comunicação e, consequentemente de uma ética da comunicação. O conflito das interpretações é, aliás, uma das constantes do dialogismo inerente à nossa cultura. A situação de fundo das nossas sociedades pluralistas é que não podemos esperar uma unidade de convicção moral, política, religiosa. A crença oscila permanentemente entre o seu momento *instituinte* (poético) e o seu momento *instituído* (pragmático, ideológico). O circuito do valor oscila continuamente entre dois sistemas de valores: os valores constituintes (as figuras de Hjelmslev) e os valores constituídos que uma cultura categoriza: objectivos e mercantis, modais, estéticos. A crença é uma representação mental privada que se propaga em grupo para formar um conjunto de representações culturais. Ao contrário do gene ou do vírus, para os quais a reprodução é a regra e a mutação a excepção, as representações mentais têm uma estrutura instável. O destino normal duma representação transmitida é transformar-se, não replicar-se (Sperber). Estudar a propagação duma representação mental privada como uma crença é estudar a circulação duma entidade que tem todos os traços duma ficção produzida para a interpretação. Como podemos, então assegurar a vigilância sobre o mecanismo da transmissão dos valores que não são genes nem vírus, que não visam à sua reprodução ou replicação, mas a sua transformação?

Ver é julgar, sopesar, logo valorizar. Donde que a noção de valor seja "a cruz da filosofia", em razão da sua "quase-objectividade", como escrevia Paul Ricœur[424]. Há uma grande diferença entre "um valor" e "o valor dum objecto", porém a origem do conceito de valor é económica e a reflexão moral recorre à teoria das trocas.

---

424 Paul Ricœur, *Avant la loi morale: l´éthique* in *Encyclopaedia universalis.*

O valor económico dum objecto é o fruto da sua avaliação com vista à sua integração no sistema de trocas. Esta definição, que herdámos de Aristóteles, traz já consigo a complexidade que é a marca do uso moral do conceito de valor. A determinação de critérios de avaliação é um problema complexo pelo número de parâmetros utilizados: utilidade, raridade, efeito de moda, etc. Um "perito" é objectivo na medida em que assinala a certifica a presença duma característica determinada do objecto, mas este aspecto não é ainda um "valor".[425] Valer é sempre trazer em si mais do que a si mesmo. É ter preço aos olhos de alguém. O valor económico é sempre relativo a uma situação do mercado e a ideia de um valor intrínseco é utópica. Kant dirá que todo o homem tem, não um preço, mas uma dignidade[426]. Os "grandes" valores com os quais vivemos ou julgamos viver, fazem parte integrante das nossas maneiras de falar dos objectos ou de os fazer falar. Uma "crise de valores" é evocada quando o valor não representa mais nada ou não é respeitado. Morrer pela liberdade era um sinal de glória póstuma. O valor tornou-se o meio de todas as manipulações políticas e culturais, a sua universalidade é igual à sua equivocidade constante. A invocação do valor depende das oportunidades políticas. E a defesa dos valores torna-se a expressão encantatória de um regresso às tradições culturais que permitem uma sociedade premunir-se contra o afundamento da moral[427]. Afirmar valores é afirmar não apenas que o homem tem uma dignidade, mas ainda que o homem não deve ser rebaixado ao nível de puro meio.

O segundo capítulo de *Droit naturel et histoire* (1953) de Leo Strauss questiona o pensamento de Max Weber sobre o tema dos valores e o papel que eles terão a desempenhar nas ciências sociais. T. Todorov relata-nos esse debate em torno dos valores, e é esse debate que vamos seguir aqui. Leo Strauss reprova em Max Weber a separação entre factos e valores, e a tentativa de eliminar os valores do

---

425 *Progresso: história breve de uma ideia*, de 1939 republicado em 1979, do V. M-V. O autor finaliza com uma reflexão sobre o valor e os valores. Em resumo, o valor que se atribui ao objecto é o valor que o sujeito atribui por 'estimação'. Estimação depois vem a ser um conceito estatístico: estimação do valor médio e do desvio-padrão ou da variância para passar de um objecto a uma colecção de objectos, uma população.

426 Kant, *Fondements de la métaphysique des moeurs*, Section II. AK IV, 434; trad. Fr. V. Delbos, Pléiade, t. II, p. 301.

427 John Frow, Cultural Studies & Cultural Value, Clarendon Press, 1995.

campo próprio da ciência. Critica também a ideia de que é impossível escolher entre diferentes sistemas de valores, como a forma de cair no pior dos niilismos. Todorov lembra que Weber distingue entre "relação aos valores" e "juízo de valor". O primeiro é uma característica do objecto das ciências sociais, que seria absurdo eliminar – os actos políticos, as obras estéticas constituem-se em relação aos valores. O juízo de valor pertence ao trabalho do sábio (ao sujeito do conhecimento, e não já ao objecto); e é este que deve ser proibido ou pelo menos suspendido durante a fase cognitiva do trabalho. O que não impede que se tenha de recorrer ao juízo de valor quando se torna necessário distinguir entre norma e desvio, por exemplo. A tese de Weber é que se exige não a exclusão total dos valores do campo das ciências sociais, mas a distinção entre juízo de facto e juízo de valor. Strauss recusa a separação no campo do que é propriamente humano. Para ele, a suspensão do juízo é impossível porque a distinção entre facto e valor é insustentável. Reconhecer primeiro os factos valorizados e procura em seguida dar-lhes uma explicação causal. Parar, antes de fazer um juízo de valor. Preterição – figura retórica. Recusar a distinção entre facto e valor coloca-nos na impossibilidade de distinguir entre ciência e sermão, ou entre ciência e propaganda[428]. Sobre a ética, a tese de Weber resumida por Strauss e a seguinte: há uma pluralidade de princípios invariáveis do direito e do bem que se opõem entre si, sem que possamos provar a superioridade de nenhum. Weber não nega a existência de valores trans-históricos; há mais de que um, é mesmo impossível escolher entre eles: é o que chama a "guerra dos deuses". O imperativo categórico que Weber formula é este: "Escuta o teu demónio" ou então "escuta o teu deus-ou-demónio"[429]. Quer dizer que se deixará de julgar a conduta dos humanos segundo a conformidade com um ideal exterior e absoluto, mas unicamente segundo coerência com outras escolhas, igualmente subjectivas. Weber recusa a transcendência clássica, mas introduz uma outra transcendência, que é a das forças vitais. Já não se trata de no sentido próprio, mas da intensidade da experiência. Ter um ideal é viver apaixonadamente. Para Weber é insolúvel o conflito entre a ética da responsabilidade (política – agir em função dos objectivos tácticos) e a ética da convicção (ética propriamente dita – ideal de justiça em que se acredita). Mas do ponto de vista moral, este conflito não é insolúvel:

---

428 Tzvetan Todorov, *Les morales de l'histoire*, Paris, Grasset, 1991, p. 267.

429 Leo Strauss, *Droit naturel et histoire*, Paris, Plon, 1954, p. 61.

um acto justo é preferível a um acto útil. O mesmo acontece em relação à verdade, se deixa de haver distinção entre verdade e razão de revelação ou mesmo de autoridade. Strauss acredita na transcendência dos valores como na sua hierarquia absoluta. O princípio "torna-te no que és" leva a colocar no mesmo plano o assassino e o santo e as forças vitais são forças, não direitos. Abdicar ante a escolha do sistema é regular o dever-ser sobre o ser. É em virtude de um dever absoluto que devemos lutar pela paz ou pela fraternidade universal[430]. Raymond Aron assumirá a posição de Strauss – hierarquia absoluta de valores – dando-lhe um outro tipo de legitimação. Weber justifica a sua recusa de escolher entre dois argumentos: a impotência da razão e o conflitual da vida. Aron recusa estas duas explicações[431]. É preciso reabilitar a razão fora do domínio da argumentação lógico-matemática e recusar a partilha maniqueia em "racionalidade científica" vs "arbitrário pessoal".

Do valor em semiótica

Distingamos a *formalidade axiológica*, que designa um objecto em que se investem valores capazes de mobilizar um sujeito e de desenhar os contornos de um programa narrativo; a *formalidade semiológica*, que designa um objecto associado ao seu conteúdo, ao seu valor, com um significante ao seu significado, a partir de um código e duma operação interpretativa que supõe um terceiro; *a formalidade figural*, que designa um objecto que funciona como significante inaugural duma cadeia significante (percurso figurativo) à qual a identidade dum sujeito fica suspensa até que se torne ao mesmo tempo uma interrupção (ou clausura), uma operação metafórica de atribuição de significado (ou interpretação) e um retorno, da figura inicial como marca[432]. Os termos em que uma dada categoria nos é dada (o belo, *v.g.*) são já o resultado dum investimento sensível do sujeito cognitivo, na medida em que cada categoria se constrói e se desconstrói através de uma dupla operação sobre as relações de forças no espaço tensivo e sobre os efeitos que induzem no corpo próprio ou a existência fórica do sujeito que percebe[433]. "Valor" é empregue em semiótica

430 *Op. cit.*, p. 81.

431 Raymond Aron, *Le Savant et le politique*, Paris, 10/18, 1982, p. 31.

432 Louis Panier, "Récit et figure dans la parabole des mines (Luc 19) Un modèle pour une sémiotique du discours, in Sémiotique et Bible, n.º 117, p. 41.

433 Pierre Ouellet, *Poétique du regard. Littérature, perception, identité*, Pulim, Limoges, 2000, p. 134.

em duas acepções diferentes: o "valor" que subentende um projecto de vida, e o "valor" em sentido estrutural. Qualquer valor, em sentido estrutural, é um valor posicional, isto é, uma posição num "espaço" abstracto decomposto em domínios através de uma categorização. Releva duma tipologia de relações entre termos. Sem existência isolada, os valores dos termos dum paradigma definem-se reciprocamente, negativamente pelo seu conflito dinâmico. Os valores (virtuais e abstractos) "linguísticos" relevam da forma do conteúdo e os valores axiológicos constituem aquilo a que Greimas chamou "o sentido da vida". A conciliação entre estas duas acepções permite formar o conceito de objecto de valor: um objecto que dá um "sentido" (uma orientação axiológica) a um projecto de vida e um objecto que adquire uma significação por diferença, em oposição a outros objectos. A valência é uma "sombra" que suscita o pressentimento do valor, o valor sintáctico é uma forma, um "contorno" de objecto comparável àquele que projecta diante dele o sujeito quando a percepção da *gestalt* e que é co-definicional do sujeito. Greimas fala também de protensividade mole ou de caos das tensões[434]. A troca funda-se na (equi) valência de dois valores semanticamente distintos e comparáveis. A valência, que é o valor do valor, aspectualiza-se como um potencial de atracção e de repulsão, associada a um objecto. Anteriormente ao posicionamento do sujeito actanticial, o sujeito protensivo está ligado a uma "sombra de valor" que se perfila no ecrã da "tensividade fórica". Como pressentimento de valor. O exemplo aduzido é a *Capital de la douleur* de Eluard, em que o conteúdo dos valores importa pouco; o que faz o valor dos objectos é de outra ordem: o amor só é aceitável no seu começo; o olhar, quando as pálpebras se abrem ao acordar; o dia, no momento em que se desprende das trevas; a vida humana, na sua infância. Como se só o aspecto incoativo tivesse preeminência sobre todos os outros conteúdos semânticos investidos nos objectos e nos fazeres, como se só importasse a finalidade incidente, não o objecto visado. Entende-se a tensividade fórica como a pré-condição da significação: é o mundo do contínuo, pré-moral. O sujeito associado a "sombras de valor" através da protensividade, não é ainda capaz de conhecer o valor: só pode sentir a valência, em particular sob o modo da apreciação estética em que nada está categorizado, discretizado. Para conhecer, precisa de negar, isto é, de criar uma disjunção com

434 A. J. Greimas e J. Fontanille, *Sémiotique des passions*, Paris, Seuil, 1991, p. 21ss.

a modulação contínua das tensões e um mundo de valor não conhecível. Para pensar, terá de generalizar a clausura, delimitando uma zona. A negação, no sentido categorial é a contradição. Pela introdução do descontínuo no contínuo é que o sujeito pode, por trás das "sombras de valor", conhecer o objecto. A protensividade mole de *La Chute* faz-se acompanhar por uma suspensão universal das diferenças: somos todos iguais, culpados, não há valor, no sentido axiológico, nem no sentido estrutural. É o fim de todas as valências e *a fortiori* de todos os sistemas de valor. Voltar ao caos mole das tensões não articuladas é não acreditar em nada. Se roem as valências, rói a fidúcia que as acompanha e a armadura sem a qual os objectos não podem receber valor. Só a categorização produz "bons" e "maus". O sujeito tensivo vive de valências, objectos de contornos vagos. A protensividade é só sentir: atracção vs repulsão, pré-moral. A objectivação das valências faz-se em termos de euforia e de disforia. A estese como "ressentir" do estado limite e expectativa de regresso à fusão, assenta na fidúcia, é uma tensão para a unidade. O seu re-sentir remete para a nostalgia da tensividade fórica indiferenciada. O sujeito transforma o campo de forças em campo de presença. O esquema tensivo explica a maneira como os valores se formam a partir das percepções (em intensidade e em extensão) e depois os valores em questão podem ser organizados em "sistema de valores" através do quadrado semiótico, graças às operações de negação e de asserção. Estamos imersos numa cultura da razão cínica, em que toda a gente sabe tudo de antemão, em que não há surpresas, sabendo toda a gente que o sistema assenta no benefício e no dinheiro. E se todos sabemos isso, é desnecessário fazer apelo à cultura (e à crítica) para desmascarar o que passivamente se aceita. A velha guarda associava a oposição cultural com coisas como a música de vanguarda, a literatura modernista, enquanto a nova crítica que surgiu com a sua geração se centrou mais nos produtos da cultura de massa, dos meios de comunicação, o cinema, a TV, o vídeo, etc.

Para além do valor?

"Pode parecer utópico pretender passar para além do valor, mas é uma utopia operatória, uma tentativa para pensar um funcionamento mais radical das coisas"[435]. Assim pensava esse grande moralista

435 Jean Baudrillard, *Mots de passe*, Pauvert, 2000, p. 22.

do século XX que foi Jean Baudrillard. O valor vem estreitamente ligado ao objecto, sobretudo quando nos referimos ao valor de uso e ao valor de troca. Baudrillard faz intervir a antropologia para pôr em cheque a ideologia do mercado por uma razão: "a antropologia dá-nos o recurso de sociedades e culturas em que a noção de valor tal como as entendemos é praticamente inexistente, em que as coisas nunca se trocam nunca directamente entre elas, mas sempre pela mediação duma transcendência, duma abstracção"[436]. Ora, ao lado do valor mercantil, há valores morais ou estéticos que funcionam em termos de oposição regulada entre o bem e o mal, o belo e o feio. Para Baudrillard havia uma possibilidade para que as coisas circulassem de modo diferente porque havia outras culturas que nos davam a imagem duma organização em que a transcendência do valor não se instalava nem com ela a transcendência do poder. Para tal era necessário "limpar" o objecto do seu estatuto de mercadoria, dando-lhe uma imediatidade, uma "realidade bruta não sujeita a preço". Seria preciso alcançar o "inapreciável". Passaríamos do que releva do contrato (convenção abstracta) para um outro tipo de relação, o pacto (relação dual e cúmplice). No fundo, passaríamos da esfera moral (do valor mercantil) para uma esfera imoral (do jogo e de uma regra partilhada). De uma relação mais dramática do que a troca mercantil. Ao estádio natural do valor de uso, um estádio mercantil do valor de troca e um estádio estrutural do valor-signo, Baudrillard acrescenta um outro estádio, o estádio fractal. Neste estádio deixa de haver referente, equivalência natural ou geral, deixa de haver lei do valor, havendo só uma espécie de epidemia do valor, metástase geral do valor, de proliferação e de dispersão aleatória. O bem deixa de estar na vertical do mal e cada valor brilha um instante no céu da simulação, depois desaparece no vazio. É o esquema do fractal e é o esquema actual da nossa cultura[437]. Moral da história: o caixote do lixo é o objecto de todos os sonhos. Este objecto junto do qual se decide num instante mágico que aquilo que se guarda já não tem valor. O caixote do lixo é a tópica duma circulação do valor através do arbitrário da escolha. O valor de uso não é senão uma extensão do conceito. O conceito é inocente porque o seu poder é puramente nominal. O valor é o revestimento simbólico do conceito do objecto.

---

436 *Ibidem*, p. 20.

437 Jean Baudrillard, *La transparence du Mal*, Paris, Galilée, 1990, p. 13-14.

O caixote do lixo é uma forma essencial do espírito criador. Precisamos sempre de pensar o dejecto para fazer projectos. O próprio objecto é virtualmente um dejecto que supostamente pode desaparecer ou tornar-se. Quando o dejecto se torna na referência negativa do valor, a pureza soberana da natureza é invocada como o ideal de uma metamorfose dos valores. Na história do destino dos objectos, a natureza foi sempre utilizada como valor supremo. "É de madeira natural". Atribuir um lado natural a um comportamento é conceder-lhe uma inocência incontestada de sentido. A natureza parece sempre ultrapassar a cultura, tomando um lugar ontológico, figurando a origem das origens. Tem a vantagem de limitar o relativismo dos valores culturais, deixando de acreditar na universalidade a-histórica do valor. Os valores culturais mudam de um país a outro, modificam-se, sofrem deformações devido ao sincretismo, enquanto a ideia de natureza permanece imutável, transcende as metamorfoses temporais e impõe-se como o sinal absoluto da sua própria perenidade. Com uma perversão no meio: quando se faz referência à ideia da natureza, quer-se significar a ultrapassagem da ideologia e, de facto, naturaliza-se aquilo que constitua a ser ideológico: *biodesign*, *ecodesign*?

Práticas de espectacularização

Para Bruce Nauman não é a relação com a beleza, mas a frustração que o move para fazer o que faz: "I know there are artists who function in relation to beauty – who try to make beautiful things. They are moved by beautiful things and they see that as their role: to provide or make beautiful things for other people. I don't work that way. Part of it has to do with an idea of beauty. Sunsets, flowers, landscapes; these kinds of things don't move me to do anything. I just want to leave them alone. My work comes out of being frustrated about the human condition. And about how people refuse to understand other people. And about how people can be cruel to each other. It's not that I thinking I can change that, but it's just such a frustrating part of human history"[438]. Um exemplo: "CIRCUITO FECHADO: Filmes e Vídeos de BRUCE NAUMAN, 1967-2001"[439]. Talvez o mais interessante da exposição, entretanto, sejam os dois projectos de

438 Please pay attention please: Bruce Nauman's words. Writing and interviews (ed.) Janet Kraynak, MIT, 2005, p. 332-333.

439 *Em cartaz no Centro Cultural Banco do Brasil (Rio de Janeiro) até 18 de setembro de 2005.*

instalação que dependem do corpo do espectador para se realizarem plenamente: trata-se de "Live-Taped Video Corridor" [Corredor de Vídeo Gravado ao Vivo], de 1970, e de "Video Surveillance Piece (Public Room, Private Room)" [Obra de Vídeo para Vigilância (Sala Pública, Sala Privada)], de 1969-1970. No primeiro, o visitante percorre um estreito corredor até chegar à sua própria imagem capturada por uma câmara e transmitida para um dos monitores que se encontram no final do "túnel". A obra fala da impossibilidade de apreensão da auto-imagem, já que quanto mais o interactor se aproxima do monitor, mais se afasta da câmara. Na outra obra, que consiste num circuito fechado propriamente dito, tem-se acesso físico a uma sala, que é supostamente pública, e acesso via monitor à sala que é, por oposição, privada. Mas fica a dúvida acerca de qual espaço fica de facto mais devassado.

As práticas espectaculares assentam sempre numa co-enunciação em acto duma frente cénica com uma frente espectacular. Estas duas frentes, sempre ligadas por uma assimetria na gestão dos valores encenados, mas também pelo risco constante de uma reviravolta das reacções, ou mesmo de uma solidariedade improvisada dos papéis interpretados – o que faz assim emergir um novo público (*v.g.* o público dum concerto que integra o grupo dos "performers" e constrói um "espectáculo" face a um público, televisivo ou outro). Há espectacularizações nos mundos informativo, jurídico, educativo, científico, político, etc. A eficácia de cada espectacularização, a performatividade da sua entrada em cena depende de uma actancialização local muito particular que produz uma frente espectatorial. A retórica da espectacularização radica numa fractura axiológica e /ou competência entre as duas frentes (o "performer" e o espectador) que deve ser recomposta. "Espectacularizar" uma comunicação quer dizer não se fiar num dialogismo adquirido e "oleado": trata-se, pelo contrário, de relançar uma implicação do espectador em questão, confrontando-se com a sutura duma assimetria de razões e de paixões. As mediações semióticas (códigos, normas, signos) não são dadas a partilhar de um modo tácito, mas antes sob tensão. O espectador proletarizou-se, isto é, perdeu o seu saber: o consumidor proletário perde o seu saber-viver e não passa de um poder de compra – o homem sentado – de Barbosa. Rancière fala de *Malaise dans l esthétique*. O capitalismo que grassa nos *media* liquida todas as formas de saberes, produzindo entropia, tornando o mundo insípido. As indústrias cognitivas colocaram o saber ao serviço da economia do mesmo modo que as indústrias culturais transformaram as artes e as letras em divertimento e mistificação de massa, como o diz Marc Jimenez: "Uma nova palavra de ordem tende a impor-se, a de "economia do conhecimento" que encontra o seu equivalente na "economia dos tempos livres para a esfera cultural". Numa sociedade cada vez mais controlada, ... esta arte ...tornar-se-ia, como o futebol...um dos instrumentos privilegiados da manipulação e da mistificação de massa"[440]. O capitalismo cultural é responsável pela separação dos produtores dos consumidores, em que o fito a atingir é captar a atenção das almas para controlar os comportamentos dos corpos – com vista a fazer-lhe consumir bens ou serviços[441]. As tecnologias hipomnésicas (informação e comunicação) que são as tecnologias das indústrias culturais e cognitivas que circulam nos meios dissociados são, afinal, tecnologias de controlo, como variadas vezes tem afirmado Bernard Stiegler. É a participação que está em causa: "A *participação* é uma *passagem* da potência ao acto, enquanto a *perda de participação* é uma regressão do acto à potência, sendo a potência uma potência de movimento, e o acto o próprio movimento, o pôr em movimento da alma, enquanto ela é *emocionada* (*é-mue*) pelo motivo que constitui o motor imóvel"[442]. O computador é, por definição, uma prótese mental: um amplificador das nossas capacidades intelectuais. "O programa *Sintex* propõe-se como uma 'prótese literária': ao leitor-utente ficará a habilidade de o usar com maior ou menor criatividade", escreve Pedro Barbosa[443].

Somos o que vemos?

Somos o que vemos?[444] Aquilo que vemos só vale a nossos olhos por aquilo que nos olha. A visão choca sempre com o volume dos

440 Nota fotocopiada de apresentação de uma comunicação de Marc Jimenez num seminário organizado em Roma pela Universidade La Sapienza em Maio de 2006.

441 Jeremy Rifkin, L´Age de l´accès. La revolution de la nouvelle économie, 2000.

442 Bernard Stiegler, *De la misére symbolique. 2. La catastrophè du sensible*, Paris, Galilée, 2005, p. 55.

443 Pedro Barbosa, *Teoria do homem sentado*, Afrontamento, 1996, p. 36.

444 D. Huberman, *Ce que nous voyons, ce qui nous regarde*, Minuit, 1992.

corpos humanos. Ver só se pensa numa experiência do *tocar*. "Il faut nous habituer à penser que tout visible est taillé dans le tangible, tout être tactile promis en quelque manière à la visibilité, et qu'il a empiètement, enjambement, non seulement entre le touché et le touchant, mais aussi entre le tangible et le visible qui est incruste en lui"[445]. A nossa relação com os objectos, em geral, quer-se fria. Como só o vivo nos afectasse. Ou não houvesse histórias dos objectos. Ora, o vivo não é *bio* nem matéria...é uma relação entre pessoas, em busca de uma arte de viver, ou seja de uma mútua não-anulação. Seja orientar criar uma relação de mútua não-anulação. O facto de se pertencer a uma comunidade de legentes anula a hierarquia dos pontos de vista. Deixar assumir outro ponto de vista é deixar crescer a paisagem interpretativa segundo um contrato que eu chamo fiduciário e que podemos também chamar de "compaciência". A palavra de ordem é: sair da simetria. Nesta nada vemos. Talvez a principal novidade da Obra de Maria Gabriela Llansol assente nas intuições fulgurantes com que, fora do "atalho das representações" ou "fora da luz comum", nos *mostra* o Aberto e a Dobra do mundo, na *ordo amoris* com que o faz, movida pelo prazer de "ver almas crescendo". "Que escrita quer? (...) parecia uma escrita preferível à que praticávamos. Mais louca, mais desprevenida, menos preocupada com o sentido e Mais Centrada no movimento. Lembrava uma *mostra.* "(OLC, 31). Talvez no prazer do *jogo* – a sua escrita distribui imagens segundo o regime da presentificação, não da representação. Talvez na "sensualética" que propõe, ou na sua teoria do hibridismo e do vivo. Se a palavra é um "vivo", como amestrá-la, como trazê-la ao palco da representação? Nesta Obra os mundos estão sempre ligados por uma multiplicidade de formas vivas, (o Anjo – o Anjo mais sublime é o do Cão –, ou o sopro, ou o pobre). A sua novidade está no modo de uma escrita indicial, distributiva, não referencial, que pratica. O sentido não é uma atribuição, mas uma distribuição. Múltiplos, os índices em torno de um *Há* não formam uma literalidade, mas uma figuratividade, uma topologia; os índices são entidades discretas, mas a sua equivocidade não permite estabelecer entre si uma hierarquia, uma regência. Donde a impossibilidade de uma leitura total, de um resumo, de uma ideia. Tudo está a caminho do reencantamento.

445 Merleau-Ponty, *Le visible et l'nvisible,* 1964, p. 177.

O regime da veridicção dos objectos

Um objecto existe quando se torna para nós interessante. Assim o bloco de cobre, que é um objecto emblemático da relação indecidível natura-cultura. Depois de determinar a materialidade do bloco de cobre (a prova do nativo) há que apresentar este objecto a partir de duas histórias: a) a do seu achamento; b) a da sua recepção. Há que se debruçar também sobre a moldura que o envolve e lhe empresta, bem antes de Duchamp, essa aura de obra de arte que o afasta, para sempre, da natureza. Examinando as fontes – a narrativa do achamento – pode-se concluir que o documento em análise não é um original, sim uma cópia assinada por um cónego e pelo tabelião Luiz Caetano Moniz Barreto. Deve-se ao alferes António Machado da Trindade a denúncia a 19 de Fevereiro de 1782, do achamento de um bloco de cobre de que dá conta o termo da declaração do dia seguinte, sendo escrivão Jerónimo José Antunes Pereira. Preside a esta denúncia o Juiz de Fora da Caxoeira Marcelino da Silva Pereira. O bloco foi achado no lugar chamado Mamo cabo, freguesia de São Tiago, em terras do capitão António Gonçalves de Aguiar e Sousa, a duas léguas e meia da Caxoeira em um riacho que deságua no Paranáossû. Descrição do bloco: "uma pedra grande de cobre que terá o comprimento de cinco palmos mais ou menos, em parte terá dois de largo e em parte um e meio". O relato do alferes designa a génese do bloco segundo a modalidade do "parecer": "e bem parece ser criado naquele lugar", o mesmo acontece com a estimativa das dimensões. Como se vã, a "objectalidade" do bloco começa a vacilar desde o seu momento de achamento. Das fontes – mandado e termo de sequestro – pode-se concluir que o documento em análise não é um original, sim uma cópia assinada por um cónego e pelo tabelião Luiz Caetano Moniz Barreto. A 20 de Fevereiro de 1782, o Juiz de Fora da Cachoeira Marcelino da Silva Pereira, mandou pôr em pública forma um mandado de sequestro: os oficiais de justiça deviam ir à fazenda da Guaiba, do capitão António Gonçalves de Aguiar e Sousa, e a outros lugares, procurar um bloco de cobre. O capitão Gonçalves por si a teria extraído, por si ou por seus escravos e conduzido de rasto com os bois do riacho do Mamocabo. Dá ordem para sequestrarem a pedra se a encontrarem, ou prenderem o capitão em caso contrário. O tabelião é Manuel Alves da Fonseca. O bloco foi achado no lugar chamado Mamocabo, freguesia de São Tiago, em terras do capitão António

Gonçalves de Aguiar e Sousa, a duas léguas e meia da Cachoeira em um riacho que deságua no Paranáossû. Descrição do bloco: "uma pedra cobre com mais de trinta arrobas de peso...que terá o comprimento de cinco palmos mais ou menos, em parte terá dois de largo e em parte um e meio". O relato do juíz de fora designa a génese do bloco segundo a modalidade do "ser": "pedra de cobre...criada pela natureza"; "riacho do Mamocabo... onde se havia criado o dito metal" e não do "parecer". Os problemas não são apenas de veridicção. A não coincidência nas medidas (Vandelli, 1914) peso: 2619 arrates (1186.407 kg), I. Ferreira: 2ª pedra: uma arroba, uma libra e dez onças (15,5 kg), as inúmeras gralhas contidas nas inscrições/transcrições – derivas sintácticas e semânticas indiciam que estamos na presença de uma floresta de enganos (coisas que parecem mas não são) que nenhuma "silva locorum"[446] dissimula. O pensamento crítico é de uma fragilidade extrema diante do poder da Ciência e do contorcionismo dos seus pares. A "coisa" é medonha, atarracada[447], desproporcionada. A análise da matéria elementar deste objecto raro e híbrido não vale, nem tanta paixão pela ciência, nem tanta incandescência em torno do enigma, mas indica, uma vez ainda, que os vocabulários finais de cada grupo obedecem, não a injunções quimicamente puras, mas sobretudo a interesses estratégicos e a hábitos de acção.

A linguagem é o nosso Leviathan

Todas as filosofias procuraram uma "Arcôntica" da referência (Deus, o proletariado, a vontade de poder). A referência é um conceito-signo que remete para linguagens diversas, mas conhecidas e institui uma comunidade de comunicação na continuidade da tradição. Ligado ao problema da linguagem está um outro, o da interpretação: nós interpretamos axiologicamente e valorativamente o mundo. A interpretação filosófica está articulada ao código universal do ser, mas continua fundada no perspectivismo limitador da finitude. A interpretação vital isola e delimita um valor-sentido dentro do "sentido comum" veiculado por uma civilização, a interpretação filosófica quebra o denominador comum simbólico, aquilo que se comunica e "faz signo" entre os homens, para impor um valor-sentido, delimitado e universal. "A conceptualização contemporânea da realidade

---

446 Estela Guedes reuniu uma documentação impressionante desta "Silva locorum" em *Evoé ou relato da Viagem ao Brasil*, 7-21 de Novembro de 1998.

447

social acarreta a produção de um vocabulário encantatório e injuntivo para que as instituições possam funcionar. É o caso do conceito de mediação, que seria uma forma de restaurar o vínculo social através da comunicação. Na perspectiva de uma melhor socialização da sociedade pela comunicação, um objectivo institucional parece impor-se: a produção do vínculo social. É no contexto presumido de uma patologia colectiva da comunicação que a mediação se encontra na razão social: as pessoas protegem-se e quase não se falam. Mas não será esta gestão prospectiva do vínculo social apenas uma ilusão? Não será ela acima de tudo a própria negação de toda a espontaneidade das trocas na vida quotidiana? O papel encantatório da mediação revela o quanto a autoridade pública, representada pelas suas instituições, decide 'reteatralizar' a vida social ao tomar a mediação como uma oportunidade para restabelecer uma simbólica do vínculo social"[448]. Em todas as tradições contemplativas, os mestres previnem contra pontos de vista enraizados e os conceitos tomados como realidade. É claro que não se consegue incarnar na nossa cultura uma atitude de compaixão universal, descentrada, receptiva através de regras e injunções morais. Será necessário desenvolver estas atitudes pelo meio de disciplinas que facilitem o abandono dos hábitos egocêntricos e que permitem que a compaixão se torne espontânea. Não quer dizer que as regras normativas não sejam necessárias no mundo relativo. Mas se não são iluminadas pela sabedoria que lhes permite fundir-se nas exigências de sensibilidade à especificidade e à imediatidade das situações vividas, estas regras tornar-se-ão estéreis e formalistas, obstáculos à compaixão[449].

O ponto de vista

Pode dizer-se que a arte se tornou um *ponto de vista.* Jacques Fontanille desenvolve esta noção de *ponto de vista,* de tal maneira que não apenas o enunciador possa elaborar um ponto de vista, mas o receptor igualmente, do mesmo modo que o próprio texto ou a imagem que dele se tem. Estamos a falar do ponto de vista e dos jogos cognitivo-passionais. A beleza aqui é o desenlace da organização e do apreço selectivo, simbólico e apaixonado dos usuários. Os mesmos acontecimentos, pessoas, coisas e situações podem ser contados em

448 Henry-Pierre Jeudy, "As vertigens da mediação", in Congresso As ciências da Comunicação na Viragem do Século, 23 Março de 1999.

449 F. Varela, *Quel savoir pour l´éthique?*, La découverte, Paris, 1996, p. 119-120.

termos muito diversos na base do que sabe ou do que queremos que não se saiba. Não podemos cair na oposição: "ponto de vista" e "vue de nulle part" como sinónimo de "interpretativo" e "objectivista". O "valor", como a "virtude" é acima de tudo vigor, força tendida e capaz de. Por alguma razão cobrimos estas noções com os rótulos da eficácia e da produtividade. Deixemos cair a hermenêutica e voltemo-nos para o objecto – a coisa. As pesquisas sobre a estética levaram a uma tomada em consideração do *contínuo* na abordagem do sentido. Se consideramos que o sentido advém e se articula na relação de um sujeito no mundo e que as condições da percepção desembocam nas condições da significação, somos levados a propor uma semiótica do contínuo visível sobre um horizonte fenomenógico. O pior que aconteceu à noção de valor foi considerá-la como um banco de dados ("a justiça social", a "democracia"), anulando assim o vigor, a força e a tensão que a revestiam. A articulação discreta dos valores (objectos-valor para um sujeito), a sua diferenciação e a sua axiologização pressupõem, mais profundamente, *tensões* graças às quais se distinguem por um lado um pólo sujeito e um pólo objecto, e por outro lado aparecem para um sujeito objectos do mundo capazes de tomar lugar no universo de valores. A semiótica ensina que o sujeito noético se inscreve num espaço de qualidades sensíveis que é, por um lado, graduado no plano da intensidade (a *qualia* ou ou valor e mais ou menos forte, denso, concentrado) e da extensidade, por outro, *agonístico*, na medida em que o +x (ex: o mais aberto) pressupõe o –y (o menos fechado). Este espaço graduado e conflitual corresponde à *valência* ou àquilo a que se pode chamar um *campo de valores*[450]. Há uma estrutura agonística do espaço tensivo da valência que permite a um sujeito eleger um sentido e a dar sentido àquilo que lhe é dado ver. A *semiótica tensiva* que descreve estas tensividades constitutivas da aparição dos objectos do mundo vai ao encontro das hipóteses da fenomenologia e acaba por abordar as relações entre percepção, cognição e significação a partir do foco que constitui o *corpo próprio*. Esta abordagem interessa-se pelas formas sintácticas e semânticas do sensível (gosto, cheiros, toque). A insídia da expressão "valor real" como sinónimo de "número real" durante os séculos XIX e XX foi a base da conversão dos valores no preço e parece que essa crise que

---

450 Pierre Ouellet, *Poétique du regard. Littérature, perception, identité*, PULIM, 2000, p. 135.

agora atravessamos veio dos efeitos perversos dessa redução. Como dizia o Wilde: conhecemos o preço de tudo e o valor de nada.

Coda

Não se pode dizer que a tradição da crítica social e cultural esteja esgotada[451]. Que é um espectador "emancipado"? Não é função da arte *público* (anti-monumental, contrária à história e aos seus faustos) fazer desaparecer o *público?* "Pretender ter com os valores uma relação que não seja de recordação, de nostalgia ou de culto, é uma pretensão demoníaca que traz consigo, como seu contrapeso e consequência, precisamente a justificação do homicídio" (Vattimo, 1981: 17). O virtual é um sinal da ultrapassagem do absolutismo do valor? Um valor que se move para além da fixidez do seu sentido, será essa a definição possível do virtual (Jorge Leandro Rosa: 62). Os «valores», não são, em qualquer caso, uma «verdade» dado que todo o pensamento é um valor. Não há linha directriz, cada um age como entende em nome da liberdade. É através deste exemplo que Jean-Luc Marion fala de *«situation de nihilisme»*. A questão do controlo é pertinente no tempo em que todos somos artistas. Antigamente, nas florestas não havia direito. Todo o espaço era um espaço jurídico, excepto as florestas, tidas por zonas de não-direito. Robin dos Bosques é, literalmente, aquela que traz o hábito ou a toga do juiz. O homem do direito no espaço do não-direito. Ora, é nos espaços de não-direito que as maiores transformações sociais acontecem. Pode dizer-se que as novas tecnologias são um lugar de não-direito. Estamos, de facto, na floresta e aí não há controlo. A Internet não corresponde às "auto-estradas da informação"; na Internet navega-se. A auto-estrada é direccional, não o mar, que vive na turbulência, a flutuação. Paul Valéry observava em 1939 que os valores bolsistas subiam ou desciam, enquanto, só, o único valor espírito estava sempre a baixar. O capitalismo é antes de mais um sistema de crédito. O capitalismo do século XX fez da libido a sua principal energia, escreve B. Stiegler[452]. Mas a idade de ouro do consumo passou. A festa desencantou-se. A "indiferença do consumidor aparece como o novo espectro que vem atormentar os profissionais da publicidade. A desmotivação é um dos problemas principais das empresas. A solução fordista

451 Jacques Ranciére, *Le spectateur émancipé*, La fabrique, 2008, p. 47.
452 Bernard Stiegler, *Réenchanter le monde*, Paris, Flammarion, 2006.

tornou-se um problema. Ao captar a libido, o capitalismo acabou por destrui-la. A deriva hoje é pulsional – é tudo o que resta desde que ficou arruinado o desejo. Como relançar o desejo? Como fazer para reencantar o mundo desencantado do capitalismo? Quem faz ver o quê e a quem? Quando podemos dizer que a mensagem que foi fielmente "transmitida"? "Dans quels dispositifs visuels les atteintes portées au spectateur, le privant de désir en même temps que de la parole, lui retirent son humanité?", pergunta M. J. Mondzain[453]. M. J. Mondazin distingue entre as condições em que aquilo que se dá a ver é um prazer oferecido ao corpo dum sujeito que pensa e aquelas em que o espectador é colocado no constrangimento de um evidência persuasiva e unívoca que o priva de qualquer actividade livre e crítica. Seguindo a perspectiva de Hannah Arendt, o espectador é criador do espaço disponível e oferecido à criação dum outro. Partilha com outros o juízo que faz sobre o que vê. Se Hegel fala do carácter passado da arte (como Nietzsche o fez em relação a Deus), já Gadamer advertiu para a falta de sentido da estética, como Félix Duque adverte contra o perigo de dissolução da arte. Que "no momento vacilante haja algo que permaneça". Isso é a arte de hoje, de ontem e de sempre. A crise dos valores vem ligada à crise da veridicção. Para Leroi-Gourhan "é preciso um mínimo de participação para sentir". E "sentir" significa aqui tanto ouvir como ver ou ler, numa palavra, julgar e apreciar. E encontramo-nos de novo com a questão do juízo. Stiegler convoca para a passagem do consumidor ao amador, "que *ama* porque, a seu modo, pelas suas práticas que não se reduzem a usos, ele abre e, nisso, está aberto: os seus olhos, os seus ouvidos, os seus sentidos são grandes, abertos ao sentido"[454]. "Patética da miséria" (F. Duque), "miséria simbólica" (Stiegler), "maltraitraitance du spectateur" (Mondzain) são expressões que advertem para a perda de participação (resistência e invenção). Llansol fala de conhecimento *amativo*: "mas o conhecimento amativo é *com* não é sobre"[455]. "Se a maioria dos poetas visse a poesia como drama e combate, não fazia poesia...Porque nós vemos que a noção de poético, a noção habitual de poético, é terrível, porque é sentimental... Onde vais drama-poesia? é também uma advertência. Porque julgas que és

453 Marie José Mondzain, *Homo spectatator*, Paris, Bauard, 2007, p. 205.

454 Bernard Stiegler, *De la misère symbolique* 2, Galilée, 2005, p. 32.

455 M. G. Llansol, in *O que é uma figura?*, Mariposa Azual, 2009, p. 60.

poesia, mas te tornaste dramática"[456]. Cairam as distinções classe alta vs baixa, cultura refinada vs subcultura ou *popular arts*. Caiu o *homem de gosto* que salvava as relíquias que o *ignobile vulgus* destruiria. A própria ideia de espectador está "en entredicho" como se aprecia nas distintas direcções que tomou a arte pública (*site specific art, new genre art, etc.*)[457]. As novas tecnologias da comunicação estão a alterar profundamente as velhas categorias estéticas – artista, público, beleza, espectador. Não é sem razão que Perniola adverte para aquilo a que chama os milagres e os traumas da comunicação. A comunicação não é só efémera e instantânea, mas confunde tudo com tudo, submergindo qualquer conhecimento num "pot-pourri", numa "notte in cui tutte le vacche sono nere", anulando a possibilidade da excelência, do mérito, da qualidade[458]. A arte despojou-se da ganga da beleza. Que se dispa da sua "servicialidade"! Que nela brilhe a *indisponibilidade* da obra.

456 *Ibidem*, p. 78.

457 Veja-se o *Manifesto* assinado por um colectivo anarquista autodenominado Hakim Bey, recolhido no panfleto de "combate": T.A.Z Zona temporalmente autónoma (Talasa, Madrid, 1996).

458 Mario Perniola, *Miracoli e traumi della conmunicazione*, Torino, Einaudi, 2009, p. 120.

Impresso em São Paulo, SP, em dezembro de 2011,
em papel off-set 75 g/m², nas oficinas da Corprint.
Composto em Minion Pro, corpo 11 pt.

Não encontrando esta obra nas livrarias,
solicite-a diretamente à editora.

Escrituras Editora e Distribuidora de Livros Ltda.
Rua Maestro Callia, 123
Vila Mariana – São Paulo, SP – 04012-100
Tel.: (11) 5904-4499 – Fax: (11) 5904-4495
escrituras@escrituras.com.br
vendas@escrituras.com.br
imprensa@escrituras.com.br
www.escrituras.com.br